GEORG MARKUS

Wie die Zeit vergeht

GEORG MARKUS

Wie die Zeit vergeht

Neues, Heiteres
und Spannendes
aus Österreichs
Geschichte

Mit 106 Abbildungen

Amalthea

Besuchen Sie uns im Internet unter:
www.amalthea.at

© 2009 by Amalthea Signum Verlag, Wien
Alle Rechte vorbehalten
Umschlaggestaltung: Kurt Hamtil, verlagsbüro wien
Umschlagfoto: ©imagno
Herstellung und Satz: VerlagsService Dr. Helmut Neuberger
& Karl Schaumann GmbH, Heimstetten
Gesetzt aus der 11,6/14,6 New Caledonia
Druck und Binden: CPI Moravia Books GmbH
Printed in the EU
ISBN 978-3-85002-685-7

INHALT

Für Daniela,
Mathias und Moritz
in Liebe

GESCHICHTEN ERZÄHLEN GESCHICHTE

Vorwort

Ja, sie vergeht wie im Flug, die Zeit. Nicht nur in unserem eigenen Leben. Es ist gerade erst ein bisserl mehr als tausend Jahre her, seit Österreichs Geburtsstunde schlug – und schon haben wir zwei Dynastien mit 37 Kaisern, Königen, Herzögen und Markgrafen, die dieses Land regierten, hinter uns gebracht.

Die Geschichten, die in diesem Buch erzählt werden, sollen – wie es der Untertitel verspricht – spannend oder heiter sein, wobei das signifikant Österreichische an ihnen ist, dass sich diese beiden Eigenschaften oftmals miteinander verbinden. Zu den Hauptdarstellern zählen neben den wichtigsten Herrschern auch die Musiker, Dichter, Maler, Architekten, Ärzte, Politiker und Schauspieler dieses Landes.

Und möglichst neu für den Leser sollen die Geschichten sein, auch das besagt der Untertitel. Dass die Habsburger lieber heiraten als Kriege führen wollten, wäre wohl nicht neu genug. Sehr wohl aber, wie so ein Kaiser an eine standesgemäße Ehefrau herankam: Es gab einen richtigen Heiratsmarkt, auf dem die jungen Damen von königlichem Geblüt besichtigt werden konnten und zwar auf gemalten Miniaturen, die von reitenden Boten von Hof zu Hof befördert wurden. Sich in ein solches Bildnis zu verlieben, war riskant, da die Hofmaler den Auftrag hatten, die heiratswillige Herrschaft möglichst idealisiert darzustellen. Ob's dann so aufregend war, in das Haus Habsburg einzuheiraten, ist fraglich. Im Kapitel »Majestät rasierte sich ganz alleine« erfährt man nämlich, welch strenge Auflagen das Spanische Hofzeremoniell den Mitgliedern dieser Familie abverlangte, dessen Normen sie bis ins eheliche Schlafgemach verfolgten.

Kein Wunder, dass unter solchen Umständen so mancher Kaiser und Erzherzog im Kapitel »Toll trieben es die alten Wiener« aufscheint, in dem die Angehörigen auch ganz anderer Schichten Erwähnung finden. »Der kleine Mann« suchte sein Vergnügen oft

9

in bordellartigen »Badstuben«, in denen man von spärlich bekleideten Bademägden nicht nur abgerieben und gewaschen, sondern auch sonst »gut bedient« wurde.

Mehr über das Alltagsleben der einfachen Menschen erfährt man im Kapitel »Wie groß ist der kleine Mann?«, wo auch »Typen« wie Fiaker, die Frau Sopherl und der Wiener Hausmeister in seiner Allmacht vorgestellt werden.

In ganz anderen Kreisen bewegen wir uns im Abschnitt »Adel verpflichtet«, in dem etwa erzählt wird, wie die Schwarzenbergs zu ihrem Reichtum kamen: Es war der 31-jährige Georg Ludwig Schwarzenberg, der im 17. Jahrhundert eine 81-jährige Witwe heiratete, die dem Geschlecht dann ihr durch fünf vorherige Ehen ererbtes Vermögen hinterließ. Nebst Geschichten der Liechtensteins, Starhembergs oder der Henckel-Donnersmarcks wird auch verraten, über wie viele adelige Ahnen man verfügen musste, um am Hof des Kaisers zugelassen zu werden oder warum sich etwa Herbert von Karajan in der Zweiten Republik »von« nennen durfte, Otto Habsburg aber nicht.

Es wird wohl erstaunen, dass der Name Grillparzer bei den »Großen Kriminalfällen« aufscheint. Der Grund dafür: Der Bruder des Dichters kam mehrmals mit dem Gesetz in Konflikt, einmal stand er sogar unter Mordverdacht. In erster Linie findet sich Grillparzer aber natürlich im Kapitel der Literaten, in dem einmal mehr der Beweis erbracht wird, wie kurios die österreichische Geschichte mitunter ist: Zur Uraufführung des Grillparzer-Dramas »König Ottokars Glück und Ende« konnte es erst kommen, als die Frau des damaligen Kaisers unter Zahnschmerzen litt! Weitere Episoden erzählen von Nestroy über Schnitzler bis Karl Kraus und Joseph Roth.

Viele dieser Künstler verkehrten im Kaffeehaus, dem ein eigener Abschnitt gewidmet ist. Nicht nur die Dichter hatten ihre Stammcafés, es gab auch solche für Komponisten, Schauspieler, Maler, Politiker und Originale aller Art. In einem Fall wurden die Kaffeehausbesitzer fast so prominent wie ihre Gäste: die Hawelkas.

Von manchen Österreichern sagt man, sie wären »in Österreich weltberühmt«. Es gibt aber auch solche, die überall weltberühmt sind, nur nicht in Österreich: Karl Landsteiner etwa, der die Blutgruppen entdeckte, wurde von der Universität Wien mit 52 Jahren frühpensioniert, woraufhin er in die USA auswanderte und den Nobelpreis erhielt. Für eine Professur abgelehnt wurde in Wien Ignaz Philipp Semmelweis, der als »Retter der Mütter« gilt. Seine dramatische Geschichte findet sich im Kapitel »Österreichs Ärzte und ihre Patienten«, in dem wir auch Theodor Billroth, Sigmund Freud, Julius Wagner-Jauregg oder Adolf Lorenz begegnen. Unglaublich mutet die Biografie der Gabriele Possanner an, die viele Jahre kämpfen musste, ehe sie als erste Frau zum Medizinstudium zugelassen wurde.

Dieses Buch will spezifisch österreichische Eigenheiten aufzeigen. Natürlich kommen im Kapitel »Musikland Österreich« alle Großen von Mozart bis Johann Strauß vor, ich gehe aber auch der Frage nach, warum gerade hier so viele Genies gewachsen sind. Und eine Geschichte erzählt davon, wie Gustav Mahler es verhindern konnte, dass die Komposition eines Erzherzogs an der Wiener Oper zur Aufführung gelangte.

»Hinter den Kulissen« gibt's Heiteres und Spannendes aus dem Theater, von seinen Anfängen bis zu den Lieblingen Josef Kainz, Alexander Girardi und Josef Meinrad, aber auch über die armseligen Lebensumstände der »Schmierenkomödianten«, die von Dorf zu Dorf zogen und in Schuppen oder Wirtshaussälen auftreten mussten. Große Namen finden sich auch in jenem Kapitel, das dem österreichischen Film gewidmet ist: Paula Wessely natürlich und Hans Moser, weiters Hedy Lamarr und Oskar Werner, die internationale Wege gingen. Wie auch Romy Schneider, deren Aufstieg mit der Rolle der »Sissi« begann, die sie aber nicht glücklich machte, wie ein Blick in ihr Tagebuch zeigt: »Ich war nicht mehr Romy, sondern nur noch Sissi. Mir hing diese Person zum Hals heraus.« Regisseure wie Billy Wilder, Fred Zinnemann und Otto Preminger wurden vertrieben, ehe sie in Hollywood Filmgeschichte schrieben. Andere bedeutende Österreicher fielen dem NS-Regime zum Opfer.

Unter den Radiopionieren begegnen wir Willy Schmieger, Maxi Böhm oder Edi Finger, von dem wir erfahren, wie ihm sein berühmter Ausspruch »I wer narrisch« zum Verhängnis wurde. Als das Fernsehen in seinen Kinderschuhen steckte, gingen Legenden wie Hans-Joachim Kulenkampff, Rudolf Hornegg, Hans Hass und

Heinz Fischer-Karwin auf Sendung. TV-Geschichte schrieb Helmut Qualtinger, den wir neben Fritz Grünbaum, Karl Farkas und Gerhard Bronner natürlich auch im Kapitel Kabarett antreffen.

Leider haben die Habsburger nicht nur geheiratet, sondern doch auch Kriege geführt. Das hätten sie sich – und vor allem ihren Völkern – ersparen sollen, mussten sie doch trotz bedeutender Feldherren wie Wallenstein, Prinz Eugen oder Radetzky weit mehr Niederlagen als Siege hinnehmen. Zu den großen Demütigungen der einst »stolzen k. k. Armee« zählte die zweimalige Einnahme Wiens durch Napoleon. Er hat nicht nur die Haupt- und Residenzstadt erobert, sondern auch mehrere Frauenherzen: In den wenigen Monaten, die er an der Donau verbrachte, zeugte der Korse zwei Söhne. Mit den österreichischen Gebräuchen dürfte er sich jedenfalls schnell zurecht gefunden haben, ließ es sich Napoleon doch nicht nehmen, den Stiefvater einer seiner Geliebten zum Hofrat zu ernennen!

Apropos: Selbstverständlich ist auch dem österreichischen Beamten ein Kapitel gewidmet, in dem ich der Frage nachgehe, warum es in keinem anderen Land der Welt so viele Amts- und Ehrentitel gibt wie in diesem. Nicht, dass es keine Reformversuche gegeben hätte: Der Titel Hofrat sollte bereits im Jahre 1850 abgeschafft werden, aber dann …

Jetzt muss ich aber aufpassen, dass ich nicht das ganze Buch schon im Vorwort erzähle. Nur so viel noch: »Wie die Zeit vergeht« will Geschichte durch Geschichten erzählen. Es will informieren und vor allem: in keiner Zeile langweilig sein, denn langweilige Geschichtsbücher gibt es schon mehr als genug.

GEORG MARKUS
Wien, im September 2009

Der Autor dankt den folgenden Personen, die ihn bei der Arbeit zu diesem Buch unterstützten: Victoria Bauernberger, Peter Broucek, Julia Holzschuh, Maria Hutter, Carina Kerschbaumsteiner, Christoph Lechner, Peter Marboe, Stefan Raynova-Lintl, Dietmar Schmitz, Susanne Schoberberger und Thomas Schreiner.

Majestät rasierte sich ganz alleine

Wer aller dieses Land regierte

Dem künftigen Kaiser lag ein riesiges Reich zu Füßen. Was ihm noch fehlte, war eine passende Frau. Nicht, weil er das dringende Bedürfnis nach Zweisamkeit verspürte, sondern weil das Haus Habsburg andernfalls bankrott zu gehen drohte. Da erfand Maximilian I. die Formel, dass Österreich lieber heiraten als Kriege führen sollte.

Wie aber kam so ein Prinz an eine »gute Partie« heran, die noch dazu aus erster Familie zu stammen hatte?

Nun, es gab damals einen richtigen Heiratsmarkt, auf dem man junge Damen von königlichem Geblüt besichtigen konnte. Freilich wäre es unter den Reisebedingungen des 15. Jahrhunderts zu beschwerlich gewesen, alle in Frage kommenden Bräute Europas persönlich in Augenschein zu nehmen – und die Fotografie war noch lange nicht erfunden.

Maximilian, auch als letzter Ritter bekannt, bekam durch einen reitenden Boten eine auf Porzellan gemalte Miniatur überreicht, mit der er sich ein Bild von der Auserwählten machen konnte. Dafür waren an jedem Hof Künstler engagiert, die keine anderen Aufgaben hatten, als Porträts der Königstöchter und -söhne anzufertigen. Es konnte allerdings zu bösen Überraschungen kommen, zumal die Hofmaler den Auftrag hatten, die Kinder ihrer Herrschaft möglichst idealisiert darzustellen.

»Lieber heiraten«: Kaiser Maximilian I.

Der durch seinen prunkvollen Lebensstil mehrfach an den Rand des Ruins geratene Maximilian konnte mit seiner ersten Gemahlin Maria von Burgund eine glückliche, wenn auch nur kurze Ehe führen. Sie starb 1482 an einer Fehlgeburt, die sie als Folge eines Jagdunfalls erlitten hatte. Aber dafür erbten die Habsburger jetzt das blühende Burgund, das von Frankreich bis in die Niederlande reichte. Die Heirat hatte Österreichs Finanzen gerettet.

Wie's der Zufall wollte, entstammte auch Maximilians Gattin Nummer zwei, Bianca Sforza, einem der reichsten Häuser Europas. Und eine Schönheit war sie obendrein.

Das mit dem Aussehen der Habsburger war so eine Sache. Während Kaiser Maximilian eine durchaus respektable Erscheinung war und sein Sohn Philipp sogar den Beinamen »der Schöne« trug, durfte sich dessen Sohn Karl V. keineswegs einer edlen Physiognomie erfreuen. Noch schlimmer erging es Kaiser Leopold I., einem hässlichen, fast zwergenhaften Mann, der mit einer besonders ausgeprägten Form der so genannten Habsburger-Lippe ausgestattet war.

Es war die polnische Prinzessin Cimburga von Masowien, die im 15. Jahrhundert durch Einheirat die wenig vorteilhaften Gesichtszüge in die Dynastie gebracht hatte. Von ihrer herabhängenden Unterlippe und ihrem vorspringenden Kinn waren mehrere Generationen betroffen, bei manchen Habsburgern war die Deformation so ausgeprägt, dass sie kaum in der Lage waren, den Mund zu schließen. Wie eben Kaiser Leopold, der sich nur »stockend und brummend« verständigen konnte, da ihn die Lippe sogar am Sprechen hinderte. »Man möchte fast bezweifeln, dass mit ihm der Herrgott wirklich einen Menschen erschaffen wollte«, beschreibt der türkische Gesandte Evliya Çedlebi die Erscheinung des Kaisers. »Seine Lippen sind wulstig wie die eines Kamels, und in seinen Mund würde ein ganzer Laib Brot auf einmal passen. Die Pagen wischen ihm mit riesigen roten Tüchern ständig den Geifer ab. Während die Pagen dieses armen Teufels von einem Kaiser allesamt lieblich und schön sind, ist er garstig anzusehen.« Leopold war dreimal verheiratet und hatte 16 Kinder.

Besonders ausgeprägte Form der Habsburger-Lippe: Kaiser Leopold I.

Sein aus der Spanischen Linie der Habsburger stammender Vorfahre Karl V. hatte es zuwege gebracht, das ehemals bedeutungslose Geschlecht als einflussreichste Dynastie der Welt zu etablieren. Die Habsburgergebiete reichten im 16. Jahrhundert von Österreich über die Niederlande, Spanien, Portugal und Italien bis zu den überseeischen Besitzungen in Amerika, Afrika und Asien – tatsächlich schien in Kaiser Karls Reich immer irgendwo die Sonne. Die Allmacht wurde freilich nicht nur durch Heirat,

14

sondern sehr wohl auch durch Kriege und unvorstellbare Brutali-
tät erreicht, mit der die Konquistadoren Cortés und Pizarro Amerika in einen Kontinent des Blutes verwandelten.

Neben Heirat und Kriegsführung gab es noch einen dritten Weg,
an die Macht zu gelangen oder sie zu behalten. Man konnte sie kaufen – durch Bestechung. Um von den Kurfürsten zum Kaiser des
Heiligen Römischen Reichs gewählt zu werden, mussten diese
jedes Mal mit »Geschenken« bedacht werden. Dabei ging es um so
hohe Beträge, dass die Monarchen gezwungen waren, sich Geld zu
leihen. Erste Adresse für Kredite in dieser Größenordnung waren
die Fugger, die zu den reichsten Bank- und Handelsherren
Europas zählten. Als Karl V. im Jahre 1530 nicht in der Lage war,
seine zur Erlangung der Kaiserwürde längst fällig gewordenen
Schulden zu begleichen, stattete er, von einer Reise aus dem Süden
kommend, Jakob Fugger in Augsburg einen Besuch ab. Kaiser und
Handelsherr nahmen gemeinsam das Frühstück ein, bei dem Karl
um Verständnis dafür bat, das offene Darlehen nicht zurückzahlen
zu können. Dann wechselte er das Thema: »Es ist kalt in Deutschland«, sagte der Kaiser, »wenn man aus Italien kommt.«

Jakob Fugger verstand den Wink. Er ließ das Kaminfeuer anma-
chen, zog die Schuldverschreibung aus der Jackentasche, warf sie
ins Feuer und sprach: »Weil Eure Majestät mir die Ehre antun,
Gast in meinem Hause zu sein, sind alle Eure Schulden begli-
chen.«

Als Karl V. regierte, übernahm der Wiener Hof das »Spanische
Hofzeremoniell« der Habsburger, dessen Wurzeln von burgun-
dischen Herzögen am Beginn des Mittelalters stammen. Es sollte
vor aller Welt das Gottesgnadentum, aber auch Macht, Glanz und
Würde des jeweiligen Herrschers dokumentieren. Wie streng
die Vorschriften waren, zeigen schon die Tischsitten, denen zufolge
es der Kaiserin untersagt war, gemeinsam mit ihrem Mann zu
speisen. Doch es kam noch schlimmer. Dem Monarchen war es
nicht gestattet, seiner Gemahlin einen »spontanen Besuch« abzustatten. Ein Tête-à-Tête musste lange davor, auf Tag und Stunde
vorausgeplant, bekannt gegeben werden. War's dann endlich
soweit, legte der Kaiser das schwarze Hofkleid mit Mantel an, um

*Nur einer darf
die Kaiserin
nackt sehen*

15

Mit dem Hofstaat zum Tête-à-Tête: Kaiser Karl V.

vom Obersthofmeister in den Wohntrakt seiner Frau geleitet zu werden. Dort empfingen ihn deren gesamtes Gefolge sowie eine Abteilung von Hellebardieren, die den lüsternen Liebhaber durch eine Flucht von Vorräumen in das Schlafgemach der Kaiserin führten. Jetzt erst trat das Gefolge, streng nach Rängen geordnet, den Rückzug an und das Hohe Paar durfte sich – so noch ein Rest von Leidenschaft vorhanden – der Liebe hingeben. Damit's nicht allzu intim wurde, wartete der gesamte Hofstaat in einer den Schlafgemächern angrenzenden Kemenate.

Laut Zeremoniell stand allein dem Kaiser das Privileg zu, seine Gemahlin völlig nackt erblicken zu dürfen. Das führte dazu, dass der Hofarzt, wenn sie medizinischer Hilfe bedurfte, darauf angewiesen war, sich bei den Hofdamen nach dem Befinden Ihrer Majestät zu erkundigen.

Zu welch grotesken Konsequenzen das Zeremoniell auch sonst noch führen konnte, zeigt eine im 15. Jahrhundert angesiedelte Episode: Als Spaniens regierende Königin Isabella I. beim Ausritt vom Pferd glitt, blieb sie mit einem Fuß im Steigbügel hängen und wurde von dem weitertrabenden Tier mitgeschleift. Der Erste Stallmeister, der als Einziger das Recht hatte, den königlichen Fuß zu berühren, war nicht zugegen, weshalb keiner der 43 anwesenden Aristokraten es wagte, der Königin zu helfen. Endlich befreite ein hoffremder Herr die Monarchin aus ihrer misslichen Lage. Die ritterliche Aktion zerstörte sein Leben: Weil er die Königin unerlaubterweise berührt hatte, wurde der Kavalier mit lebenslanger Verbannung aus Spanien belegt!

Besagte Isabella von Kastilien hat aber in erster Linie deshalb Geschichte geschrieben, weil sie Kolumbus den Auftrag zu jener Reise gab, die zur Entdeckung Amerikas führte. Ihre Tochter Johanna wurde im Alter von 16 Jahren – nach Austausch der auf Porzellan gemalten Miniaturen und ganz im Sinne der Habsburgischen Heiratspolitik – mit Kaiser Maximilians Sohn, Philipp dem Schönen, verlobt.

Als der seine Braut zum ersten Mal sah, bestand er darauf, augenblicklich getraut zu werden. Jegliches Zeremoniell außer Acht lassend, zog sich das Paar ins nun eheliche Schlafgemach zurück. Johanna war ihrem schönen Gemahl dermaßen verfallen, dass sie von zunehmend krankhafter Eifersucht geplagt wurde. Zeitweise war sie intensiv damit beschäftigt, alle weiblichen Wesen aus seiner Umgebung zu verbannen.

Dem Haus Habsburg fielen durch diese Heirat Spanien und Territorien in Italien zu.

Als der schöne Philipp – inzwischen König von Spanien geworden – nach zehnjähriger Ehe starb, verfiel Johanna dem Wahnsinn. Sie weigerte sich, den Sarg mit den sterblichen Überresten ihres Mannes herauszugeben, schleppte ihn auf Reisen mit sich und öffnete ihn regelmäßig, um sich zu vergewissern, dass Philipp tatsächlich tot war. Die Unglückliche überlebte ihren Mann um 48 Jahre und wird heute noch Johanna die Wahnsinnige genannt.

Ein gutes Jahrhundert später wurde Karl VI., der nicht nur als Vater der Kaiserin Maria Theresia Bedeutung erlangte, geboren. In seine Ära fällt die Entfaltung der Barockkunst und damit einer der kulturellen Höhepunkte des Landes. Der als Komponist wie als Dirigent überaus begabte Karl VI. ließ es sich nicht nehmen, die Oper »Elisa« seines Hofkompositeurs Joseph Fux persönlich aus der Taufe zu heben. Fux war von der Wiedergabe durch den kaiserlichen Maestro so angetan, dass er nach der Uraufführung ausrief: »Wie schade, dass Eure Majestät kein Virtuose geworden sind!«

Maria Theresia war gar keine Kaiserin

Worauf der Kaiser erwiderte: »Macht nichts. Mir geht's auch so ganz gut!«

Da Karls einziger Sohn früh starb, drohte das Haus Habsburg auszusterben. Allerdings hatte der Monarch durch Erlass der »Pragmatischen Sanktion« dafür gesorgt, dass die Erbfolge auch auf weibliche Mitglieder der Dynastie übergehen konnte. Dadurch wurde seine ältere Tochter Maria Theresia Thronfolgerin. Durch ihre Heirat mit Franz Stephan von Lothringen erhielt das österreichische Herrscherhaus den Namen Habsburg-Lothringen.

Karl VI. war ein strenger Verfechter des Hofzeremoniells, dessen Einhaltung er persönlich überwachte. Er kritisierte seine Umgebung sogar noch, als er im Herbst 1740 in seinen letzten

17

Zügen lag. Angeblich, weil um sein Sterbebett herum nicht genug Kerzen aufgestellt wurden.

Maria Theresia, die »Kaiserin Maria Theresia«, wie sie von aller Welt genannt wird, trug eigentlich den Titel Erzherzogin – Kaiser war ihr Mann. Doch sie, die volkstümliche Frau des Kaisers, hatte »die Hosen an«. Obwohl es ihr von Anfang an nicht leicht gemacht wurde. Maria Theresia saß erst acht Wochen auf dem Thron, als Friedrich der Große mit seinen Truppen ohne vorherige Kriegserklärung über das österreichische Schlesien herfiel. Ausgerechnet jener Preußenkönig Friedrich, der in seiner Jugend von ihr geschwärmt und sie hatte heiraten wollen. In späteren Zeiten sagte die Kaiserin oft: »Es war besser, Schlesien verloren, als den geheiratet zu haben!«

Die junge und unerfahrene Regentin wurde auch von anderen Nationen auf eine harte Probe gestellt. Erst nach dem Ende des »Erbfolgekriegs« sollte es Maria Theresia gelingen, Österreichs Machtposition in Europa zu festigen. Nun konnte sie ihre historische Reformtätigkeit beginnen. Die parallel dazu geförderte Einheirat ihrer Kinder in andere regierende Häuser trug ihr den Titel »Schwiegermutter Europas« ein.

Die Kaiserin führte ihr Reich in ähnlicher Weise wie ihre Familie, und beide waren von beachtlicher Größe. Hatte sie in der Monarchie 19 Millionen Untertanen, so waren es zu Hause 16 Kinder. Nach drei Töchtern kam der sehnsüchtig erwartete Thronfolger Josef, der entsprechend verhätschelt wurde. »Die Kaiserin vergöttert den Erzherzog und lässt ihm viele Fehler hingehen, um derentwillen sie ihn lieber strafen sollte«, ist überliefert. Josef war – würde man heute sagen – ein Problemkind.

Großes Reich, große Familie: Maria Theresia

Maria Theresias Alltag zwischen Regieren und Kindererziehen war in ein strenges Korsett gedrängt, da blieb für philosophische Diskussionen keine Zeit. Als ihr ein Gelehrter erklärte, das einzig Richtige sei es, in vollkommener Einsamkeit zu leben, da man sich nur in diesem Zustand sammeln und konzentrieren könne, meinte die Kaiserin: »Einsamkeit ist gewiss etwas Schönes. Allerdings macht's erst den rechten Spaß, wenn man jemanden hat, dem man diese kluge Erkenntnis auch mitteilen kann!«

Zu ihren Verdiensten zählen die für ganz Europa richtungweisende Einführung der Schulpflicht, die Verwaltungs-, Heeres- und Justizreform, sie förderte Industrie und Handel, baute Verkehrswege und trat für eine Angleichung der Stände ein: »Ein Fürst besitzt keine andere Berechtigung als jeder Privatmann«, teilte sie ihrem Staatskanzler Kaunitz mit, der selbst Fürst gewesen ist.

Bei all ihrer Bedeutung ähnelten Maria Theresias Sorgen innerhalb der eigenen vier Wände jenen, die viele andere Frauen hatten. Sie litt unter der Untreue ihres Mannes und gab sich schon aus diesem Grund sittenstreng. Als Maria Theresia erfuhr, dass eine ihrer Hofdamen eine nicht ganz einwandfreie Ehe führte, war sie derart empört, dass sie auf der so genannten Hofrangliste neben ihrem Namen eine tadelnde Bemerkung setzte. Daraufhin intervenierte deren Verwandtschaft gegen die Herabsetzung, worauf Maria Theresia Milde zeigte. Nicht ohne hinzuzufügen: »Meinetwegen, streich ich die Sache weg. Aber ich will es so machen, dass man gleich merkt, dass hier radiert wurde.«

Maria Theresia hatte die Zeichen der Zeit erkannt und die dringend notwendige Modernisierung des Reichs in die Wege geleitet.

So mächtig sich Österreich jetzt präsentieren konnte, so klein hatte alles angefangen. Vor der sechshundert Jahre währenden Herrschaft der Habsburger war das Land von Kelten, Römern, Hunnen, Goten, Langobarden, Awaren, Merowingern und Karolingern besetzt. Bis der erste Babenberger an die Macht kam. Er hieß Leopold – der Erste natürlich – und residierte in Pöchlarn, einem kleinen Ort an der Donau, der aufgrund seiner günstigen Lage ein wichtiges Handelszentrum und damit die ideale Hauptstadt war. Man schrieb, als besagtem Leopold der Titel Markgraf verliehen wurde, den 21. Juli 976. Und erklärte dieses Datum später zur Geburtsstunde Österreichs.

Beim Attentat den Falschen getroffen

Der Mann, der am Anfang Österreichs stand, fand ein schreckliches Ende: Als Leopold am 10. Juli 994 Gast einer Festmesse des Bischofs von Würzburg war, wurde auf seinen Vetter Heinrich ein Mordanschlag verübt. Der Pfeil des Schützen verfehlte sein Ziel – und traf den armen Leopold, der tot zusammenbrach. Kein besonders guter Start für ein neues Land.

Aus der 270-jährigen Herrschaftsepoche der Babenberger blieben alle Ortsnamen, die mit -gschwend, -reith, -brand, -schlag enden und die Gründung Dutzender Klöster von St. Florian, Göttweig und Melk bis Heiligenkreuz und Klosterneuburg. Weiters danken wir ihnen den Ursprung der rot-weiß-roten Fahne: Als Herzog Leopold V. während des Dritten Kreuzzugs in der Schlacht bei Akkon im Jahre 1191 schwer verwundet wurde, legte er seinen breiten Gürtel ab. Der blutverschmierte Körper und die Stelle, an der er weiß blieb, führten zu den späteren Landesfarben. Das jedenfalls besagt eine der vielen Überlieferungen, die es zu diesem Thema gibt.

Durch ihn wurde Wien zur Residenz: Markgraf Heinrich Jasomirgott

Auch dass Wien zur Metropole des Landes wurde, ist den Babenbergern zu danken. Leopolds Vater, Markgraf Heinrich Jasomirgott, war es, der nach Pöchlarn, Melk und Klosterneuburg Wien zur Residenz erhob. Seinen Beinamen Jasomirgott verdankt Heinrich übrigens dem Umstand, dass er bei wichtigen Entscheidungen immer den Satz »Ja so mir Gott helfe« gebraucht haben soll.

Schon die Babenberger haben es verstanden, ihre Ehepartnerinnen aus einflussreichen Sippschaften zu rekrutieren, woraus sich verwandtschaftliche Beziehungen zu den reichsten Familien Europas ergaben, die die Bedeutung der Dynastie stärkten. Besonders erfolgreich war diesbezüglich Markgraf Leopold III., dessen zweite Frau Agnes das Vermögen ihres verstorbenen Ehemannes Friedrich von Staufen mit in die Ehe brachte. Hatte sie diesem bereits elf Kinder geboren, so kamen nun 17 weitere mit dem Babenberger Leopold hinzu. Agnes hat mit 28 leiblichen Kindern bis zum heutigen Tag zweifellos jedweden diesbezüglichen Rekord in herrschaftlichen Häusern gebrochen. Leopold III. wurde später heilig gesprochen, was schon das Aufziehen so vieler Kinder zu rechtfertigen scheint, und ist heute noch Landespatron von Österreich.

Dennoch: Selbst die ständige Heiraterei und die vielen Kinder konnten das Aussterben der Babenberger nicht verhindern. Ausgerechnet im 13. Jahrhundert, als Wien drauf und dran war, ein kulturelles Zentrum des Heiligen Römischen Reichs zu werden, sah das Herrschergeschlecht seinem Ende entgegen. Herzog Friedrich II. – genannt der Streitbare (weil er sich mit allen überworfen hatte, inklusive seinem Vater, seiner Mutter, seiner Schwester und den Königen von Böhmen und Ungarn) – fiel unter Reichsacht und wurde aus Österreich vertrieben. Als er im Juni 1246 im Kampf gegen die Ungarn starb, war der Mannesstamm der Babenberger erloschen.

Daraufhin gelang es schließlich – nach einem Interregnum durch den Přemysliden Ottokar von Böhmen – Rudolf von Habsburg, in der Schlacht auf dem Marchfeld im Jahre 1278 die Macht an sich zu reißen.

Die ursprünglich unbedeutenden, aus der Schweiz stammenden Habsburger erwarben im späten Mittelalter eine Reihe von Ländern, darunter Kärnten, Krain, Tirol und Vorarlberg, wodurch am Beginn der Neuzeit – mit Ausnahme von Salzburg, dafür inklusive einiger Gebiete Italiens und Sloweniens – das heutige österreichische Territorium entstand.

Als Kaiserin Maria Theresia 1780 starb, wurde ihr seit Längerem schon mitregierender Sohn Josef Alleinherrscher. Er war ein kluger, sparsamer und weitsichtiger Reformator, dessen Leitsatz lautete: »Ich war ein Mensch, bevor ich Herrscher war, und das halte ich für meine beste Eigenschaft.«

Kaiser Josef II. mischt sich unters Volk

Bekannt dafür, dass er sich gern »unters Volk« mischte, besuchte Josef II. eines Tages, während seine Pferde in Bologna an einer Tränke versorgt wurden, ein Kaffeehaus, in dem er mit einem ebenfalls durchreisenden Offizier ins Gespräch kam. Als ihm der Fremde anvertraute, dass er in Diensten des Papstes stünde, seit Längerem aber schon seinen Dienst quittieren wollte, weil er vom Vatikan schlecht bezahlt würde, meinte Josef: »Warum treten Sie nicht in andere Dienste ein, zum Beispiel in den italienischen Gebieten des Kaisers von Österreich?«

»An wen sollte ich mich dort wenden?«, fragte der Offizier. »Sie glauben doch nicht, dass die hohen Herren für unsereins zu sprechen sind.«

»Wenn's weiter nichts ist«, sagte der Monarch, »ich gelte was beim Kaiser, ich will Sie empfehlen.«

Der päpstliche Offizier lachte über den jungen Mann, den er für einen Leutnant hielt, blieb aber höflich und bedankte sich.

21

»Um Ihnen zu beweisen, dass ich nicht mehr verspreche, als ich halten kann«, fuhr Josef fort, »will ich Ihnen einen Brief geben, der an eine hohe Standesperson gerichtet ist, die in wenigen Stunden hier durchkommen wird.« Der Kaiser schrieb den Brief und versiegelte ihn, adressiert an seinen Oberstallmeister Graf Dietrichstein.

Stunden später sprach der Fremde bei Dietrichstein vor, übergab ihm das Kuvert und versank fast im Erdboden, als der sagte: »Mein Herr, ich gratuliere, Sie haben den Kaiser selbst gesprochen. Er befiehlt mir, Ihnen vierhundert Zechinen zu geben, damit Sie sich zu dem Regiment verfügen, in dem er Ihnen eine Kompanie anvertraut.«

Der Offizier erhielt eine hohe und wesentlich besser bezahlte Stellung.

Seine große menschliche Breite führte auch dazu, dass Josef II. die mittelalterliche Leibeigenschaft der Bauern abschaffte, Mann und Frau in der Ehe gleichstellte, das Wiener Allgemeine Kran-

Schaffte den Hofknicks ab: Kaiser Josef II.

kenhaus gründete, Folter und Todesstrafe abschaffte und die Steuereintreibung reformierte. Josefs Wirtschaftsmaßnahmen verdoppelten in manchen Ländern der Monarchie die Beschäftigungszahlen, seine Sozialreformen brachten Ansätze zur Kranken- und Altersversorgung. Er gründete das Burgtheater, ließ Presse und Bühne durch eine liberalere Zensurpolitik größere Freiräume, ja er duldete sogar Kritik an seiner Person. Mit dem »Toleranzpatent« gewährte er schließlich die freie Religionsausübung.

Im Gegensatz zu seiner Mutter, die behutsam reformierte, konnte es Josef nicht schnell genug gehen. Kraft und Tempo seiner Maßnahmen schufen viele Gegner – vor allem in der katholischen Kirche, als er ein Drittel aller Klöster sperren ließ, um in den frei werdenden Gebäuden Spitäler und andere soziale Institutionen zu errichten.

Dabei war Josef ein guter Christ. Als er den bis dahin nur Aristokraten zugänglichen Prater für jedermann öffnen ließ, pilgerten Tausende Familien in das Erholungsparadies. Sie stürmten Wirtshäuser und Erfrischungszelte, in denen Kaffee, Tee und Eis ausgeschenkt wurde. Kaiser Josef beobachtete an mehreren Sonntagvormittagen das bunte Treiben, ehe er in Gesprächen und Beobachtungen erkannte, dass viele Ausflügler in den Prater gingen, statt in die Kirche. Er schloss daraufhin die Parkanlage an den Sonntagvormittagen wieder. Um sie ab zehn Uhr, als die Messen vorbei waren, wieder zu öffnen. Nun gingen die Wiener in die Kirche – und danach in den Prater.

In seinem Privatleben bewies Josef II., dass er Staatsreform und Sparsamkeit nicht nur predigte: Er selbst lebte spartanisch, sperrte Schönbrunn und einen Teil der Hofburg zu, entließ die Dienerschaft seiner Mutter und kam mit einer einzigen Köchin aus. Er war der erste Herrscher, der sich alleine rasierte und selbst für die Körperpflege sorgte. Er entschärfte das Hofzeremoniell, schaffte Hofknicks und Handkuss ab und empfing Bittsteller aus dem Volk persönlich.

Wenn auch äußerst umstritten, war der »Reformkaiser« seiner Zeit um ein Jahrhundert voraus und ersparte Österreich damit möglicherweise einen Umsturz im Stil der Französischen Revolution. In den zehn Jahren, die der josefinischen Epoche gegeben waren, wurde in Österreich mehr verändert als in den Jahrhunderten davor.

Kaiser Franz war ein gelernter Gärtner

Ein Aristokrat, dem die Öffnung zum Volke gar nicht recht war, beschwerte sich bei Josef: »Jetzt gibt es in Wien gar keinen Ort mehr, wo man unter seinesgleichen sein kann.«

»Ach ja«, stöhnte der Kaiser, »das Problem kenne ich. Wenn ich immer nur unter meinesgleichen sein wollte, müsste ich in die Kapuzinergruft hinuntersteigen!«

Das war eine nicht ganz ernst gemeinte Bemerkung, die sich aber allzu früh bewahrheiten sollte. Kaiser Josef starb, nur 48 Jahre alt, am 20. Februar 1790. Seine Bedeutung wird auch von der Tatsache nicht geschmälert, dass viele seiner Maßnahmen von seinem Bruder und Nachfolger, Leopold II., zurückgenommen wurden.

Nach Leopolds nur zweijähriger Regentschaft – er starb ebenso überraschend wie sein Bruder – begann der Niedergang des Hauses Habsburg, dem Leopolds engstirniger Sohn, Kaiser Franz, nur wenig entgegenzusetzen hatte. Er hat den Thron 1792 als Franz II. bestiegen und ist 43 Jahre später als Franz I. gestorben. Das lag daran, dass er 1806 als Kaiser des Heiligen Römischen Reichs

Deutscher Nation zurücktrat und fortan als Kaiser von Österreich (und somit Franz I.) weiterregierte.

Wie jeder Habsburger musste er ein Handwerk erlernen, wobei Franz sich für die Gärtnerei entschieden hatte, an der er sein Leben lang mehr Interesse zeigte als an der Politik. Er selbst soll einmal über seine schlichte Auffassung, die Staatsgeschäfte zu leiten, gesagt haben: »Kaiser, das ist ein großes Wort, aber ein guter Hofrat wär ich schon geworden.«

Er musste ja kommen: der Staatsbankrott

In der Tat war Franz einer der bürokratischsten Herrscher auf dem Thron der Habsburger. Diese Episode ist für ihn symptomatisch: Als sein Finanzminister Franz Graf O'Donnell 1810 starb, weilte der Kaiser zufällig in Prag, wo er sich nun auf die Suche nach einem Nachfolger für dieses schwierige Amt begab. Er befahl den Verwalter des Hradschin, Joseph Graf Wallis, zu sich und sagte ihm: »Ich will Sie, lieber Graf, für Ihre treuen Dienste belohnen. O'Donnell ist tot, Sie sollen sein Nachfolger werden.«

»Ich bitte Eure Majestät«, meinte der Verwalter, »allergnädigst bedenken zu wollen, dass ich vom Finanzwesen nichts verstehe und mich auch darum nie gekümmert habe.«

»Das macht gar nichts«, entgegnete der Kaiser, »genau solche Leute brauche ich. Sie waren ein treuer Burggraf und werden ein nicht minder treuer Finanzminister sein.«

Es folgte, was zu erwarten war: der Staatsbankrott.

Dem Kaiser blieb wenig Zeit, das Regieren zu erlernen: Gleich nach seinem Amtsantritt erklärte ihm das revolutionäre Frankreich den Krieg, in dessen Folge Österreich erhebliche Gebietsverluste erlitt. Zwei Persönlichkeiten prägten die Regierungszeit des »guten Kaisers Franz«: Metternich auf der einen und Napoleon auf der anderen Seite. Beide hatten wesentlichen Anteil am Zustandekommen des wohl wichtigsten politischen Ereignisses dieser Epoche, dem »Wiener Kongress«, zu dem ab September 1814 Monarchen und Staatsmänner sonder Zahl nach Wien reisten, um nach dem vermuteten Ende der Herrschaft Napoleons – der nach der verlorenen Schlacht bei Leipzig im Exil auf Elba saß – über eine »Neuordnung Europas« zu verhandeln.

Und zu tanzen, wie es heißt. Ja, gefeiert wurde viel, wobei der 28. Juni 1815 den festlichen Höhepunkt bildete: Der König von

Dänemark hatte Geburtstag, die Königin von Bayern, der Herzog von Sachsen-Weimar und der Großherzog von Baden hatten Namenstag. Wie es das Zeremoniell vorschrieb, wurde Zar Alexander als Europas ranghöchster Monarch während des Diners neben Maria Ludovika, die Frau des österreichischen Kaisers, platziert. Leider hat man bei der Tischordnung nicht bedacht, dass sowohl Zar als auch Kaiserin auf je einem Ohr taub waren. Nun saßen die beiden unglücklicherweise so, dass sie nicht hören konnten, was ihr Gesprächspartner gerade sagte. Boshafte Wiener stellten die Konversation der Kaiserin mit dem Zaren so dar:

»Wie schmeckt's Euer Majestät?«

»Schrecklich müde.«

»Freut mich sehr.«

Der Kongress kostete, vor allem wegen seiner vielen Feierlichkeiten, ein Vermögen, was ein geflügeltes Wort zur Folge hatte: »Der Zar von Russland liebt für alle, der König von Preußen denkt für alle, der König von Dänemark spricht für alle, der König von Bayern trinkt für alle, der König von Württemberg frisst für alle und der Kaiser von Österreich zahlt für alle.«

Aber der »Kongress« brachte auch ein politisches Ergebnis: Die Großmächte stellten ihr Gleichgewicht wieder her, mit anderen Worten: Alles war, wie es vor dem Kongress gewesen ist.

Typisch für den Eigensinn des Kaisers Franz war auch, wie er die Frage seiner Nachfolge löste: Obwohl sein Sohn Ferdinand weder über die geistigen noch über die körperlichen Fähigkeiten verfügte, das Amt eines Monarchen auszuüben, dachte Franz nicht daran, eine Änderung in der Thronfolge herbeizuführen. Dabei hatte er

»Der Kaiser von Österreich zahlt für alle«: Franz I. (Mitte) mit König Friedrich Wilhelm III. von Preußen und Russlands Zar Alexander I.

25

mehrere Kinder, die die Voraussetzungen weitaus besser erfüllt hätten. Franz beharrte aber darauf, seinen erstgeborenen Sohn Ferdinand »von Gottes Gnaden« an die Spitze des Staates zu stellen.

Als Kaiser Franz I. am 2. März 1835 starb, stand eine große Menschenmenge weinend am Burghof. Ein Beamter wurde zur Bevölkerung geschickt, um zu beruhigen. »Weint nicht«, sprach er, »es bleibt ja alles beim Alten.«

Da rief einer aus der Menge: »Deswegen weinen wir ja!«

Sein Sohn Ferdinand litt zeitlebens, als bedauernswertes Produkt der Verbindung doppelter Cousins ersten Grades, unter epileptischen Anfällen. Infolge seiner Erkrankung erhöhte sich die Allmacht des Fürsten Metternich beträchtlich. Das war wohl mit ein Grund, dass der Staatskanzler dafür sorgte, den schwachen Ferdinand so lang wie möglich auf dem Thron zu halten. Dadurch hatte Metternich die Möglichkeit, die Regierungsgeschäfte fast im Alleingang abzuwickeln. Immerhin blieb Ferdinand 13 Jahre an der Spitze des Staates, den man nun als »Monarchie ohne Kaiser« bezeichnete.

Von einem Hauskonzert in der Hofburg

Von Wohlmeinenden »Ferdinand der Gütige« genannt, gelangten infolge seiner eingeschränkten Fähigkeiten zahllose Anekdoten in Umlauf. So wurde erzählt, dass bei einem Hauskonzert in der Hofburg der berühmte Pianist Thalberg seine Meisterschaft zeigte. Kaiser Ferdinand war hingerissen und animierte den Künstler zu etlichen Draufgaben, bis dieser schwitzend und ermattet abbrechen musste. »Mein lieber Thalberg«, bedankte sich der Kaiser, »bei mir haben schon viele Künstler gespielt, aber so wie Sie …«

»Majestät«, neigte der Meister in tiefer Dankbarkeit beschämt sein Haupt –

»… aber so wie Sie«, setzte der Kaiser fort, »hat noch keiner geschwitzt.«

Im März 1848 brach in Wien die Revolution aus. Das Elend der Massen war so groß, dass Studenten, Bürger und Arbeiter sich mit der kaiserlichen Armee heftige Straßengefechte lieferten. Noch gravierender wurde die zweite Revolution im Oktober, deren Kämpfe rund zweitausend Tote forderten und Kaiser Ferdinand I. und seinen Hofstaat zwangen, die Residenzstadt zu verlassen und in Olmütz Zuflucht zu suchen. Als »Entgegenkommen« sicherte die Regierung den Aufständischen die Aufhebung der Zensur, uneingeschränkte Pressefreiheit und eine neue Verfassung zu. Das Ende der Grundherrschaft und des Zunftzwanges und die Einführung der Gewerbefreiheit führten zu dem Schlagwort, in Österreich sei das Mittelalter erst im 19. Jahrhundert zu Ende gegangen.

Am 2. Dezember 1848 verzichtete Kaiser Ferdinand schließlich zugunsten seines Neffen Franz Joseph auf den Thron – ein Coup, den dessen Mutter Sophie eingefädelt hatte.

Die Übergabe der Regierungsgewalt in Olmütz wurde nach den strengen Vorschriften des Zeremoniells vollzogen. Zu ihnen gehört, dass der zurücktretende Kaiser die Abdankungsformel spricht. Die aber hatte Ferdinand vergessen, weshalb er zu seinem vor ihm knienden Neffen nur sagte: »Sei brav, es is gern g'schehn.«

»Sei brav, es is gern g'schehn«: Ferdinand »der Gütige«

Allerdings werden Ferdinands Fähigkeiten oft geringer dargestellt, als sie gewesen sind. Immerhin verstand er es, nach der Abdankung sein gewaltiges Vermögen durch geschickte Investition in gewinnbringende Unternehmungen erheblich zu steigern – auch wenn an diesen Transaktionen natürlich Berater beteiligt waren. Jedenfalls erwarb der Ex-Kaiser in der Zeit, als Europas Eisenbahnnetz immer dichter wurde, große Anteile an drei Eisenbahnlinien. Solange Ferdinand lebte, war der nunmehr regierende Kaiser relativ »arm«. Seinen Reichtum erlangte Franz Joseph erst, als sein Onkel und Vorgänger – der ihn zu seinem Universalerben bestimmt hatte – 1875 in seinem Exil am Prager Hradschin starb.

Ein neuer Kaiser. Franz Josephs legendäres Pflichtgefühl, seine Pedanterie und Regelmäßigkeit waren ihm schon als Kleinkind aufgezwungen worden – und diese Eigenschaften bestimmten seine Zukunft und die des Reiches. Kaum hatte der 18-Jährige den Thron bestiegen, wurde schon darüber diskutiert, ob er überhaupt imstande sein würde, die Last der Krone zu tragen. Als man dem eben zurückgetretenen Staatskanzler Metternich die Frage stellte, weshalb ein Mann seiner Meinung nach früher regierungsfähig als heiratsfähig sein könne, antwortete er: »Weil es leichter ist, ein Volk zu regieren als eine Frau!«

Die Wiener waren davon anfangs nicht ganz so überzeugt, sie tauschten ein »n« gegen ein »t« aus und nannten ihren neuen Kaiser in seinen ersten Regierungsjahren »*Fratz* Joseph«.

Niemand konnte damals ahnen, dass dieser Mann im Laufe einer langen Regentschaft zum Symbol der Donaumonarchie werden sollte. Sein Tagesablauf war genau eingeteilt und kannte kaum irgendwelche Abweichungen – egal, ob er in der Hofburg, in Schönbrunn oder während des Sommers in Bad Ischl residierte: Franz Joseph wurde um halb vier von seinem Kammerdiener Ketterl mit den Worten »Ich leg mich zu Füßen Eurer Majestät« geweckt. Nach dem Einseifen durch den »Badewaschel«, dem Ankleiden und der Morgenrasur setzte sich Franz Joseph an den Schreibtisch, um Akten zu erledigen. »Auf dem Schreibtisch des Kaisers«, hinterließ uns Eugen Ketterl, »musste hinter dem großen Stehkalender das kleine Bürstchen und der Abstaubwedel liegen, mit welchem er selbst während des Tages seinen Schreibtisch von Streusand und Asche reinigte.«

Das Mittagessen auf dem Schreibtisch

Um fünf Uhr nahm er das erste Frühstück ein – bestehend aus Gebäck, Butter, Schinken und Kaffee – dann rauchte er eine Zigarre. Befand er sich in Schönbrunn, verließ er das Schloss um Punkt halb sieben zu einem Spaziergang durch den Park, um danach in der benachbarten Villa der mit ihm befreundeten Schauspielerin Katharina Schratt das zweite Frühstück einzunehmen. Nach seiner Rückkehr studierte er wieder die geliebten Akten. Um zwölf wurde das Mittagessen aufgetragen, das praktisch immer aus derselben Menüfolge bestand: Suppe, Rindfleisch oder Naturschnitzel, Mehlspeise. War Franz Joseph alleine, ließ er sich die Speisen auf den Schreibtisch stellen. Interessanterweise war das Essen selten warm, was daran lag, dass die Hofküche von den kaiserlichen Appartements so weit entfernt war, dass die Speisen auf dem Weg durch Hunderte Meter lange Gänge auskühlten, ehe sie serviert wurden. Erst in den letzten Jahren seines Lebens wurde in einem Vorraum der kaiserlichen Gemächer ein Rechaud aufgestellt, mit dem das Essen aufgewärmt werden konnte.

Nachmittags beschäftigte sich der Kaiser wieder mit seinen Akten. Die unerledigten befanden sich auf der linken Seite des Schreibtischs, die erledigten auf der rechten. Um fünf nahm er eine leichte Jause zu sich, Abendessen gab's fast nie. Kurz nach acht begab sich der Kaiser zu Bett – es sei denn, er musste ein offizielles Diner oder einen Hofball geben. Verständlich, dass dem notorischen Frühaufsteher solche Festivitäten ganz und gar nicht behagten. Eine Anekdote, die immer wieder erzählt wird, entbehrt allerdings jeglicher Grundlage: Die meisten Gäste, so heißt es, verließen die Hoftafel hungrig, um danach ins Sacher zu gehen, weil der Kaiser ein berüchtigter »Schnellesser« gewesen sei und die Tafel aufgehoben werden musste, sobald er fertig war. Das stimmt nicht, jeder Besucher konnte bei Hof satt werden, es hätte auch nicht Franz Josephs Stil entsprochen, seine Gäste hungrig zu verabschieden.

Nur seine Gemahlin Elisabeth, der jegliche Etikette verhasst war, schaffte es einigermaßen, das jahrhundertealte höfische Zeremoniell zu umgehen. Als Papst Pius IX. am 7. Februar 1878 in Rom starb, war die Kaiserin – wie so oft – gesundheitlich angeschlagen, weshalb sie es eine Woche lang vermeiden musste, ihre geliebten Ausritte zu unternehmen. Verschmitzt schrieb sie dem Kaiser: »Da ich nun einige Tage nicht reite, werden die Leute sagen, es sei wegen des Papstes. Das macht sich sehr gut.«

Kurz nach acht begab sich der Kaiser zu Bett: Franz Joseph in jüngeren Jahren

Letztlich konnte und wollte auch Franz Joseph als jener Regent, der das Habsburgerreich ins 20. Jahrhundert führte, die zum Teil mittelalterlichen Gesetzmäßigkeiten des Spanischen Hofzeremoniells nicht abschaffen. So war es selbst seinen Geschwistern und engsten Familienangehörigen nicht gestattet, das Wort an den Kaiser zu richten, nur ihm stand es zu, eine Frage zu stellen. Am meisten betroffen von den anachronistischen Bestimmungen des Zeremoniells war die Herzogin von Hohenberg, die »nicht ebenbürtige« Frau seines Thronfolgers Franz Ferdinand. Sie stand in ihrem Rang an letzter Stelle der Familienangehörigen – noch weit hinter der jüngsten Erzherzogin – und durfte bei Veranstaltungen niemals neben ihrem Mann auftreten. So wurde bei offiziellen Diners im Speisezimmer ihr Sessel möglichst weit weg von dem ihres Mannes aufgestellt. Wenn der Hof mit den Kutschen ausfuhr, musste die als »gewöhnliche Gräfin« geborene Sophie Chotek im letzten Wagen Platz nehmen. Sie durfte nicht einmal beim Fronleichnamsgottesdienst im Stephansdom neben Franz Ferdinand knien. Sämtliche Versuche des Erzherzogs, die Stellung seiner Frau – die sehr unter den starren Rangvorschriften litt – zu verbessern, blieben ergebnislos.

Nur einmal, ein einziges Mal nahm Sophie neben ihrem Mann Platz – ausgerechnet dieses eine Mal. Man befand sich weit weg von Wien und damit auch weit weg von den strengen Hütern des Zeremoniells. Das war an jenem 28. Juni 1914, an dem sie im Auto an der Seite des Thronfolgers durch Sarajewo fuhr. Und in dem sie von den tödlichen Kugeln des Attentäters Gavrilo Princip getroffen wurde. Von den Kugeln, die jener Monarchie galten, die sie angesichts ihrer »niedrigen Herkunft« so lange gedemütigt hatte.

Die Besucher des Kaisers müssen stehen Die Montag- und Donnerstagvormittage des Kaisers waren für Audienzen reserviert. Im Prinzip hatte jeder Staatsbürger mit gutem Leumund die Möglichkeit, seinen Kaiser persönlich zu sprechen. Entsprechend dicht war das Programm an den Besuchstagen: »Gestern hatte ich 127, heute werde ich 108 Audienzen geben«, schreibt Franz Joseph in einem Brief an Katharina Schratt. Insgesamt empfing er in den fast sieben Jahrzehnten seiner Regentschaft mindestens 200 000 Personen in Audienz. Während der bis zu zehn Minuten dauernden Begegnungen blieben sowohl der Kaiser als auch seine Besucher stehen. Seine Hand reichte Franz Joseph nur Ministern, Geheimen Räten und Aristokraten – Bürgerlichen nie. Dennoch bestand Handschuhpflicht für alle, die sich ihm nähern durften. Herren erschienen im Frack, Militärs in Uniform, Damen im hochgeschlossenen Kleid mit Hut. Für Arme und Mittellose gab es keine Toilettenvorschriften.

Bei Betreten des Raumes mussten die Damen in den großen Hofknicks versinken, die Herren in eine tiefe Verbeugung. Erheben durften sie sich erst auf Aufforderung des Kaisers. Der stand an seinem Pult und las dem Besucher den Grund seines Begehrs vor (als ob er den nicht selbst gekannt hätte) und teilte ihm das Ergebnis der Angelegenheit mit. Der Besucher sprach seinen Dank aus und bewegte sich – in nach rückwärts gerichteten Schritten und unter ständigen Verbeugungen – wieder dem Ausgang zu.

Entscheidend für die Geschichtsschreibung ist jedoch, was von den 68 Regierungsjahren Kaiser Franz Josephs blieb. Im Guten wie im Schlechten.

- Wien und viele andere Städte der ehemaligen Donaumonarchie verdanken den von Kaiser Franz Joseph eingeleiteten Städteplanungen ihr heutiges Erscheinungsbild. Er hat das Kaiserreich aus dem Biedermeier geführt, jeder Bahnhof, jedes Theatergebäude, jedes Amtshaus ist von seiner Zeit geprägt.
- Auch wenn er selbst kaum daran Anteil nahm, kam es während seiner Regentschaft zu einem Aufbruch des Geistes- und Kulturlebens in Österreich. Die franzisko-josephinische Ära war die Zeit von Freud, Schnitzler, Karl Kraus, Gustav Mahler, Klimt und Schiele.
- Franz Joseph hat durch die notwendigen Schritte der Industrialisierung entscheidend zur Modernisierung der Donaumonarchie beigetragen und damit ihren wirtschaftlichen Aufschwung ermöglicht.

Demgegenüber stehen folgenschwere Fehler:

- Während der Kaiser die Demokratisierung seines Reichs nur bedingt zuließ, waren andere Staaten viel weiter, übertrugen ihren Parlamenten größere Vollmachten. Die ersten freien Wahlen gab es in Österreich erst 1907; Frauen durften, solange es die Monarchie gab, überhaupt nicht wählen. Großbritannien zeigte sich wesentlich liberaler – und konnte auf diese Weise seinen imperialen Glanz bewahren.
- Die drückende Armut konnte trotz des wirtschaftlichen Aufschwungs nicht besiegt werden.
- Franz Joseph fand keine Lösung für die überbordenden Nationalitätenkonflikte, die letztlich zum Untergang des Kaiserreichs führten.
- Auch als Oberstem Kriegsherrn war ihm wenig Glück beschieden, verlor er doch die wesentlichen Schlachten seiner Regentschaft. Als man den zurückgetretenen Kaiser Ferdinand in Prag von den österreichischen Niederlagen in der Lombardei und in Königgrätz informierte, brummte er: »Also, des hätt i aa no z'sammbracht!«

31

Die folgenschwerste Unterschrift seines Lebens setzte Kaiser Franz Joseph am 28. Juli 1914 unter die Kriegserklärung an Serbien, die den Ersten Weltkrieg auslöste und das 20. Jahrhundert ins Verderben stürzte.

Zu den Widersprüchen in seiner Biografie zählt, dass Franz Joseph einerseits als Integrationsfigur gesehen wird, die das schwankende Reich zusammenhielt, andererseits aber auch als Totengräber der Monarchie. »Beides ist richtig«, meint der Historiker Gerhard Jagschitz, »die Integration ist das Ergebnis seiner langen Regentschaft und zum Untergang führte seine Starrheit, die moderne Entwicklungen vielfach nicht zuließ.«

Zu ihren Lebzeiten weit weniger beliebt als ihr Mann: Kaiserin Elisabeth

Wenn an der persönlichen Redlichkeit des »alten Kaisers« auch lange nach seinem Tod kaum Zweifel bestehen und ihm immer noch ein hohes Maß an Sympathie entgegengebracht wird, dann hat das sicher auch mit der Anteilnahme an seinem persönlichen Schicksal – der Hinrichtung seines Bruders Maximilian von Mexiko, dem tragischen Tod seines Sohnes Rudolf, der Ermordung seiner Ehefrau Elisabeth und seines Thronfolgers Franz Ferdinand – zu tun.

Zu seinen Lebzeiten war Franz Joseph übrigens wesentlich beliebter als »Sisi«, da er als Herrscherpersönlichkeit alles überstrahlte, während die Bevölkerung für das Luxusleben seiner Frau wenig Verständnis zeigte.

Seiner großen Popularität entsprechend, ranken sich zahllose Episoden um die Figur des alten Kaisers. Die schönste vielleicht erzählt vom täglichen Besuch, den der Monarch frühmorgens von seinem Leibarzt Dr. Kerzl empfing. Die beiden Herren plauderten immer in angeregter Atmosphäre miteinander, meist über ganz harmlose Themen, da sich der Kaiser in den 86 Jahren seines Lebens bester Gesundheit erfreute. Nebenbei und pro forma fragte der Mediziner im Zuge seiner Visiten irgendwann nach dem Allerhöchsten Befinden. Als Dr. Kerzl eines Vormittags aber wie immer zum Kaiser wollte, wurde er von Kammerdiener Eugen Ketterl mit den Worten zurückgehalten: »Majestät bedauern lebhaft, den Herrn Doktor heute nicht empfangen zu können. Majestät fühlen sich nicht ganz wohl und bitten erst morgen wieder zu ihm zu kommen.«

In den letzten Oktobertagen des Jahres 1916 trat beim Kaiser ein hartnäckiger Bronchialkatarrh auf, der von heftigen Fieberanfällen begleitet wurde. Außerdem konstatierte Hofarzt Kerzl eine bedenkliche Appetitlosigkeit. Mitte November sprach sich Franz Josephs schlechter Gesundheitszustand in Wien herum. Trotz des deutlichen Kräfteverfalls hielt der Monarch seinen seit fast sieben Jahrzehnten gewohnten Lebensrhythmus weiterhin bei. Er stand in aller Früh auf, unterzeichnete Akten, empfing Minister und Abordnungen. »Am Montag, den 20. November, nach einer sehr schlechten, schlaflosen Nacht, in der ihn ein krampfhafter Husten sehr gequält hatte«, notierte Flügeladjutant Albert von Margutti, »saß der Monarch wieder an seinem Schreibtisch, doch die Nacht hatte ihm so übel mitgespielt, dass er kaum atmen konnte und von dem immer noch steigenden Fieber förmlich geschüttelt wurde. Da verlangte er das Heilige Abendmahl.«

Die Frage nach dem Allerhöchsten Befinden: Kaiser Franz Joseph I. im hohen Alter

Am selben Tag reiste die engere Familie des Kaisers an. Tags darauf saß er wieder an seinem Schreibtisch, obwohl er sich kaum noch aufrecht halten konnte. »Als Seine Majestät dann endlich zu Bett gebracht war«, hinterließ der Kammerdiener Ketterl, »fragte ich ihn um weitere Befehle. Laut und bestimmt sagte er zu mir: ›Ich bin mit der Arbeit nicht fertig geworden, morgen um halb vier Uhr wecken Sie mich wie gewöhnlich.‹«

Fünf Minuten vor 21 Uhr am Abend des 21. November 1916 stellten die Ärzte das Ableben Kaiser Franz Joseph I. fest.

Die Einsegnung des Leichnams fand im Stephansdom statt. Menschen aus allen Teilen der Monarchie strömten nach Wien, um von jenem Mann Abschied zu nehmen, der die Geschicke des Vielvölkerstaates länger als jeder andere gelenkt hatte.

Viele Menschen spürten, dass mit dem Tod des alten Kaisers auch die letzte Stunde für Österreich-Ungarn geschlagen hatte. Franz Joseph verkörperte in seiner 68-jährigen Amtszeit* eine Mischung aus imperialem Glanz und Volkstümlichkeit. Die Bewohner der Monarchie hatten als Kinder sein Bild in der Schule gesehen, sie waren damit erwachsen geworden, und als sie starben, war er immer noch da. Franz Joseph hatte in seiner Regentschaft drei deutsche Kaiser, vier russische Zaren, zwölf französische Staatsoberhäupter und achtzehn amerikanische Präsidenten erlebt.

Eine Monarchie ohne ihn war jenseits jeder Vorstellungskraft. Folgerichtig wurde die Regentschaft seines Neffen und Nachfolgers Kaiser Karl zum Zwischenspiel, das durch die Kriegssituation keine Aussicht auf ein Weiterleben hatte. Und so verzichtete dieser am 11. November 1918 »auf jeden Anteil an den Staatsgeschäften« und reiste mit seiner Familie über Schloss Eckartsau und die Schweiz nach Madeira.

24 Stunden später erfolgte die Ausrufung der Republik. Es dauerte aber noch lange, bis die Menschen die ganze Tragweite des Geschehenen erkennen konnten: Aus einem Reich, in dem zuletzt 52 Millionen Bürger gelebt hatten, war ein Kleinstaat mit sechs Millionen geworden, der fast neunzig Prozent des Territoriums verloren hatte.

Karl Kraus rechnete mit der Monarchie ab, als er den Text der alten Kaiserhymne veränderte: »Gott erhalte, Gott beschütze, vor dem Kaiser unser Land …«

---

* Nur Frankreichs »Sonnenkönig« Ludwig XIV. (1638–1715) herrschte mit 72 Regierungsjahren länger als Kaiser Franz Joseph.

WOLFERL, FRANZL, SCHANI

Musikland Österreich

Ein Volk, das seine Komponisten beim Vornamen nennt, muss wohl eine sehr innige Beziehung zur Musik haben. Und das hat es auch, die Österreicher holten sich aus der Fülle ihrer Begabungen ein paar ganz spezielle heraus und erklärten Wolferl, Franzl und Schani zu ihren Lieblingen. An Genies gibt's keinen Mangel.

Mozart ist die oberste Instanz. Und das, obwohl er nie Österreicher war. Als er am 27. Jänner 1756 in Salzburg zur Welt kam, gehörte die Stadt nicht zu Österreich, sie war vielmehr ein souveränes Erzbistum und war davor noch im Herzogtum Bayern gelegen. Als Salzburg österreichisch wurde, war Mozart schon tot.

Sein Leben zeigt, wie sehr die Menschheitsgeschichte von schicksalhaften Fügungen abhängt: Mozarts Mutter brachte sieben Kinder zur Welt, von denen fünf im Säuglingsalter starben. Eines der beiden, die überlebten, war Wolfgang Amadeus. Er lebte nur 35 Jahre, aber wäre er ein Jahr früher gestorben – wir hätten »Die Zauberflöte« nicht. Andererseits: Welche Melodien wären noch entstanden, hätte er länger gelebt.

Wenn Mozart länger gelebt hätte ...

Schon die frühen Kompositionen zeigen das Genie des kleinen Wolfgang, der das Klavierspiel in Vollendung beherrschte, wie sein Vater bescheinigte: »Diesen Menuett und Trio hat der Wolfgangerl den 26ten January 1761 einen Tag vor seinem 5ten Geburtstag um halb 10 Uhr nachts in einer halben Stund gelernet.« Ein Jahr später wurde das Wunderkind bereits auf Konzertreisen gefeiert.

Mozarts Vater begleitete die ersten Tourneen seines Sohnes und seiner Tochter Maria Anna, genannt Nannerl. Im Alter von sieben Jahren spielte Wolfgang Amadé, wie er sich nun nannte, vor Maria Theresia in Schönbrunn. Oft zitiert wird, wie er der leutseligen Kaiserin »auf den Schoß sprang, sie um den Hals nahm und ihr Gesicht mit Küssen bedeckte«. Weniger bekannt ist, dass Maria Theresia später ihrem Sohn Ferdinand brieflich mitteilte, Mozart gehörte »dem unnützen Volk an, das Kunst nicht als noble Freizeitpassion, sondern zum Profit betreibt«.

Mozart fühlte sich in der späteren Mozartstadt beengt und ging nach Wien, wo er als freier Komponist arbeitete und Constanze Weber, die Schwester seiner Jugendliebe Aloysia, heiratete. Sie schenkte ihm sechs Kinder, von denen wieder nur zwei den Vater überleben sollten. In dieser Zeit entstanden einige der gewaltigsten Werke der Musikgeschichte: »Die Entführung aus dem Serail«, »Die Hochzeit des Figaro«, »Don Giovanni«, »Cosi fan tutte« … Zwar musste er die ersten Jahre seines Wien-Aufenthalts durch Klavierunterricht »an meist unbegabten Schülern« finanzieren, aber sein überragendes Talent war – zumindest in den musikinteressierten Kreisen – in der Stadt Gesprächsthema.

Mozart hat sein Vermögen verspielt

Josef II., der Mozart eine Stelle als k.k. Kammerkompositeur gab, wusste, was er an ihm hatte. Als sich ein General während einer Hoftafel beim Kaiser beklagte, dass Mozart sich nicht gehörig benehme, erwiderte Josef gelassen: »Lass Er mir den Mozart in Ruhe. Einen General kann ich mir alle Tage machen, aber einen Mozart nie wieder!«

Das Genie war nicht arm, es verdiente, selbst in weniger guten Zeiten, mehr als ein Arzt oder Universitätsprofessor. Neben seinem Gehalt als Kammerkompositeur brachten ihm die Aufführungen seiner Opern Einnahmen, die ihm ein zumindest gutbürgerliches Leben hätten sichern können. Allein als Klaviervirtuose verdiente er rund 10 000 Gulden pro Jahr*.

Und doch war er stets in Geldnöten und oft sogar verschuldet. Mozart lebte auf großem Fuß, hatte meist geräumige Wohnungen mit Personal, besaß ein Reitpferd und andere Luxusartikel. Doch der wahre Grund der Finanznot lag in seiner krankhaften Leidenschaft fürs Glücksspiel. »Er spielte hoch, ganze Nächte hindurch, er war sehr leichtsinnig«, vermerkte sein Zeitgenosse, der Kapellmeister Destouches. Karten und Billard wären ihm wichtiger gewesen als das Klavierspiel: »Wenn ein berühmter Billardspieler

---

* Entspricht laut »Statistik Austria« im Juli 2009 einem Betrag von rund 120 000 Euro.

in Wien ankam, hat's ihn mehr interessiert als ein berühmter Musiker.« Mozart dürfte den größten Teil seines Vermögens verspielt haben.

Aber er war ein treu sorgender Familienvater, seine Ehe mit Constanze galt als glücklich, von den vielen Liebschaften, die ihm unterstellt werden, ist keine nachweisbar.

Zeitgenossen beschrieben ihn als aufbrausend, ungestüm und im Umgang mit Musikerkollegen alles andere als diplomatisch. Er hat seine Meinung immer offen ausgesprochen und sich damit Gegner und Neider geschaffen. In seiner Arbeit hektisch, aber diszipliniert, hielt Mozart bestimmte Tageszeiten ein, in denen er komponierte.

»Lass Er mir den Mozart in Ruhe«: Wolfgang Amadeus

Im Jahre 1790 ging es dem sonst eher fröhlichen Gemüt psychisch schlecht. Österreich steckte in einer Krise, die zur Folge hatte, dass der Besuch seiner Konzerte nachließ. Von den vielen Spekulationen, die seine Person betreffen, lässt sich die um seinen Tod am wenigsten aus der Welt schaffen. Da die wirkliche Ursache für sein Ableben nie nachgewiesen werden konnte, gelangten Medizinhistoriker, die Mozarts Krankheiten beschrieben, zu widersprüchlichen Ergebnissen.

Die absurde Version, sein Rivale Antonio Salieri hätte ihn ermordet, hält keiner Überprüfung stand. Salieri empfand Mozart nicht als Konkurrenz, er war als Hofkapellmeister in einer wesentlich besseren Position als er. Abgesehen davon, standen die beiden in Mozarts letzten Lebensjahren in gutem Verhältnis zueinander.

Mozart wurde am 7. Dezember 1791 in einem der damals üblichen »Schachtgräber« am St. Marxer Friedhof beerdigt. Diese waren auf Initiative Josefs II. entstanden, der die Meinung vertrat, dass »bei Toten der einzige Zweck die Verwesung ist«. Deshalb wurden die sterblichen Überreste der meisten Menschen würdelos in ein für mehrere Personen bestimmtes Erdloch geworfen. Die Wiener protestierten dagegen, weil man ihnen mit dieser neuen Bestimmung ihre »schöne Leich« nahm, sodass die Einführung der Schachtgräber zu jenen Maßnahmen Josefs zählte, die wieder zurückgenommen wurden.

Sie ist jedenfalls der Grund dafür, dass Mozarts Gebeine für alle Zeiten verschwunden sind.

Mozart war ein in gebildeten Kreisen bekannter Mann, aber keineswegs so populär, dass ihn jeder auf der Straße erkannt hätte. Wirklich berühmt wurde er nach seinem Tod, als der Erfolg der »Zauberflöte« seinen Namen in alle Welt trug.

Erst als er tot war, wusste jeder, wer Mozart gewesen ist.

Österreichs komponierende Barockkaiser Dass Österreich weltweit als *das* Musikland schlechthin gilt, hat viel mit Mozart zu tun – aber nicht nur. Erste Hinweise für musikalisches Treiben im Gebiet der heutigen Alpenrepublik finden sich in Instrumenten aus der Altsteinzeit. Im Frühmittelalter zugewanderte Völker übten Einfluss auf die musikalische Entwicklung aus, und ab dem Hochmittelalter kann von einem eigenständigen österreichischen Musikleben gesprochen werden.

Den »komponierenden Barockkaisern« Ferdinand III., Leopold I., Joseph I. und Karl VI. ist es zu danken, dass die Wiener Hofkapelle im 17. und 18. Jahrhundert zu einem Ensemble von Weltruf wurde. Später begründete die »Wiener Klassik« Wiens Ruf als Weltstadt der Musik, von der sich große Komponisten angezogen fühlten.

Der bedeutendste neben Mozart war Beethoven. Dessen Vater, selbst Musiker, war vom kleinen Amadeus dermaßen beeindruckt, dass er es sich zum Ziel setzte, auch aus seinem Sohn ein »Wunderkind« zu machen. Ludwig begann in seiner Geburtsstadt Bonn früh zu musizieren, er wurde Bratschist in der Bonner Hofkapelle, ehe er sich als 17-Jähriger entschloss, nach Wien zu reisen, um bei Mozart studieren zu können. 1787 kam es zur ersten und einzigen Begegnung der beiden Giganten. Mozart war von dem um 14 Jahre Jüngeren angetan, lehnte es jedoch ab, ihm Unterricht zu erteilen, da er gerade am »Don Giovanni« arbeitete.

Beethoven kehrte enttäuscht nach Bonn zurück, um fünf Jahre später neuerlich nach Wien zu kommen. Mozart war inzwischen verstorben, also wandte er sich jetzt an Haydn und Salieri, die ihn beide als Schüler aufnahmen. Von dieser, seiner zweiten Studienreise, kehrte Beethoven nie wieder zurück, er blieb für den Rest seines Lebens in Wien.

Beethoven erregte schon durch seine ersten Auftritte in der österreichischen Residenzstadt als Komponist wie als Virtuose Aufsehen. Besonders beeindruckten seine Improvisationen am Klavier, deren Höhepunkt er erreichte, als er den berühmten Abbé Gelinek bei einem Wettspiel besiegte. Angeblich stellte Beethoven kurz vor Beginn eines Konzerts fest, dass der Flügel einen Halbton zu tief gestimmt war, worauf er – da die Zeit nicht mehr reichte, um das Instrument neu zu stimmen – sein Erstes Klavierkonzert in C-Dur kurzerhand in Cis-Dur spielte.

Um das Jahr 1795 bemerkte er, dass sein Gehör stetig nachließ – vermutlich als Folge einer in der Kindheit übergangenen Mittelohrentzündung. »Ich kann sagen, ich bringe mein Leben elend zu«, schrieb der 31-Jährige seinem Freund Franz Georg Wegeler, »seit zwei Jahren fast meide ich alle Gesellschaften, weil's mir nun nicht möglich ist, den Leuten zu sagen: Ich bin taub. Hätte ich irgendein anderes Fach, so ging's noch eher; aber in meinem Fach ist das ein schrecklicher Zustand.«

Bei aller Tristesse blitzen Spuren von Humor durch. So etwa am 2. September 1812, als Beethoven mit Goethe zusammentraf. Beide waren auf Kur in Karlsbad und beschlossen, eine gemeinsame Spazierfahrt zu unternehmen. Die Leute, die den Wagen mit den beiden Männern vorbeifahren sahen, blieben stehen und grüßten ehrfürchtig.

»Elendes Leben«:
Ludwig van Beethoven

»Es langweilt mich, so berühmt zu sein«, sagte Goethe, »schon deshalb, weil mich alle Leute grüßen!«

»Eure Exzellenz brauchen sich nichts daraus zu machen«, erwiderte Beethoven, »vielleicht bin ich es, den die Leute grüßen.«

Beethoven musste seine Konzertreisen und Auftritte als Klaviervirtuose einstellen und widmete sich seinen Kompositionen. Er litt an Magen- und Darmbeschwerden, deren Ursprung vermutlich eine Bleivergiftung war. Ab dem Jahre 1819 vollkommen taub, komponierte er unaufhörlich weiter. »Es fehlte wenig, und ich entledigte selbst mein Leben«, schrieb er in seinem berühmten Heiligenstädter Testament. »Nur sie, die Kunst, sie hielt mich zurück, ach es dünkte mir unmöglich, die Welt eher zu verlassen, bis ich das alles hervorgebracht ... und so friste ich dieses elende Leben.«

Als Beethoven am 7. Mai 1824 im Wiener Kärntnertortheater die kurz davor fertig gestellte Neunte Symphonie op. 125 dirigierte, stand er mit dem Rücken zum Publikum und las die Worte der Sänger von ihrem Munde ab. Es wurde ihm als Zeichen von Arroganz ausgelegt, dass er dem frenetisch applaudierenden Publikum weiterhin den Rücken zuwandte. Die Sängerin Caroline Unger begriff, dass der taube Komponist den Jubel nicht hören konnte, sie ging auf ihn zu, nahm Beethoven an den Schultern und zwang ihn, sich mit dem Gesicht den Menschen im Konzertsaal zuzuwenden. Erst jetzt merkte er, welch triumphalen Erfolg er errungen hatte, und verbeugte sich tief bewegt.

Die Folgen der Taubheit prägten Persönlichkeit und Erscheinungsbild des in jungen Jahren geselligen Beethoven, der sich nun völlig zurückzog und dem Alkohol hingab. Er führte ein unstetes Leben, bezog in seinen 35 Wiener Jahren 35 Wohnungen.

Er hat alles versucht, das Fortschreiten seiner Schwerhörigkeit zu beenden, doch die langwierigen Badekuren halfen ebenso wenig wie die oft propagierten neuen Hörrohrsysteme aus Holz, Stein und Metall, in die er so viel Hoffnung gesetzt hatte.

Gioacchino Rossini besucht Beethoven

1822 stattete ihm sein großer italienischer Kollege Gioacchino Rossini anlässlich seines Wien-Aufenthalts einen Besuch ab. Rossinis Schilderung gibt Zeugnis über die Lebensumstände des Giganten. »Ich stieg die Treppen zu der ärmlichen Wohnung Beethovens hinauf«, erinnerte sich Rossini, »dort fand ich mich auf einer Art Dachboden wieder, der völlig in Unordnung und überaus dreckig war. Besonders erinnere ich mich an die Zimmerdecke. Sie befand sich unmittelbar unter dem Dach und ließ starke Risse erkennen, durch die sich bei Schlechtwetter wohl Regen in Strömen ergoss.«

Beethoven bemerkte zunächst nicht, dass ein Gast eingetreten war. »Er blieb weiter sitzen, über Korrekturen gebeugt, die er zu Ende las. Dann hob er den Kopf und sagte in anständigem Italienisch: ›Ah, Rossini, der Komponist des ‚Barbier von Sevilla‘. Meine herzlichen Glückwünsche! Das ist eine ausgezeichnete Opera buffa. Ich habe mit großem Vergnügen darin gelesen und alles sehr genossen.‹«

Rossini kritzelte seinem Gastgeber ein paar Worte auf ein Blatt Papier, die ihn seiner grenzenlosen Bewunderung versicherten, worauf Beethoven mit einem tiefen Seufzer erwiderte: »O, ich Unglücklicher!«

Als der Italiener nach kurzem Gedankenaustausch zum Abschied aufbrach, rief Beethoven ihm noch nach: »Und machen Sie noch vieles wie den ›Barbier‹!«

Rossini beendete seinen Bericht mit den Worten: »Als ich die verfallene Treppe hinabstieg, konnte ich meine Tränen nicht mehr zurückhalten.«

Ludwig van Beethoven und die Frauen

Beethoven wurde von mehreren Frauen, vor allem von seinen Schülerinnen, umschwärmt, blieb aber einsam. Sehr nahe kam er den Schwestern Therese und Josephine Brunswick, die sich in ihn – vor allem wohl in sein Genie – verliebt hatten, jedoch eine dauerhafte Beziehung ebenso wenig zuließen wie die von ihm verehrte Gräfin Julie Guicciardi.

Da etlichen seiner Biografen Taubheit, Alkoholkrankheit und unglückliche Liebschaften als Schicksalsschläge nicht »genügten«, entdeckten sie weitere dramaturgische Elemente, die allesamt widerlegt werden können. So glaubt ein Autor Beethovens Impotenz nachweisen zu können, weil er angeblich nie mit Frauen geschlafen, sondern sie alle nur verehrt hätte. In krassem Widerspruch dazu wird anderswo darauf hingewiesen, dass Beethoven Dauergast in Wiener Bordellen gewesen sei. Als »Beweis« dafür legt ein amerikanischer Biograf eine Rechnung vor, die aus dem »Lusthaus« im Prater stammte. Der wusste freilich nicht, dass das Lusthaus kein Haus der Lust, sondern ein ehrbares Wiener Restaurant ist. Anderswo wird Beethoven als homosexuell bezeichnet, was durch Briefstellen wie diese untermauert wird: »Wie kann Amenda* zweifeln, dass ich seiner je vergessen könnte.« Oder: »Leb wohl, lieber guter edler Freund, erhalte mir immer Deine Liebe!« Solch blumige Satzkonstrukte gehörten zur überschwänglichen Sprache der gebildeten Schicht dieser Zeit, der zufolge sämtliche Romantiker gleichgeschlechtlich veranlagt gewesen sein müssten, nähme man derartige Floskeln als Indiz dafür.

An seinem Begräbnis nahmen 20 000 Menschen teil. Der »Vollender der Wiener Klassik« hatte seit Längerem über Schmerzen im

---

* Karl Friedrich Amenda, Geiger und enger Freund Beethovens

Unterleib, Appetitlosigkeit und Durstgefühle geklagt. Am 24. März 1827 reichte man ihm die Sterbesakramente, zwei Tage später verschied er im Beisein seiner Schwägerin Johanna und seines Freundes, des Komponisten Anselm Hüttenbrenner, in seiner Wohnung in der Schwarzspanierstraße. Im Gegensatz zu Mozart hatte er seinen Weltruhm noch erleben können.

Im Obduktionsbericht des Arztes Dr. Johann Wagner wird Leberzirrhose als Todesursache genannt, die im Nachruf der »Wiener Zeitung« als Wassersucht abgemildert wurde.

Haydns Schädel aus dem Grab gestohlen Dass sein Schüler Beethoven und sein Freimaurer-Bruder Mozart ihm einmal den Rang ablaufen würden, hätte Joseph Haydn vermutlich nicht für möglich gehalten, galt er doch in seiner Zeit als bedeutendster Komponist. Joseph »Papa« Haydn war am 31. März 1732 im niederösterreichischen Rohrau als Sohn eines Bauern und Wagnermeisters zur Welt gekommen und schon als Kleinkind durch seine Musikalität aufgefallen. Er erhielt Gesangs- und Instrumentalunterricht und wurde mit acht Jahren Chorknabe im Stephansdom.

Mit Einsetzen des Stimmbruchs nahm er das Studium bei dem berühmten, aus Neapel stammenden und in Wien lebenden Komponisten Niccolo Antonio Porpora auf. Als er von seinem Lehrer Abschied nahm, sagte Haydn: »Jetzt erst weiß ich, wie schwer die italienische Leichtigkeit ist.«

Wie Mozart heiratete auch Haydn die Schwester der Frau, die er eigentlich liebte, wurde aber in seiner Ehe nicht glücklich. 1761 holte ihn Fürst Paul Esterházy als Kapellmeister nach Eisenstadt, wo er seinen musikalischen Stil entwickeln konnte.

Auf den beiden England-Reisen, die er im Alter unternahm, wurde Haydn wie ein König gefeiert. In London ereignete sich ein Zwischenfall, der Geschichte schrieb: Haydn legte am Ende eines Konzerts den Taktstock aus der Hand und verbeugte sich. Da erhoben sich die Besucher und strömten zum Orchester, um dem Meister aus der Nähe zuzujubeln. Kaum waren die Sitze in der Mitte des Parketts geleert, löste sich der schwere Kronleuchter aus der Verankerung, stürzte eben dort zu Boden und zerstörte Teile des Konzertsaales. Abgesehen von wenigen Besuchern, die durch Kristallsplitter leicht verletzt wurden, kam niemand zu Schaden. Haydn dankte der Vorsehung, dass ein gütiges Geschick so viele Menschenleben gerettet hat. Die Symphonie wurde fortan unter dem Beinamen »Mirakel« aufgeführt.

Seine letzten Lebensjahre verbrachte Haydn in der heutigen Haydngasse 6 in Wien-Gumpendorf. Als Napoleon – dessen Truppen die Hauptstadt des Kaiserreichs gerade besetzt hielten – erfuhr, dass Haydn im Sterben lag, ließ er vor dessen Haustor eine Ehrenwache aufstellen und die Straße mit Stroh bestreuen, damit der Meister nicht durch das Rumpeln der Wagenräder gestört würde. Er starb am 31. Mai 1809 in seinem 78. Lebensjahr.

Gefeiert wie ein König:
Joseph »Papa« Haydn

Nur wenige Tage nach der Beerdigung am Hundsturmer Friedhof wurde sein Schädel aus dem Grab gestohlen – wie sich später herausstellte von Fanatikern, die anhand der Kopfform Rückschlüsse auf das Genie ziehen wollten. Der Schädel tauchte erst 1954 wieder auf und wurde dann in die Bergkirche Eisenstadt überstellt, wo der Körper bereits 1820 beigesetzt worden war.

Im Biedermeier entwickelte sich der Musikgenuss vom Privileg des Adels hin zum allgemeinen Bildungsgut. Die Hausmusik eroberte die Salons des Bürgertums und erlebte ihre Blüte. Philharmoniker, Musikverein, Salzburger Mozarteum und Wiener Männergesang-Verein wurden gegründet, und an den Vorstadtbühnen in der Leopoldstadt, der Josefstadt und im Theater an der Wien erlangte das Singspiel weite Verbreitung.

Franz Schubert kam 1797 als Sohn eines Lehrers am Wiener Alsergrund zur Welt und wuchs in beengten Verhältnissen auf. Mit elf Jahren wurde er von den Sängerknaben aufgenommen, nachdem er die musikalische Grundausbildung bereits von seinem Vater erfahren hatte. Da es von Schubert nur wenige Lebenszeugnisse gibt, bleibt ein Großteil der überlieferten Lebensumstände Spekulation. Auch viele Geschichten um seine angeblich unerfüllten Liebschaften sind erfunden. Nur zwei Beziehungen sind gesichert: Seine Jugendliebe Therese Grob wartete drei Jahre auf ihn, ehe sie einen anderen heiratete. Diese Affäre widerlegt also den »Dreimäderlhaus«-Romanstoff ganz klar, demzufolge ihn »keine wollte«. Nachweisbar ist nur, dass Schubert seine Schülerin Comtesse Carolin Esterházy verehrte, diese seine Liebe jedoch nicht erwiderte. Dass er deswegen gleich zum unglücklichen Liebhaber auf Lebenszeit gestempelt wurde, ist das Produkt einer unbarmherzigen Kitsch-Industrie.

Seine Bescheidenheit geht aus einem Brief hervor, in dem er sich seiner Kindheit erinnerte: »Zuweilen glaubte ich wohl selbst im Stillen, es könne etwas aus mir werden – aber wer vermag nach Beethoven noch etwas zu machen.«

Schubert gab seine Stellung als Hilfslehrer bald auf, weil ihm diese Tätigkeit keine Zeit zum Komponieren ließ, es fanden sich auch kaum Verleger, die seine Noten druckten, und nur drei seiner Bühnenstücke wurden zu seinen Lebzeiten aufgeführt. Aber gerade dem tragischen Umstand, dass er keine feste Anstellung fand, ist die Fülle seines Werks zu danken, denn nur dadurch konnte sich Schubert Tag und Nacht seinen Kompositionen widmen. Obwohl Beethoven fast doppelt so alt wurde wie er, ist Schuberts Oeuvre noch umfangreicher. In den wenigen Jahren, die ihm zur schöpferischen Arbeit blieben, schuf er mehr als tausend Lieder, Klavierstücke, Ouvertüren, Kammermusiken, Messen, Chöre, Tänze, Bühnenstücke sowie acht Symphonien. »In einem halbdunklen, feuchten und ungeheizten Kämmerlein, in einen alten, fadenscheinigen Schlafrock gehüllt, frierend und komponierend«, so behielt ihn ein Freund in Erinnerung. »Die Schwierigkeiten seiner Lage lähmten seinen Fleiß und seine Lust durchaus nicht«, schreibt ein anderer, »er musste singen und dichten, das war sein Leben.«

Allen Widrigkeiten zum Trotz brachte es Schubert zu einem gewissen Bekanntheitsgrad im biedermeierlichen Wien. Er gab Konzerte in privaten Salons und hatte einen prominenten Freundeskreis, zu dem Grillparzer und Moritz von Schwind zählten.

»Frierend und komponierend«: Franz Schubert

Im Gegensatz zu Mozart war Schubert tatsächlich arm, der »Liederfürst« konnte oft nicht für die Miete seines Zimmers aufkommen und schlief dann bei Freunden oder Verwandten. Auch die letzten Wochen seines Lebens verbrachte er bei seinem älteren Bruder Ferdinand. »Ich werde wohl im Alter an die Türen schleichen und um Brot betteln müssen«, lautete ein Verzweiflungsschrei Schuberts.

Doch es gab kein Alter, das Musikgenie starb in den besten Mannesjahren, mit 31 Jahren. Nicht an Syphilis, wie oft behauptet wird, sondern an »schwerem Nervenfieber«. Vermutlich war er an Bauchtyphus erkrankt, einem in diesen Tagen infolge der schlechten Trinkwasserqualität weit verbreiteten Übel.

Vor der Wende des 19. zum 20. Jahrhundert erfuhr das österreichische Musikleben einen neuen Höhepunkt: in der Oper durch Richard Strauss und Hugo Wolf, in der Symphonik durch Brahms, Bruckner und Mahler. 1860 in Böhmen als Sohn eines Weinbrenners und Gasthausbesitzers zur Welt gekommen und in Mähren aufgewachsen, schrieb Gustav Mahler mit sechs Jahren erste Kompositionen, die von der Militärmusik und von der jüdischen Musik der Synagoge geprägt waren. Mit fünfzehn ging er zum Musikstudium nach Wien, wo Anton Bruckner sein Lehrer war. Mahler durchlief eine Karriere als Kapellmeister an verschiedenen Opernhäusern und zählte bald zu den anerkannten Dirigenten Europas. In Budapest besuchte Brahms eine von ihm dirigierte »Don Giovanni«-Aufführung und war tief beeindruckt.

Gustav Mahler wird Wiens Operndirektor

1897 zum Direktor der Wiener Hofoper bestellt, führte er das Opernhaus in nie da gewesene Höhen. In den zehn Jahren, die er das Haus leitete, wurde Mahler zum großen Reformer. Er führte die intensive Probenarbeit ein, in der die Leistungen der Musiker gesteigert und die bis dahin üblichen pathetischen Gesten der Sänger zurückgedrängt wurden. Mahler schuf die Ära der neuzeitlichen Operninszenierungen, in denen Bühnenbild und Kostüme zentrale Rollen spielten, er scharte das weltbeste Opernensemble um sich, zu dem Erik Schmedes und Leo Slezak zählten, aber auch die Sängerinnen Selma Kurz und Anna von Mildenburg – mit denen er, noch ehe er ihr Direktor war, Affären hatte.

Kaiser Franz Joseph ließ den Direktoren der Hoftheater freie Hand, weder er selbst noch seine Minister oder Beamten sollten auf die Führung der Wiener Bühnen Einfluss nehmen. Umso heftiger die Reaktion Mahlers, als Erzherzog Peter Ferdinand – ein entfernter Verwandter des Kaisers aus der toskanischen Linie des Hauses Habsburg – bei ihm vorsprach, um eine eigene Komposition zur Aufführung zu bringen. Der Erzherzog betonte, es sei »der ausdrückliche Wunsch des Kaisers«, dass sein Werk an der Wiener Hofoper gespielt würde.

Mahler selbst hinterließ uns, wie er daraufhin reagierte: »Ich habe zu dem Erzherzog gesagt: ›Es tut mir leid, Kaiserliche Hoheit, aber ich kann nicht Wünsche, sondern nur Befehle Seiner Majestät erfüllen. Wenn mir der Kaiser befiehlt, Ihre Oper aufzuführen, werde ich es tun. Nur werde ich dann ins Programmheft drucken lassen: ‚Auf Befehl Seiner Majestät, Kaiser Franz Josephs, Erstaufführung der Oper Soundso von Erzherzog Peter Ferdinand.‘‹«

Die Oper blieb unaufgeführt.

Mahler machte sich durch seine offene Art viele Gegner, aber die übelsten Anfeindungen waren antisemitisch geprägt. Er litt so sehr darunter, dass er zum katholischen Glauben konvertierte, was natürlich wenig half. Die von mehreren Zeitungen unterstützte Kampagne gegen ihn gipfelte darin, dass ihm die Uraufführung von Richard Strauss' »Salome« untersagt wurde. Damit hatten seine Vorgesetzten bei Hof übers Ziel hinaus geschossen, und er trat als Operndirektor zurück. »Ich gehe«, schrieb er 1907 an einen Freund, »weil ich das Gesindel nicht mehr aushalten kann.«

Felix Salten urteilte nach Mahlers Abgang: »Im Anfang hat ihn nur seine frenetische Unbeliebtheit populär gemacht, es war täglich zu hören, dass er seine Musikanten misshandelt, sie zu unmenschlicher Arbeit peitscht, schier zu Tode hetzt, und dass ihn alle, wären sie's nur imstande, am liebsten in einem Löffel Wasser ertränken möchten. Die Intensität seines Wesens schien die ganze Stadt zu füllen. Leute stritten hitzig über ihn, die niemals sonst in der Oper waren. Jetzt liefen sie herzu, um ihn zu sehen. Wieder andere Leute, die bisher kaum gewusst hatten, was ein Theaterdirektor ist und soll, fragten nach dem bösen Mahler.«

Noch als Operndirektor hatte Mahler im Salon der Bertha Zuckerkandl die um fast zwanzig Jahre jüngere Alma Schindler kennen gelernt und sich Hals über Kopf in sie verliebt. Die Tochter des Malers Emil Jakob Schindler und Stieftochter des Malers Carl Moll war in einem künstlerischen Umfeld aufgewachsen, in dem sie früh Gustav Klimt und Alexander von Zemlinsky kennen lernte (mit denen sie ebenfalls Verhältnisse hatte). Als Alma und Gustav Mahler im März 1902 heirateten, stellte er klar, dass sie nicht weiterkomponieren dürfte, um sich auf ihre Aufgaben als Ehefrau konzentrieren zu können, was sie ihm nie verzieh.

»Weil ich das Gesindel nicht mehr aushalten kann«: Gustav Mahler

Die Sommerferien verbrachte das Ehepaar in einem »Komponierhäuschen« am Attersee, das eigens für Mahler errichtet worden war und in dem er sich voll und ganz der Musik hingab. Als er dort den Besuch seines Komponisten- und Dirigentenkollegen Bruno Walter erhielt, fiel Mahler auf, dass dieser sich jeden Berg, jeden Baum und jeden Strauch der Landschaft ganz genau ansah. Mahler nahm Walter an der Hand und sagte: »Sie brauchen sich hier gar nicht mehr umzusehen. Hier herum hab ich schon alles wegkomponiert!«

Auch den Sommer des Jahres 1910 verbrachten Alma und Gustav Mahler am Attersee. Während dieses Urlaubs hatte Alma eine stürmische Liebesbeziehung mit dem Architekten Walter Gropius, der sich im steirischen Tobelbad zur Kur aufhielt. Als der fünfzigjährige Mahler von der Affäre seiner Frau erfuhr, war die Erschütterung so groß, dass er Sigmund Freud konsultierte.

Mahler wurde nach seinem Abgang aus Wien Leiter der New Yorker Philharmoniker und Dirigent an der Metropolitan Opera, wo er mit Enrico Caruso und wieder mit Leo Slezak arbeitete.

Alma heiratete, nachdem Mahler 1911 verstorben war, ihren Geliebten Walter Gropius und später den Dichter Franz Werfel. Dennoch ließ sie sich bis an ihr Lebensende als »Witwe Gustav Mahlers« feiern. Sie wurde zur Femme fatale, zum Inbegriff der Muse großer Künstler. Als Gerhart Hauptmann und seine Frau einen Abend mit ihr verbrachten, griff er zu später Stunde nach ihrer Hand und seufzte: »Alma, wenigstens im Jenseits müssen wir ein Paar werden. Dafür melde ich mich jetzt schon an.«

»Aber Gerhart«, unterbrach Frau Hauptmann, »ich bin überzeugt, dass Frau Alma auch im Himmel schon gebucht ist.« Sie starb 1964 in New York.

Mit seinen Symphonien, seinen Orchester- und Klavierliedern steht Mahler an der Schwelle zur Neuen Musik, die den Weg zu Alban Berg, Anton von Webern und Arnold Schönberg ebnete.

Für den 1874 in Wien geborenen »Vater der Zwölftonmusik« war es nicht leicht, sich daran zu gewöhnen, dass die Musiker im Orchestergraben seinem Werk skeptisch gegenüberstanden. Als Schönberg bei einer Probe wieder einmal erkennen musste, dass die Mitglieder eines Symphonieorchesters sehr zurückhaltend spielten, erklärte er: »Meine Herren, in fünfzig Jahren wird man meine Musik überall aufführen und verstehen, und die Gassenjungen werden sie pfeifen.«

Da zischelte der erste Geiger seinem Sitznachbarn zu: »Und warum müssen wir sie dann heute schon spielen?«

Gekrönt durch die Walzerdynastie Strauß
Die Jahrhundertwende war auch die Zeit der gehobenen Wiener Unterhaltungsmusik – gekrönt durch die »Walzerdynastie« Strauß, durch Lanner, Millöcker, Heuberger, Ziehrer und Franz von Suppè, dem im dalmatinischen Split geborenen »Erfinder« der leichten Muse. Er hatte die ursprünglich aus Frankreich kommende und von Offenbach erdachte Operette mit Elementen des Altwiener Singspiels verschmolzen und damit den speziellen Typus der Tanzoperette geschaffen. Form und Inhalt der Wiener Operette waren ganz anders als das Pariser Vorbild, ja geradezu ins Gegenteil verkehrt. Sollte sie an der Seine verspotten und kritisieren, so diente die Operette an der Donau – durchaus im Einklang mit der österreichischen Lebensart – von Anfang an der Verherrlichung des Kaiserhauses und der Erhaltung bestehender Gesellschaftsformen.

Johann Strauß Vater, der Gründer der Familie, die den Dreivierteltakt populär machte, war 1804 in Wien als Sohn des Gastwirts der Schenke »Zum guten Hirten« am Donaukanal zur Welt gekommen. Schon in der väterlichen Schankkapelle stellte er sein überragendes Talent unter Beweis, wurde aber von den Eltern gezwungen, bei einem Buchbinder in die Lehre zu gehen. Als er

15 Jahre alt war, lernte er den etwas älteren Joseph Lanner kennen, der ein Dreimannorchester leitete und ihn als Bratschisten engagierte. Bald gingen die beiden jedoch getrennter Wege, Strauß gründete eine eigene Kapelle, wurde zum erbitterten Konkurrenten Lanners und stellte im Alter von 22 Jahren seine erste Komposition, den »Täuberlwalzer«, vor. Während bis dahin in Adelskreisen immer noch fast ausschließlich das gespreizte Menuett getanzt wurde, machte Strauß den Dreivierteltakt hoffähig und den Walzer zum beliebtesten Gesellschaftstanz.

Als Dreißigjähriger zum Hofballmusikdirektor ernannt, verließ er im selben Jahr seine Frau Maria Anna Streim und die drei Söhne. Der älteste, Johann, war zehn, Josef acht und Eduard gerade erst zur Welt gekommen. Johann Strauß Vater lebte fortan mit der Modistin Emilie Trampusch und kümmerte sich herzlich wenig um seine Familie. Nur einen Wunsch wollte er »den Buben« mit auf den Weg geben: »Alles könnt's werden, nur eins nicht – Musikanten!« Zu viele gescheiterte Existenzen hatte er im Laufe seines Berufslebens gesehen, Künstler gehörten damals – mit Ausnahme der wenigen, die berühmt waren – immer noch den untersten sozialen Schichten an.

Künstler gehören zur untersten Schicht

Der väterliche Protest half nichts, die Musik lag den Söhnen im Blut, sie mussten Musiker werden.

War Joseph Lanner anfangs der Konkurrent von Strauß Vater, so wuchs bald in seinem eigenen Sohn Johann ein Genie heran, das die Popularität des »alten Strauß« in den Schatten stellte. Der »Walzerkönig«, wurde zum beliebtesten Österreicher ex aequo mit dem Kaiser, weshalb man auch davon sprach, dass Österreich »von zwei Kaisern regiert« würde. Als Strauß 1862 die um sieben Jahre ältere Sängerin Henriette Treffz heiratete, ließ er sich einen mächtigen Vollbart wachsen, der den Altersunterschied ausgleichen sollte. Strauß Sohn machte seinem Namen alle Ehre und blieb auch in der Ehe der Sohn, »Jetty« nannte ihn sogar »mein Bub«.

Nach einiger Zeit des Wildwuchses wurde »Schanis« Bart zu einem Kaiserbart gestutzt, der dem des Monarchen verdächtig ähnelte. Das aber war Franz Joseph gar nicht recht. Im Sommer 1862 meldete die »Morgenpost«, dass »Allerhöchst Seine Majestät seinen Backenbart abrasiert hat und nur mehr einen Schnurrbart trägt. Wie man erfährt, fiel des Kaisers Bart aus galanter Zärtlichkeit für die Kaiserin. Ihre Majestät ließ nämlich die Bemerkung fallen, dass der Kaiser früher, bevor er den Backenbart getragen, jugendlicher und munterer ausgesehen habe.«

Kaiser und (Walzer-)König hatten der Liebe wegen konträr gehandelt: »Franzl«, weil er seiner Frau zu alt, »Schani«, weil er der seinen zu jung erschien. Nun wurde in allen Teilen der Monarchie heftig gestritten, ob die beiden mit oder ohne Bart fescher wären. Johann Strauß blieb zeitlebens Bartträger, und auch Franz Joseph ließ den seinen bald wieder sprießen. Das also war der Grund für den berühmten »Streit um des Kaisers Bart«.

Wie Johann Strauß die Noten förmlich zuflogen, entnimmt man der Aussage eines Komitee-Mitglieds des Wiener Technikerballs. Dieses trat kurz vor der Eröffnung in einem Restaurant an den »Walzerkönig« heran, um ihn zu fragen, wie weit die Komposition eines vor Wochen in Auftrag gegebenen Musikstückes gediehen sei. »Ach Gott, ich hab noch keine Note«, gestand Strauß, nahm die Speisekarte zur Hand und ließ innerhalb von dreißig Minuten den heute noch populären »Accelerationen-Walzer« entstehen.

Strauß erfreute sich in der Damenwelt derartiger Beliebtheit, dass sein Lebenswandel in einem Akt der k. k. Polizeidirektion als »unsittlich und leichtsinnig« bezeichnet wird. Der »Strauß-Schani« war nach »Jettys« plötzlichem Tod im April 1878 noch zweimal verheiratet, etliche Male verlobt und im Wien des 19. Jahrhunderts Mittelpunkt gesellschaftlicher Skandale – etwa, als seine zweite Frau Lily mit dem Direktor des Theaters an der Wien »durchging«. Oder als er in seiner dritten Ehe der Bigamie bezichtigt wurde, worauf er zum protestantischen Glauben überwechselte und die österreichische Staatsbürgerschaft aufgab, um den Rechtsfolgen seiner (gesetzlich gültig gebliebenen) zweiten Ehe zu entgehen.

Hätte Josef Strauß in einer anderen Generation gelebt, wäre er unter Garantie der bedeutendste Unterhaltungsmusiker gewesen. Aber da war eben der ältere Johann, neben dem keiner bestehen konnte, auch wenn Josef

In dreißig Minuten einen Walzer komponiert: Johann Strauß Sohn

große Melodien wie den »Dorfschwalbenwalzer« oder »Mein Lebenslauf ist Lieb und Lust« komponiert hatte. Der Absolvent der Technischen Hochschule Wien war auch als Mathematiker überaus begabt und hatte eine Straßenkehrmaschine erfunden.

Aber in jedem Strauß steckte Musik. Und daher übernahm Josef, wann immer sein älterer Bruder verhindert war, die Leitung der Strauß-Kapelle. Der eitle aber doch als bescheiden geltende Johann soll über seinen Bruder Josef gesagt haben: »Ich bin populärer, er ist begabter.«

Eduard, der Jüngste, hatte es zweifellos am schwersten. Obwohl er eine Diplomatenschule absolviert hatte, war er von der Musik ebenso besessen wie seine Brüder und begann in Johanns Kapelle Violine und Harfe zu spielen, bis auch er sein eigenes Orchester gründete, mit dem er in aller Welt Gastspiele gab. Doch sämtliche Erfolge konnten nicht über die Verbitterung hinwegtäuschen, doch nur »der kleine Bruder« vom großen Johann zu sein. In einem Anfall von Sinnesverwirrung vernichtete er in seinen späten Jahren alle vorhandenen Noten des Vaters und der beiden Brüder.

Der kleine Bruder vom großen Strauß

Mehrere überragende Talente innerhalb einer Familie sind in der Musikwelt keine Rarität: Mozart hatte einen bedeutenden Vater, Bach und Wagner begabte Söhne, Haydn einen bemerkenswerten Bruder. Aber dass eine Musikerdynastie ausschließlich aus Genies besteht – das macht den »Sträußen« keine andere Familie nach.

Und es wird noch sehr viel Wasser die angeblich blaue Donau hinunterfließen, und die Welt wird immer noch nach ihren Klängen tanzen.

Mit den Werken Franz Lehárs, Emmerich Kálmáns, Leo Falls, Paul Abrahams, Oscar Straus', Edmund Eyslers und Robert Stolz' wurde die Goldene durch die Silberne Operette abgelöst. Die Kaiserhäuser gehörten ab 1918 der Vergangenheit an, dienten der Operette des 20. Jahrhunderts aber immer noch zur Befriedigung nostalgischer Sehnsüchte und zur Verherrlichung der »guten alten Zeit«, in der sich Aristokraten und Offiziere ihrer Heldentaten rühmen durften.

Lehárs Danilo ging, wenn er das Vergnügen suchte, ins Maxim, um sich dann doch für »Die lustige Witwe« zu entscheiden. Der

Schöpfer dieser Operette war selbst alles andere als leichtlebig. Franz Lehár hat den Verlust seiner Jugendliebe Ferdinanda Weißenberger, um deren Hand er 1903, als 33-jähriger Kapellmeister, angehalten hatte, nie überwunden. Ferdinandas Tante, die legendäre Anna Sacher, untersagte ihr die Beziehung »mit dem Hungerleider«, worauf das Mädchen einen Bauunternehmer heiraten musste. Ferdinanda und Franz Lehár haben einander nie aus den Augen verloren.

Lehár hätte das Sacher retten können

Zwei Jahre nach der Ablehnung durch Anna Sacher war »der Hungerleider« dank des Welterfolgs der »Lustigen Witwe« ein vielfacher Millionär – der das Sacher, als es später in den Konkurs schlitterte, spielend hätte retten können.

Lehár – von dem der Satz »Die Frauen sind Luft für mich, aber ich kann ohne Luft nicht leben« überliefert ist, fand nach seiner großen Enttäuschung bei Ferdinandas bester Freundin Sophie Trost, die ihrerseits aber verheiratet war. Also konnte der Meister, den damaligen Konventionen gehorchend, auch mit Sophie nicht zusammenleben. Es dauerte zwanzig Jahre, bis Sophie Meth geschieden war, Lehár sie 1924 ehelichen und mit ihr einen gemeinsamen Haushalt gründen konnte.

Der »zweite Walzerkönig«, wie Lehár auch genannt wird, besaß zu diesem Zeitpunkt bereits eine am rechten Traunufer in Bad Ischl gelegene repräsentative Villa, die er mit den aus aller Welt einfließenden Tantiemen finanziert hatte. Der Hauptwohnsitz des Ehepaares befand sich aber seit den frühen Dreißigerjahren im »Schikaneder-Schlössel« in Wien-Nussdorf, das einst im Eigentum Emanuel Schikaneders gestanden war.

Nach 1938 gelang es Lehár dank seiner Prominenz seine jüdische Frau vor der angedrohten Verhaftung und Deportation durch die Nationalsozialisten zu schützen. Nichts unternahm er aber, um in dieser Zeit seinen langjährigen Librettisten Fritz Löhner-Beda zu schützen, der mit ihm die Operetten »Das Land des Lächelns« und »Giuditta« geschrieben hatte. Er wurde 1942 im KZ Auschwitz ermordet.

Chiffre »Glücksfahrt«

Große Kriminalfälle

Dass unsere Straßen beleuchtet sind, verdanken wir ursprünglich Raubmördern, Dieben und anderen lichtscheuen Elementen, die nachts durch Wien zogen und arglose Passanten überfielen. Als die Behörden erkannten, dass beleuchtete Gehwege die Kriminalität vermindern, stellte man in der Dorotheergasse probeweise 17 ölbetriebene Kandelaber auf. Da die Überfälle zurückgingen, wurden ab 1688 innerhalb der Stadtmauern rund zweitausend solcher Leuchten platziert. Keiner hätte es gewagt, eine davon zu stehlen oder zu beschädigen, war doch mittels kaiserlichem Erlass die Drohung ergangen: »Wer die auf vielen Orten aufgerichteten Laternen in boshafter Weise destruiret, sei er auch wer er wolle, dem werde die rechte Hand abgehackt.« Ab 1841 wurden die Innere Stadt und die Hauptstraßen der Vorstädte mit Gasbeleuchtung versorgt.

Während in der Antike durch das Römische Recht eine relativ fortschrittliche Gerichtsbarkeit gewährleistet war, ließen die Babenberger oft durch »Gottesurteil« entscheiden, ob ein Mensch schuldig zu sprechen wäre oder nicht. So musste der Verdächtige aus einem Kessel, in dem sich siedend heißes Wasser befand, mit der bloßen Hand einen Gegenstand herausholen. Der Rechtsspruch erging dann je nach Zustand der Brandwunden. Bei der »Eisenprobe« musste der Angeklagte über glühende Metallstücke laufen. Blieb er unverletzt, war seine Unschuld erwiesen. Bei der »Wasserprobe« legte man den Delinquenten mit gebundenen Händen ins Wasser. Wenn er ertrank, war er schuldig.

Zur Mitte des 14. Jahrhunderts wurde in Wien eine »Bürgerwehr«, später »Polizey« genannt, gegründet. Sie setzte sich aus einer Anzahl von Handwerksmeistern und -gesellen zusammen und war dem Stadtrichter bei der Festnahme »strafmäßiger Verbrecher« behilflich. Bald gab es eine hauptberuflich amtierende

Aus der Bürgerwehr wird die »Polizey«

Tag- und Nachtwache, und unter Maria Theresia erhielt jedes Stadtviertel einen Kommissar, dem »Gassenkommissare« und »Hausnachseher« unterstellt waren.

Kaiser Josef bemühte sich um ein menschenwürdiges Rechtssystem. Als man ihm zutrug, dass sich in der Festung Spielberg in Brünn das inhumanste Gefängnis der Monarchie befände, wollte er sich persönlich ein Bild von den Zuständen machen. Die Insassen vegetierten in acht Grad kalten Zellen, in denen sich Wasserlachen stauten und ein bestialischer Modergeruch verbreitete. Die lebenslange Haft dauerte hier im Schnitt nur ein halbes Jahr, danach verfielen die Gefangenen dem Wahnsinn oder sie starben.

Der Kaiser fuhr nach Brünn und meldete sich beim verblüfften Festungskommandanten Herter, dem er den Befehl erteilte: »Schließen Sie mich ein und holen Sie mich nach einer Stunde wieder raus!«

»Aber Majestät können doch nicht …«

»Nach einer Stunde, keine Minute früher!«

Grillparzer kommt ins Gefängnis

Die Tür fiel ins Schloss und wurde nach sechzig Minuten wieder geöffnet. Der Kaiser trat aus der Zelle, blass, hustend, mit feuchter Uniform. Er versammelte das Offizierskorps um sich und entschied: »Ich war der letzte Mensch in diesen Räumen.«

Der Kerker im Tiefgeschoss wurde noch am selben Tag für immer geschlossen.

Josef II. fand auch eine neue Form, Kriminelle in das Arbeitsleben zu integrieren. Auf dem Weg in das von ihm bewohnte Augartenpalais war ihm aufgefallen, dass die Jägerzeile* an ihrem Ende in ein schmutziges Rinnsal, den Fugbach, überging. Der Kaiser befahl dessen Sanierung: »Da der Fugbach stinkt und für die in der Jägerzeile Wohnenden höchst ungesund sein muss, ist er ehestens zuzuschütten. Dazu sollen die im Zuchthaus müßig einsitzenden stärksten Männer mit Nutzen verwendet werden.«

Im Herbst 1808 betrat ein junger Mann das Vernehmungszimmer der Kriminalabteilung der Stadt Wien und erklärte den anwesenden Beamten: »Mein Name ist Grillparzer, ich hab einen Hand-

---

* die heutige Praterstraße

werksburschen im Wald erschlagen.« Der des Mordes Verdächtigte wurde festgenommen und ins Gefangenenhaus gebracht.

Bei besagtem Herrn Grillparzer handelte es sich natürlich nicht um Österreichs Nationaldichter. Sondern um dessen Bruder Karl, der bereits mehrmals mit dem Gesetz in Konflikt geraten war, zum ersten Mal, als er aus der kaiserlichen Armee desertierte und nur durch große Mühen seines Bruders – der eben seine ersten schriftstellerischen Gehversuche unternahm – gerettet werden konnte. Karl trat der französischen Fremdenlegion bei und kehrte nach fünf Jahren heim, um hier neuerlich von Franz unterstützt und aus manch misslicher Lage gerettet zu werden. Bald als Geldbote in Großgmain bei Salzburg angestellt, fehlten eines Tages aus der Amtskasse 41 Gulden. Wieder war es Sache seines dichtenden Bruders, dem um ein Jahr Jüngeren zu helfen und durch Hinterlegung einer Kaution den Schaden wiedergutzumachen.

Karl Grillparzer versteckte sich nach diesem Vorfall eine Zeitlang in Wien, wo es zu dem oben geschilderten »Mordgeständnis« bei der Polizei kam. Der Fall konnte nie geklärt werden – schon weil man an dem von Karl angegebenen »Tatort« keine Leiche fand. Franz Grillparzer musste einmal mehr für seinen Bruder geradestehen, diesmal mit einer Eingabe an das Kriminalgericht Wien, in der er erklärte, dass Karl »den Mord, dessen er sich anklagte, nicht begangen« hätte. Grillparzer gab an, dass sein Bruder als Kind eine Gehirnerschütterung erlitten hätte. Er wurde freigelassen, heiratete und hatte mehrere Kinder, die ebenfalls von seinem berühmten Bruder unterstützt wurden. Es gibt Vermutungen, dass Karls »Geständnis« ein Selbstmordversuch war: Hätte man ihm den Mord geglaubt, wäre er mit großer Wahrscheinlichkeit zum Tod verurteilt worden.

In der Zeit des Vormärz war der wegen seiner brutalen Maßnahmen zur Aufrechterhaltung von Recht und Ordnung gefürchtete Graf Josef Sedlnitzky Polizeipräsident von Wien, dessen Name bis heute ein Synonym für Unterdrückung ist. Jede Art der Auflehnung, ja der Diskussion konnte lebensgefährlich sein, und es gab nur einen, der den Mut hatte, den mitleidlosen Mann ins Lächerliche zu ziehen: den Wiener Dichter Ignaz Castelli, der seine

Fürst Kaunitz und die kleinen Mädchen

Hunde *Sedl* und *Nitzky* nannte. Wann immer er bei einem Spaziergang Polizeiorganen begegnete, rief er ihnen laut und deutlich und in dieser Reihenfolge zu: »Sedl! Nitzky!«

Dagegen waren selbst die strengsten Ordnungshüter machtlos.

Wiens gefürchteter Polizeipräsident Josef Graf Sedlnitzky

In die Amtszeit des Polizeipräsidenten Sedlnitzky fiel ein Kriminalfall, dessen Bearbeitung sehr delikat war, spielte er doch in den allerhöchsten Kreisen. Man schrieb den 6. Juli 1822, als Fürst Alois Kaunitz in seinem Palais in der Dorotheergasse festgenommen wurde. Vor Gericht stellte sich heraus, dass der Enkel des einstigen Staatskanzlers Wenzel Kaunitz nicht weniger als zweihundert unmündige Mädchen missbraucht und geschändet hatte.

Im Theater an der Wien gab es ein Kinderballett, das in jenen Tagen von abartig veranlagten Herren aufgesucht wurde, allen voran: Alois Kaunitz, einst österreichischer Botschafter am Hof des Papstes, ehe er 1819 als »untragbar« vom Dienst suspendiert und in die Heimat rückbeordert wurde. Hier begannen die Ballettbesuche des dreifachen Familienvaters im Theater an der Wien.

Der Prozess gegen den Fürsten Kaunitz wurde lange hinausgezögert, da es im höchsten Staatsinteresse war, Mitglieder des Hochadels zu schonen. Als aber die krankhaften Leidenschaften des 49-Jährigen in Wien die Runde machten, erwies sich das Einschreiten der Behörde als unumgänglich. Kaunitz war meist an die Mütter und Väter der elf- bis vierzehnjährigen Kinder herangetreten, um mit ihnen einen regelrechten Vertrag abzuschließen, in dem er sich verpflichtete »für die Jungfernschaft Ihrer Tochter« eine bestimmte Summe zu zahlen. Die Armut im biedermeierlichen Wien war so groß, dass dieses schmutzige Geschäft mit dem Wissen der Eltern blühen konnte.

Auch später berühmt gewordene Namen finden sich in den Listen der Opfer. Zwar soll Kaunitz die Tänzerin Fanny Elßler, damals elfjährige Elevin am Kärntnertortheater, »nur geküsst« haben, ihre 14-jährige Schwester Therese wurde von ihm jedoch »fleischlich gebraucht«. Auch mit den Eltern der elfjährigen Louise Gleich – der späteren Frau Ferdinand Raimunds – hatte Kaunitz eine Vereinbarung getroffen, die jedoch nicht wirksam wurde, da sich die

56

Mutter in letzter Minute weigerte, ihre Tochter zur Erfüllung des »Vertrags« freizugeben.

Der Kaunitz-Prozess wurde zur Farce. Der Fürst gab an, die Mädchen »vor dem 14. Lebensjahre berührt, aber nicht gebraucht« zu haben. Dies wurde trotz gegenteiliger Aussagen sämtlicher Betroffenen vom Gericht akzeptiert, weil die Stellungnahme eines Aristokraten mehr zählte als die der einfachen Kinder.

Schließlich wurde die Untersuchung aus Mangel an Beweisen, »unter der Bedingung, dass Kaunitz die Stadt Wien auf schnellstem Wege verlasse«, ad acta gelegt. Er begab sich auf sein Landgut bei Brünn, um dort sein Unwesen fortzuführen, wie einem örtlichen Polizeibericht aus dem Jahre 1823 zu entnehmen ist: »Eine im Kaunitzschen Dienste gestandene frühere Magd ist in Untersuchung, da sie dem Fürsten Mädchen, die Jungfrauen sein mussten, zugeführt hatte …«

Alois Kaunitz hingegen starb 1848 im Alter von 75 Jahren in Paris als unbescholtener Mann.

Therese Krones war die beliebteste Schauspielerin Wiens. Doch just als sie in der Rolle der Jugend in Ferdinand Raimunds »Der Bauer als Millionär« ihren größten Erfolg feierte, geriet sie in das Umfeld eines Kriminalfalls, der ihr Leben zerstörte.

Die Tragödie der 25-jährigen Volksschauspielerin begann im Herbst 1826, als sie am Graben von einem elegant gekleideten Herrn angesprochen wurde. Der Fremde gab sich als Verehrer ihrer Schauspielkunst aus und bat, sie besuchen zu dürfen.

Zwei Tage später klopft der Mann an ihre Wohnungstür und überreicht dem Dienstmädchen seine Visitenkarte, auf der in gestochenen Lettern »Le Comte Severin Jaroszynski« steht. Therese Krones lässt bitten, der Graf tritt ein und beginnt mit polnischem Akzent seine Lebensgeschichte zu erzählen: Aus altem Adel stammend, sei er in Galizien durch Erbschaft in den Besitz riesiger Ländereien gelangt, die große Einkünfte abwarfen und ihm ein sorgenfreies Leben erlaubten. Des Landlebens leid geworden, sei er nach Wien übersiedelt, was er noch keinen Tag bereute, vor allem seit er die Krones auf der Bühne gesehen und in sein Herz geschlossen hätte.

Therese Krones war Wiens beliebteste Schauspielerin

Die Schauspielerin schmolz dahin. Da saß ein offensichtlich steinreicher Aristokrat und zeigte sein ernsthaftes Interesse für eine aus kleinen Verhältnissen stammende Soubrette, das war schon etwas Besonderes.

Severin schien es ernst zu meinen, und so dauerte es nicht lange, bis Therese dem Charme des Edelmannes erlag. Die Affäre wurde zum Stadtgespräch, der verliebte Aristokrat gab für die Krones ausschweifende Gelage, bei denen der Champagner in Strömen floss.

Doch dann geschah Unglaubliches. Am 13. Februar 1827 wurde der siebzigjährige Priester Johann Konrad Blank in seiner Wohnung an der Ecke Seilerstätte zur Annagasse von Schülern tot aufgefunden. Ein Unbekannter hatte sein wehrloses Opfer mit mehreren Messerstichen getötet und Obligationen im Wert von 60 000 Gulden geraubt. Jaroszynski sprach mit der Krones darüber und zeigte seine Erschütterung.

Drei Tage später gibt der Graf in seiner Wohnung im Trattnerhof eine große Gesellschaft. Gerade als die Krones ihr berühmtes Lied »Brüderlein fein« anstimmt, stürmen Polizeibeamte durch die Tür, von denen einer losschreit: »Severin von Jaroszynski, Sie werden als Mörder von Professor Blank erkannt und verhaftet!«

Die Gäste glauben ihren Augen und Ohren nicht zu trauen, Therese Krones muss fassungslos mit ansehen, wie der geliebte Mann in Ketten gelegt und abgeführt wird. Der Presse ist zu entnehmen, dass der Täter nach dem Mord versucht hätte, Wertpapiere seines Opfers beim Geldmakler Wedel am Graben zu verkaufen, der sofort Anzeige erstattete.

Jaroszynski stammte aus adligem, nicht jedoch aus gräflichem Hause. Er war mit einer Polin verheiratet, die ihm drei Kinder und ein großes Vermögen geschenkt hatte, das durch seine Verschwendungssucht und Spielleidenschaft verloren ging. Als man ihm in seiner Heimat die Veruntreuung von Staatsgeldern nachwies, flüchtete er nach Wien, wo er Affären mit mehreren Frauen hatte. Die Krones war nur eine von ihnen.

Als er dem Abbé Blank, der einst sein Lehrer war, einen Besuch abstattete, kam er auf die Idee, ihn zu töten und mehrere in der Wohnung frei herumliegende Aktien an sich zu nehmen. Mit dem

Raubmord glaubte Jaroszynski seinen aufwändigen Lebensstil finanzieren zu können.

Die Geschichte von der schönen Schauspielerin und dem Mörder füllte die Zeitungsseiten. Und das Publikum war empört, als die Krones einige Tage später im Leopoldstädter Theater ihren nächsten Auftritt im »Bauer als Millionär« absolvierte. Bisher immer mit Applaus bedacht, brach jetzt lautstarker Tumult aus. Therese Krones stand im Kostüm der Jugend unter Buhrufen und lautem Getrampel wie gelähmt da, ehe sie sich Hilfe suchend dem als Fortunatus Wurzel neben ihr stehenden Ferdinand Raimund zuwandte. Doch die Situation war nicht zu retten, die Schauspielerin verlor das Bewusstsein, und die Vorstellung musste abgebrochen werden.

In den folgenden Tagen wurde der seelisch und körperlich niedergeschlagenen Künstlerin zugetragen, dass viele Wiener ihr die Schuld an dem Verbrechen gaben. Die grenzenlose Eitelkeit der Krones hätte den verliebten Mann zur Erfüllung ihrer unverschämten Wünsche nach Schmuck und teuren Kleidern verführt, weshalb er sich in Schulden gestürzt und keinen anderen Ausweg gesehen hätte, als den Raubmord zu begehen. Mehr noch, viele Menschen sahen die Krones als Mitwisserin oder gar Anstifterin zur Tat.

Auch wenn sich derlei Anschuldigungen als haltlos erwiesen, änderte das nichts daran, dass das Renommee und die Popularität der Künstlerin dahin waren.

Severin von Jaroszynski gestand die Tat, er wurde zum Tod verurteilt und hingerichtet.

Die ahnungslose Diva zog sich vom Theater zurück, sie starb am 26. Dezember 1830 im Gasthaus »Zur Weintraube« auf der Praterstraße im Alter von 29 Jahren an den Folgen einer Blinddarmentzündung – vier Jahre nach der Tat, die ihr Leben zerstörte.

Als Folge der Revolution des Jahres 1848 musste der gefürchtete Polizeipräsident zurücktreten, was von der Bevölkerung Wiens mit großer Erleichterung aufgenommen wurde. Nach Auflösung der von Sedlnitzky gegründeten Militärpolizei war eine Zeitlang die Städtische Wache für die Sicherheit der Bevölkerung verantwort-

Die Gründung der Wiener Kriminalpolizei

lich, es dauerte aber nicht lange, bis Kaiser Franz Joseph wieder eine »Militärpolizeiwache« ins Leben rief.

1870 wurde die Wiener Kriminalpolizei gegründet – doch ein geradezu unglaublicher Betrugsfall aus der näheren Umgebung des Kaisers ist dieser nie zu Ohren gekommen: Dem für Wirtschaftsfragen bei Hof zuständigen Hofrat Franz Wetschl war 1896 nach Durchsicht der Auftragsbücher aufgefallen, dass die für die aufwendigen Hoffeste angeschafften Delikatessen, darunter Hummer, Lachs, Kaviar und Champagner, in immer kleineren Mengen einlangten, ohne dass sich der Preis vermindert hätte. Hofrat Wetschl ging der Sache nach und konnte unter Beiziehung mehrerer Privatdetektive einen Ring von Betrügern ausforschen, der sich in die kaiserliche Küche eingeschlichen hatte. Wie sich im Zuge der Überprüfung herausstellte, hatte der Chefkoch des Kaisers seit Jahren Lebensmittel in großen Mengen »abgezweigt« und unter der Hand an Restaurants weiterverkauft. Neben dem Chefkoch gab es in der Hofküche eine Reihe von Mitwissern, die von den Unregelmäßigkeiten informiert waren.

Des Kaisers Chefkoch wird pensioniert

Da die Affäre für den Hof äußerst peinlich war, achtete man darauf, nichts nach außen dringen zu lassen. Weder wurde die Kriminalpolizei eingeschaltet, noch der Haupttäter oder seine Mitwisser entlassen. Der betrügerische Chefkoch, der durch den illegalen Lebensmittelhandel ein kleines Vermögen angehäuft hatte, wurde in allen Ehren in Pension geschickt, die durch Schweigegeld abgefundenen Komplizen an andere Hofstellen versetzt.

Doch der Korruptionsfall vor den Augen des Kaisers hatte ein tragisches Nachspiel: Der für die Verwaltung der Hofküche zuständige – in der Sache selbst unschuldige – Oberstküchenmeister Heinrich Graf Wolkenstein wurde, da man ihm nach Auffliegen des Falles massive Führungsschwäche vorwarf, mit einem anderen Aufgabengebiet innerhalb des kaiserlichen Haushalts bedacht. Wenige Wochen danach nahm sich Wolkenstein das Leben, er hatte die Schande, dass Derartiges in seinem Verantwortungsbereich passieren konnte, nicht verkraftet. Der Kriminalfall wurde nach mehr als hundert Jahren (!) durch die Historikerin Martina Winkelhofer aufgedeckt, als sie die alten Bestände des Hofwirtschaftsamtes durchforstete.

Auch Kaiser Franz Joseph inspizierte hin und wieder einzelne Gefängnisse seines Reichs. Einmal war der als »rasender Reporter« berühmt gewordene Journalist Egon Erwin Kisch als Berichterstatter dabei, als der Monarch eine Haftanstalt besuchte. Franz Joseph trat, berichtete Kisch, auf einen Häftling zu und fragte ihn: »Wie lange muss er sitzen?«

»Lebenslang, Majestät!«

Der Kaiser wandte sich an den Gefängnisdirektor: »Dem Mann ist die Hälfte der Strafe zu erlassen.«

Als Franz Joseph gegangen war, begann man zu überlegen, wie einem »Lebenslänglichen« die Hälfte der Strafe nachzulassen sei.

»Das ist ganz einfach«, riet Kisch, »einen Tag sitzen, einen Tag frei, einen Tag sitzen, einen Tag frei ...«

Der Name Maria Veith ist durch ein Bühnenstück zu literarischen Ehren gelangt, doch ihr wahres Schicksal, ihre Tragödie, findet sich in den Akten der Polizeidirektion Wien.

Adel und Politik zählen zu ihren Kunden

Die »Komtesse Mizzi« galt zur Jahrhundertwende als Liebling der Männerwelt. Adel und Politik waren hingerissen von dem Wiener Mädel, das man in den Ronacher-Séparées, im Prater-Vergnügungs-Etablissement »Venedig in Wien« sowie auf Bällen und Redouten antreffen konnte. Mizzis eleganter Papa Marcel Graf Veith war meist in finanziellen Schwierigkeiten, doch konnte man mit einer noblen Zuwendung dessen Gunst – und damit die seiner Tochter – erkaufen.

Schönheit, Charme und erotische Freizügigkeit der Komtesse sprachen sich bei prominenten Freiern herum. Jeder wusste davon, doch niemand unternahm etwas dagegen. Bis zu jenem 13. November 1907, an dem in der k. u. k. Polizeidirektion Wien eine anonyme Anzeige gegen den angeblichen Grafen wegen Kuppelei eintraf. Obwohl Mizzis zügelloses Verhalten ohnehin stadtbekannt war, schritt nun die Exekutive ein. Marcel Veith wurde verhaftet, vorerst nur wegen unerlaubten Führens des Grafentitels. Bei einer Hausdurchsuchung fand man aber auch Material, das einen Verstoß gegen den Kuppelei-Paragraphen bestätigte. Veith hatte seine Tochter ab ihrem fünfzehnten Lebensjahr an zahlende Kunden vermittelt.

Während der Vater hinter Gittern saß, begann das nächste Kapitel in Mizzis Tragödie. Ihre einflussreichen Liebhaber blieben aus, da sie fürchteten, in den Skandal verwickelt zu werden. Sie fand keine Freier mehr und verarmte. Eines Tages zog man ihre Leiche aus dem Donaukanal. Mizzi Veith hatte sich ertränkt.

Das Gericht hatte, ehe der Prozess gegen ihren Vater eröffnet wurde, Mizzis Tagebuch entdeckt, in dem die Namen ihrer prominenten Kunden samt pikanter Details aufgelistet waren. Es kam zu Scheidungen, Karrieren gingen zu Ende, Ehemänner waren plötzlich treu, weil sie ähnliche Skandale fürchteten. Marcel Veith wurde zu einem Jahr Kerker verurteilt.

Arthur Schnitzler bewegte das Schicksal der »Komtesse Mizzi« so sehr, dass er es 1909 zu dem gleichnamigen Theaterstück verarbeitete.

Tragödie zur Jahrhundertwende: das Leben der »Komtesse« Mizzi Veith

Nach dem Zusammenbruch der Monarchie übernahm die Republik die bisherige k. u. k. Polizeiorganisation und baute sie zu einem Exekutivapparat auf, der weltweite Anerkennung fand – eine Reihe von Beamten wurde sogar nach Chicago geholt, wo sie die Ausbildung amerikanischer Nachwuchskräfte unterstützten. Wiens Polizisten erhielten den Spitznamen »Mistelbacher« – nicht, weil so viele von ihnen aus der niederösterreichischen Bezirksstadt stammten, sondern weil die Wiener Polizeidirektion in Mistelbach ein Erholungsheim für ihre Beamten errichtet hatte. 1923 gründete Polizeipräsident Schober die Interpol mit Sitz in Wien, der bald 34 Länder beitraten. Vier Jahre später zeichnete derselbe Johann Schober allerdings für die blutige Niederschlagung der Julirevolte 1927, nach dem Brand des Justizpalasts, verantwortlich.

Zu den spektakulärsten Kriminalfällen der Ersten Republik zählt der des »Eisenbahnattentäters« Sylvester Matuschka, der innerhalb kürzester Zeit mehrere rätselhafte Zugentgleisungen verursacht hatte. Vorerst wurden an der Westbahnstrecke bei Maria Anzbach zweimal hintereinander die Gleisanlagen mutwillig beschädigt – jedes Mal mit der Absicht, den heranrollenden Zug in ein tiefes Tal stürzen zu lassen. Gingen diese beiden Attentate wie durch ein Wunder glimpflich aus, so wurde kurze Zeit später in der Nähe von

Berlin eine Zugsgarnitur durch eine Bombe in die Luft gesprengt, wobei mehr als hundert verletzte Passagiere zu beklagen waren. Bahn- und Polizeiermittler fahndeten nun fieberhaft nach dem unbekannten »Eisenbahnattentäter«, ohne das schwerste Unglück dieser Serie verhindern zu können: Am 13. September 1931 wurde der Nachtschnellzug Budapest–Wien auf einer Brücke nahe der Stadt Biatorbágy in die Luft gesprengt und in eine tiefe Schlucht gerissen. 24 Passagiere waren tot, Hunderte schwer verletzt.

Ein Mann meldete sich bei den ungarischen Staatsbahnen und gab an, als Passagier in einem der Waggons gesessen und durch das Unglück verletzt worden zu sein, wofür er nun Schmerzensgeld verlangte. Der Mann hieß Sylvester Matuschka und lebte als Wein- und Realitätenhändler in Wien. Da seine Schadensmeldung unglaubwürdig erschien, wurde er in das Wiener Sicherheitsbüro geladen, wo sich in wochenlangen Verhören herausstellte, dass er nicht in der Eisenbahngarnitur gesessen war, sondern nahe der Brücke auf das Kommen des D-Zuges gewartet hatte. Bald konnten die Kriminalbeamten den Nachweis erbringen, dass Matuschka in Wien zehn Kilogramm Sprengstoff gekauft hatte – mit der Begründung, Reparaturarbeiten an seinem Haus durchführen zu müssen. Matuschka wurde für seine in Österreich begangenen Verbrechen zu sechs Jahren schweren Kerkers verurteilt und nach Verbüßung dieser Strafe an Ungarn ausgeliefert, wo ihn für das Attentat bei Biatorbágy die Todesstrafe erwartete, die jedoch nicht vollstreckt wurde.

Mit einem Versicherungsbetrug begann auch die Kriminalgeschichte des Ehepaares Emil und Martha Marek: Der 24-jährige Kaufmann aus Mödling bei Wien stand im Frühjahr 1927 wegen des Verdachts, sich selbst das linke Bein abgehackt zu haben, vor Gericht. Er und seine Frau hatten von der »Anglo-Danubian-Lloyd« wegen eines »Arbeitsunfalls« 400 000 Schilling zu kassieren versucht. Nicht nur, dass die Polizze erst einen Tag vor dem Unfall in Kraft getreten war, ergab die gerichtsmedizinische Untersuchung des Stumpfes, dass das Bein durch vier Axthiebe abgetrennt wurde. Laut Anklage handelte es sich um Selbstverstümmelung Emil Mareks unter Beihilfe seiner Frau Martha.

Die schweren Verbrechen der Martha Marek

Dennoch wurde das Paar mangels Beweisen freigesprochen. Mit der Versicherung einigte man sich auf einen Kompromiss: Emil Marek wurden 180 000 Schilling zugesprochen und ausgezahlt.

Der Prozess war freilich nur das Vorspiel zur eigentlichen »Karriere« der Martha Marek.

Ihr Mann starb fünf Jahre nach der Amputation des Beines.

Bald folgte ihm die einjährige Tochter Ingeborg ins Grab.

Wie Martha Marek später gestand, hatte sie Mann und Kind getötet, »um ein freies Leben führen zu können«.

Diese »Freiheit« nützte sie zu weiteren Giftmorden. Das nächste Opfer war ihre Tante Susanne Löwenstein. Kurz nachdem diese ihr Testament »zugunsten der bedauernswerten Witwe Martha Marek« verändert hatte, starb Frau Löwenstein unter mysteriösen Umständen.

Wegen vierfachen Mordes zum Tod verurteilt

Als das von der Tante geerbte Vermögen aufgebraucht war, nahm Frau Marek eine Untermieterin namens Theresia Kittenberger auf, die sich kurz nach dem Einzug in Mareks Wohnung bereitfand, eine Lebensversicherung in Höhe von 5000 Schilling zugunsten der Vermieterin abzuschließen.

Damit hatte auch sie ihr Todesurteil unterschrieben. Theresia Kittenberger starb kurze Zeit später. Der Fall wurde gelöst, weil ihrem Sohn der plötzliche Tod seiner Mutter aufklärungsbedürftig schien und er seinen Verdacht der Polizei meldete. Bei der nun folgenden Untersuchung kam Schreckliches ans Licht: Martha Marek hatte sowohl ihren Mann als auch ihre Tochter, ihre Tante und die Untermieterin, in allen Fällen durch das Rattengift »Zelio-Paste«, ermordet.

Martha Marek wurde im Jänner 1938 wegen vierfachen Mordes zum Tod verurteilt. Da in Österreich seit 1900 keine Frau mehr hingerichtet worden war, konnte sie mit der Umwandlung in eine lebenslange Freiheitsstrafe rechnen. Doch wenige Wochen nach ihrer Verurteilung marschierten deutsche Truppen in Wien ein, worauf Frau Marek ihr Gnadengesuch nicht an den Bundespräsidenten, sondern an Adolf Hitler richten musste.

Und der lehnte ab. Im September 1938 brachte man aus der Strafanstalt Berlin-Tegel das »Gerät F« nach Wien. »F« stand für

Zum Tod verurteilt: Martha Marek im Großen Schwurgerichtssaal Wien

Fallbeil. Es wurde am 6. Dezember 1938 zum ersten Mal in Österreich angewendet. Martha Marek wurde an diesem Tag enthauptet.

Vier Jahre lang waren Polizei und Gendarmerie unter der Kontrolle des faschistischen Ständestaates gestanden, nach dem »Anschluss« ging die Exekutive in die Befehlsgewalt des Deutschen Reichs über. Zu den Aufgaben der Sicherheitsorgane gehörte jetzt das Aufspüren von »Volksschädlingen«, die schon wegen geringfügigster Delikte wie »Schwarzhören« oder »Erzählen regimekritischer Witze« an Sondergerichte übergeben und von diesen sogar zum Tod verurteilt werden konnten. Bei Kriegsausbruch gewann die zur »Stärkung der Wehrkraft« eingesetzte Schutzpolizei zunehmend an Bedeutung, die wie alle Polizeiorgane von der Gestapo überwacht wurde.

Nach 1945 musste der von den Nationalsozialisten zerschlagene Polizei- und Gendarmerieapparat neu aufgebaut werden. In dieser Zeit bitterer Armut stieg die Kriminalität rasant an, Raubmord und Plünderungen standen ebenso an der Tagesordnung wie der als Folge der geringen Lebensmittelrationen blühende Schleichhandel. Ausgerechnet in dieser Situation gab es keine schlagkräftige Polizeitruppe zum Schutz der Bevölkerung, da viele Beamte im Krieg gefallen oder in Konzentrationslagern ums Leben gekommen waren, andere hatten als ehemalige NSDAP-Mitglieder Berufsverbot. Die Personalnot war so groß, dass praktisch jeder, der sich um eine Stelle bewarb, ohne nähere Überprüfung aufgenommen wurde. Einer der damaligen Polizisten soll sogar ein Kassenschränker gewesen sein. Der »Wagenpark« der Wiener Polizei bestand aus einem einzigen Pkw und einem alten Steyr-Lastauto, die beide nur bedingt einsatzfähig waren. Besondere Verdienste beim Aufbau der neuen Truppe erwarb sich Polizeipräsident Josef Holaubek, auch weil es ihm gelang, die Polizei vor allzu großem Einfluss durch die Besatzungsmächte in der vierfach geteilten Stadt zu schützen. Er war es auch, der die Werbesprüche »Bist du jung, gesund und frei, komm zur Wiener Polizei« und »Die Polizei, dein Freund und Helfer« kreierte.

Der Mädchen-mord vor dem Russen-denkmal

Am 14. April 1958 wurde der Leichnam der 21-jährigen Mannequinschülerin Ilona Faber hinter dem »Russendenkmal« am Wiener Schwarzenbergplatz aufgefunden. Das hübsche Mädchen hatte an diesem Abend den Elvis-Presley-Film »Gold aus heißer Kehle« im Schwarzenberg-Kino gesehen und war dann von einem unbekannten Mann hinter das nahe »Russendenkmal« gezerrt, sexuell missbraucht und erwürgt worden.

Das »Denkmal für den unbekannten Sowjetsoldaten« erinnert an die Befreiung Wiens durch die Rote Armee im Jahre 1945. Dem Polizeibeamten, der dort an diesem Abend routinemäßig Wache stand, war ein Verdächtiger aufgefallen, der bald ausgeforscht werden konnte. Es handelte sich um den dreißigjährigen Beschäftigungslosen Johann G., dessen Fußspuren mit denen hinter dem Hochstrahlbrunnen identisch waren.

Der Fall sorgte auch deshalb für Aufsehen, weil das Opfer aus »besseren Kreisen« stammte. Ilonas Vater, Ministerialrat Dr. Ludwig Faber, war ein hoher Beamter im Kabinett des damaligen Handelsministers Fritz Bock, der nach Bekanntwerden der Tat aus Solidarität zu seinem Mitarbeiter soweit ging, »die Wiedereinführung der Todesstrafe für Sexualverbrecher« zu fordern. Dies wäre, erklärte der Minister, »im Sinne der öffentlichen Sicherheit in unserer Stadt angemessen«.

Obwohl der mehrfach vorbestrafte Johann G. an Beziehungen mit Frauen kaum je Interesse hatte – er war zeitweise als »Strichjunge« im Homosexuellenmilieu tätig – gab es mehrere Indizien, die ihn schwer belasteten. So wurde ein Ohrring, den Ilona Faber am Tag ihres Todes getragen hatte, vor einem Lokal am Wiener Naschmarkt gefunden, in dem der Verdächtige Stammgast war.

Der Mord an der Schülerin wurde zum ersten großen Kriminalfall, über den das junge Medium Fernsehen umfangreich berichtete. Das Gericht kam zu einem denkbar knappen Ergebnis: Vier Geschworene hielten G. für schuldig, vier waren von seiner Unschuld überzeugt. Er wurde im Zweifel freigesprochen.

War er wirklich unschuldig? Vier Jahre nach der Tat starb ein Mann, in dessen Wohnung ein Schuh der Ermordeten gefunden wurde. Und 2002 behauptete eine Wienerin, dass ihr mittlerweile verstorbener Mann Eduard S. ihr nach der Tat gestanden hätte, Ilona Faber ermordet zu haben.

Das Verbrechen blieb ungeklärt. Heute wäre die Ausforschung des Täters mithilfe moderner DNA-Methoden zweifellos möglich.

Als »Blaubart von St. Pölten« ging der Frauenmörder Max Gufler in die Kriminalgeschichte ein. Zehn Jahre lang hatte sich der Waschmaschinenvertreter durch Heiratsinserate mit der Chiffre »Glücksfahrt« an wohlhabende Frauen mittleren Alters herangemacht und ihnen die Ehe versprochen. Sobald er ihnen ihr Geld abgenommen hatte, lud er sie zu einer Art Verlobungsreise ein, in deren Verlauf er ihnen ein Schlafmittel in den Kaffee mischte. Die bewusstlosen Frauen ertränkte er dann unbekleidet in Seen oder Flüssen, um Selbstmord vorzutäuschen.

Als im September 1958 der Leichnam der 47-jährigen Maria Robas aus Reifnitz am Wörther See gefunden wurde, richtete sich der Verdacht gegen Gufler, weil eine Nachbarin der getöteten Frau zufällig dessen Autonummer notiert hatte. Bei der Durchsuchung seiner Wohnung in St. Pölten konnten mehr als tausend Gegenstände sichergestellt werden, die auf zahlreiche ungeklärte Mordfälle hinwiesen. Der unscheinbare Mann hatte eine mörderische

Max Gufler, der Blaubart von St. Pölten

Spur durch ganz Österreich gezogen. Gufler wurde unter dem Verdacht, 18 Frauen ermordet zu haben, festgenommen.

Letztlich für sieben Morde angeklagt, konnten ihm in einem Geschworenenprozess im Wiener Straflandesgericht vier Morde und zwei Mordversuche nachgewiesen werden. Der Serienmörder Max Gufler starb, zu lebenslanger Haft verurteilt, 1966 im Alter von 56 Jahren in der Strafanstalt Stein.

Am Abend des 12. März 1963 stand in der Wiener Staatsoper Richard Wagners »Walküre« auf dem Programm. Unmittelbar vor Beginn der Vorstellung wurde dem Dienst habenden Polizeibeamten mitgeteilt, dass sich im Duschraum der Damengarderoben ein lebloser Mädchenkörper befände. Tatsächlich lag dort die Leiche der elfjährigen Ballettschülerin Dagmar Fuhrich. Der Täter, der das Kind mit 34 Messerstichen ermordet hatte, war entkommen.

Opfer des »Opernmörders«: die Ballettschülerin Dagmar Fuhrich

Ganz Österreich nahm an der schrecklichen Tat Anteil – wohl auch, weil nie zuvor ein Mord an so »prominenter Adresse« geschehen war. In den folgenden Wochen und Monaten wurden alle als Triebtäter registrierten Personen überprüft, weiters jeder, der Zugang zum Opernhaus hatte, die Angehörigen von Dagmars Schulkollegen und die kurz vor der Tat aus der Haft entlassenen Straftäter. Insgesamt führte die Polizei rund 14 000 Alibiuntersuchungen und Vernehmungen durch.

Vorerst ohne eine brauchbare Spur zu finden. Doch nach drei Monaten wurden in der Wiener Innenstadt drei Frauen durch Messerattentate verletzt. Das letzte Opfer schrie laut um Hilfe, sodass es einem herbeieilenden Polizeiinspektor gelang, den 33-jährigen Verkäufer Josef Weinwurm festzunehmen, der wegen diverser Diebstähle, nicht jedoch als Triebtäter vorbestraft war. Nach tagelangen Verhören, in denen er sich in Widersprüche verwickelte, gelang es der Polizei, ihn als den gesuchten »Opernmörder« zu überführen.

Als Grund für das Verbrechen gab der Täter in dem Prozess im Wiener Landesgericht an, dass er nach einem Streit mit seiner Mutter aggressiv geworden und in diesem Zustand zur Staatsoper gefahren sei. In dem Gebäude fand er sich gut zurecht, da er bereits des Öfteren unbemerkt in die Damengarderoben geschlichen war.

Josef Weinwurm wurde vom Gerichtspsychiater als »krankhafter Frauenhasser« eingestuft, der zur Tatzeit voll zurechnungsfähig gewesen sei. Zwei Jahre nach seiner Verurteilung unternahm der »Opernmörder« im Gefängnis einen Selbstmordversuch, den er überlebte. Alle Gesuche auf vorzeitige Haftentlassung wurden abgelehnt. Josef Weinwurm starb im August 2004 in der Strafanstalt Stein.

Dagmar Fuhrich fand in einem Familiengrab an der Seite ihrer inzwischen verstorbenen Eltern am Grinzinger Friedhof die letzte Ruhe.

»DER LERNET UND DER HOLENIA«

Literarische Besonderheiten

Es war schon ein Glück, dass Ihre Majestät die Kaiserin Zahnschmerzen hatte. Jedenfalls ist es diesem an und für sich nicht besonders angenehmen Umstand zu danken, dass eines der großen Dramen des deutschsprachigen Theaters zur Aufführung gelangte. Nichts in der österreichischen Geschichte ist aberwitzig genug, dass es nicht passieren hätte können.

Franz Grillparzer hatte 1823 das Trauerspiel »König Ottokars Glück und Ende« verfasst und war sich – nachdem die Zensur schon einiges von ihm verboten hatte – diesmal ganz sicher, »dass es klappen würde«. Denn das Drama um den Böhmenkönig Přemysl Ottokar kommt einer Huldigung des Hauses Habsburg gleich.

Doch dann wird's österreichisch. Die strenge Zensurbehörde lehnte aus nicht nachvollziehbaren Gründen auch die Aufführung dieses Stücks ab. Zwei Jahre später kam Karoline Auguste, die vierte Frau von Kaiser Franz I., ins Spiel, die plötzlich unter starken Zahnschmerzen litt und ihren Vorleser beauftragte, ihr neuen Lesestoff zu beschaffen, um in den unerträglichen Stunden Ablenkung zu finden. Der Vorleser fragte in der Direktion des Burgtheaters nach passenden Manuskripten und erhielt als Antwort, dass es ein noch nicht aufgeführtes Werk Grillparzers gäbe, das aber von der Zensur gesperrt sei. Die Kaiserin bestand darauf, das Drama ausgehändigt zu bekommen und ließ es sich vorlesen.

Erstaunt, dass ein so patriotisches Stück verboten wurde, berichtete sie davon dem Kaiser, der schließlich die Freigabe erwirkte. So kam es am 19. Februar 1825 am Burgtheater zur Uraufführung des »König Ottokar«.

Die Frage, warum Metternichs berüchtigte Zensurbehörde ein Stück ablehnte, in dem das Haus Habsburg ohne-

Ein Glück, dass sie Zahnschmerzen hatte: Kaiserin Karoline Auguste

hin verklärt dargestellt wird, wissen erfahrene Literaturexperten so zu beantworten: König Ottokar trennt sich in Grillparzers Drama von seiner ersten Frau Margarethe, weil diese ihm keine Kinder schenken konnte. Und das war auch schon das Problem: Die Österreicher hatten damals noch Napoleons Ehe mit der österreichischen Erzherzogin Marie Louise in ungünstiger Erinnerung. Der Korse hatte sie geheiratet, nachdem seine Frau Joséphine kinderlos geblieben war. Das war der Grund, warum »Ottokars Glück und Ende« beinahe in einer Schublade vermodert wäre.

Den Zahnschmerzen der Kaiserin sei Dank, dass dies nicht so kam.

Jahre später traf Grillparzer durch Zufall den für die Ablehnung des Stücks zuständigen Hofrat der Zensurstelle. Der Dichter nützte die Gelegenheit, den Beamten nach den Beweggründen für die seinerzeitige Aufführungssperre zu fragen. Und bekam als Antwort: »Ja, schaun S', Herr von Grillparzer. Dass in dem Stück nix G'fährliches drinsteht, hab i eh glei g'sehn. Aber i hab mir halt denkt, man kann nie wissen.«

Die Administration des Fürsten Metternich war so allmächtig, dass ihr selbst der Kaiser hilflos gegenüberstand. Als sich der Burgschauspieler Nikolaus Heurteur mit der Bitte an Franz I. wandte, die Aufsichtsbehörde möge Kotzebues Schauspiel »Die Kreuzfahrer« zur Aufführung freigeben, soll der Monarch erwidert haben: »Ich will's lesen, aber Sie werden sehen: Ausrichten werd ich nichts!«

»I hab mir halt denkt, man kann nie wissen«: Franz Grillparzer

Die Streitfrage, ob es den Begriff »österreichische Literatur« überhaupt geben könne, ist längst beantwortet. Natürlich, ja – und zu ihren besonderen Merkmalen gehört die Tatsache, dass einige ihrer bedeutendsten Vertreter Deutsch schrieben, dabei aber einem anderssprachigen Kulturkreis entstammten. Franz Kafka und Karl Kraus kamen aus Böhmen, Joseph Roth aus Galizien, Ödön von Horváth aus Kroatien, Elias Canetti aus dem heutigen Bulgarien. Und dabei waren sie alle Produkte der Sprachenvielfalt innerhalb der Donaumonarchie.

Wie Grillparzer litten auch die Vertreter der Wiener Volkskomödie im Vormärz unter den Repressalien der Staatsgewalt.

Johann Nestroy musste mehrmals in den Arrest, weil er mit den Zensurbestimmungen in Konflikt geraten war. Einmal hatte er nichts anderes getan, als sich auf der Bühne über die ewig zu klein geratenen Wiener Semmeln lustig zu machen. Von der Bäckerinnung verklagt und rechtskräftig verurteilt, musste der Dichter für 48 Stunden in Haft. Bei seinem ersten – von den Wienern umjubelten – Auftritt nach verbüßter Strafe ließ er sich auf offener Bühne von einem anderen Schauspieler befragen, wie die Verpflegung im Kerker gewesen sei. Nestroys Antwort in Reimform lautete:

> *Das Hungern, Freunderl,*
> *Braucht im Arrest net zu sein,*
> *Man warf mir die Semmeln*
> *Durchs Schlüsselloch rein!*

Damit mussten sich Bäckerinnung und Zensurbehörde geschlagen geben. Nestroy stand durch seine treffsicheren Parodien, Couplets und Aphorismen im permanenten Kampf mit den Behörden. Die Zensurstellen wussten genau, dass da nicht nur ein Spaßmacher am Werk war, sondern ein genialer Satiriker und Sprachkünstler, der stets ins Schwarze traf. Sein Ideal war erreicht, wenn das Publikum »mit'n halberten G'sicht lachen und mit der anderen Hälfte weinen« konnte.

Nestroy war schon in seinem ersten großen Erfolg, dem 1833 im Theater an der Wien uraufgeführten Zauberspiel »Lumpazivagabundus«, mit der Obrigkeit auf Konfrontation gegangen. Er selbst spielte darin den Schuster Knieriem, der Theaterdirektor Karl Carl den Tischler Leim und der Komiker Wenzel Scholz den Schneider Zwirn. Scholz baute in die Szene, in der das »liederliche Kleeblatt« auf Wanderschaft geht, einen kleinen Floh ein und sagte, als er das lästige braune Tier in seiner Hosentasche zu finden schien, zum Publikum gewandt: »Es is a Kapuziner!«

Da Verunglimpfungen staatlicher oder kirchlicher Stellen von der Polizeizensur mit drakonischen Strafen geahndet wurden, ging Wenzel Scholz wegen der kleinen Anspielung auf die braunen Kutten des Kapuzinerordens für acht Tage ins Gefängnis.

Wieder in Freiheit, strömten die Wiener ins Theater, schon, weil sie begierig waren, zu erfahren, wie sich der populäre Komödiant für die einwöchige Freiheitsberaubung revanchieren würde. Die Szene kam, das Spiel wiederholte sich, Wenzel Scholz suchte den Floh, fand ihn und sagte in den Zuschauerraum hinein: »Es is der nämliche!«

Jeder wusste, was gemeint war – aber die Behörde konnte nicht einschreiten.

1801 als Sohn eines Notars in Wien zur Welt gekommen, brach Nestroy das vom Vater verordnete Jusstudium ab, wurde zunächst Opernsänger, ehe er sich dem Schauspiel zuwandte. Nur weil er keine geeigneten Stücke fand, begann er sich die Rollen auf den eigenen Leib zu schreiben. Nestroy war verheiratet, doch die Ehe – von ihm später als »gegenseitige Lebensverbitterungsanstalt« bezeichnet – hielt nicht lange, seine Frau Wilhelmine ging 1827 mit einem ungarischen Grafen durch. Von da an bis zu seinem Tod lebte Nestroy in einer Lebensgemeinschaft mit der Schauspielerin Marie Weiler. Einen Sohn brachte er in diese Beziehung aus seiner Ehe mit, zwei weitere schenkte ihm die Weiler. Nach einigen Lehr- und Wanderjahren durch die Provinz, nahm Nestroy, bereits als prominenter Schauspieler, Engagements nur noch unter der Bedingung an, dass seine Freundin Marie Weiler mit ihm auftreten durfte.

Nestroy schuf Lokalpossen wie »Zu ebener Erde und erster Stock«, »Der Talisman« und »Das Mädl aus der Vorstadt«, ehe er 1862 an seinem Alterssitz in Graz den Folgen eines Schlaganfalls erlag. »Die Würmer können nicht reden«, hatte er einmal gemeint, »sonst verrateten sie's vielleicht, wie grässlich langweilig dem Toten das Totsein vorkommt.«

Ging nur mit Frau Weiler ins Engagement: Johann Nestroy, hier als Knieriem in »Lumpazivagabundus«

Es ist eine Ironie des Schicksals, dass gerade in der Zeit der Metternichschen Zensur die bedeutendsten österreichischen Dramatiker lebten. Zu ihnen zählt neben Grillparzer und Nestroy auch Ferdinand Raimund. Er litt zeitlebens unter der Größe seines Gegenspielers Nestroy und ist eine der tragischen Figuren der österreichischen Literatur. Er fand als Schauspieler und Autor große Anerkennung, war wohlhabend und berühmt, wurde aber durch Schwermut und Melancholie in den Tod getrieben.

Am 29. August 1836 ereignete sich ein zunächst unbedeutend erscheinender Vorfall: Raimund war von einer erfolgreichen Gastspielreise auf seinen Besitz im niederösterreichischen Gutenstein zurückgekehrt und von seinem Hund im Spiel gebissen worden. Überzeugt, dadurch an Tollwut erkrankt zu sein, ließ er eine Kutsche anspannen, um seinen Arzt in Wien zu konsultieren. Bei einem Aufenthalt im Gasthof »Zum goldenen Hirschen« in Pottenstein, verlor er die Nerven und jagte sich eine Kugel in den Kopf.

Dem schrecklichen Ende war ein Leben zwischen beruflichen Erfolgen und persönlichem Leid vorausgegangen. Raimund war als dreizehntes und letztes Kind eines Drechslermeisters in Wien zur Welt gekommen. Elf seiner zwölf Geschwister waren im Säuglingsalter verstorben, nur er und eine Schwester überlebten. Die Mutter starb an der Schwindsucht, als er zwölf war, der Vater zwei Jahre später. Nach der Bürgerschule wurde er von seiner Schwester bei einem Zuckerbäcker in die Lehre geschickt.

Raimund kann nicht glücklich werden

Das war eine schicksalhafte Fügung, denn als Lehrbub des Zuckerbäckers Jung auf der Freyung hatte Raimund die Aufgabe, allabendlich Süßigkeiten ins Burgtheater, das damals noch am Michaelerplatz lag, zu liefern. Auf der vierten Galerie, »am Juchhe«, verkaufte er Brezeln und Zuckerln – und war vom ersten Tag an dem Theater verfallen. Er blieb bis zum Ende jeder Vorstellung und wollte nur noch Schauspieler werden. Mit 18 Jahren warf er seinem Lehrherrn die Brezeln hin und sprach beim Prinzipal des Meidlinger Sommertheaters im Theresienbad vor, der den jungen Mann freilich mit den Worten: »Sie können ja nicht einmal das rollende ›R‹ sprechen«, hinauswarf. Ohne familiäre Bindung, schloss Raimund sich einer Wanderbühne an, mit der er durch die Provinz zog. 1814 erkannte der Direktor des Theaters in der Josefstadt sein Talent und engagierte ihn. Raimund wurde ein Star, fand jedoch – ähnlich wie Nestroy – in der damaligen Theaterliteratur nicht die Stücke, die ihm zusagten. Mit seinem »Barometermacher auf der Zauberinsel« war er auf Anhieb erfolgreich.

Doch Ferdinand Raimunds Psyche war nicht geschaffen, Erfolg, Popularität und Wohlstand genießen zu können. Nach der schweren Jugend gerade den ersten beruflichen Höhenflug erlebt, kam die private Katastrophe: Raimund hatte sich in Toni Wagner, die Tochter eines Kaffeesieders, verliebt. Da dieser mit dem »Gesindel vom Theater« nichts zu tun haben wollte, verweigerte der reiche Cafétier die Einwilligung zur Heirat. So begann Raimund in seiner Depression eine Beziehung mit einer Theaterkollegin namens Louise Gleich, die ihm wenig Glück brachte.

Ohne die Schauspielerin zu lieben, wurde er in eine von ihrer Familie regelrecht »inszenierte« Heirat getrieben. Die Ehe war zum Scheitern verurteilt und wurde schon nach wenigen Monaten geschieden, worauf Raimund zu seiner angebeteten Toni Wagner zurückfand, mit der er den Rest seines Lebens zubrachte. Doch die geltenden Gesetze erlaubten es ihm nicht, ein zweites Mal zu heiraten, womit er ein Schicksal erlebte, das dem seines Kontrahenten Nestroy nicht unähnlich war.

Wurde in eine »inszenierte« Heirat getrieben: Ferdinand Raimund

Ferdinand Raimund war ein Mann, der über wahrhaft prachtvolle Gaben verfügte. Nur über die eine nicht, mit ihnen glücklich werden zu können.

Frauen bleiben in der Dichtkunst – wie in anderen Bereichen – in der Minderheit, nicht weil die Begabung fehlte, sondern weil die sozialen Gegebenheiten es oft nicht anders zuließen. Dabei war der erste uns namentlich bekannte deutschsprachige Autor eine Autorin: Frau Ava wurde um 1060 in Melk oder Göttweig geboren, war verheiratet, hatte zwei Kinder und starb um 1127. Während sie in ihrem Werk meist biblische Themen behandelte, brachten die mittelalterlichen Minnesänger an den Höfen der Feudalherren ihre ritterlichen Heldenepen dar. Walther von der Vogelweide*, der bedeutendste, war lange am Hof der Babenberger beschäftigt, ehe er dem Hofgesinde mehrerer Fürsten angehörte, aber immer wieder nach Wien zurückkehrte. Liebe und Leidenschaft spielen in seinen Liedern eine wichtige Rolle. Meist wirbt der Ritter um die Gunst einer Dame, die ihn jedoch nicht erhören darf. 188 seiner Lieder der »Hohen Minne« sind erhalten geblieben.

---

* Walther von der Vogelweide (ca. 1170–1230)

Neben Grillparzer, Raimund und Nestroy überlebten aus der Zeit des Vormärz die Werke von Adalbert Stifter, Eduard von Bauernfeld und Nikolaus Lenau. Nach ihnen fand die »Entdeckung der Provinz« durch Ludwig Anzengruber und Peter Rosegger statt, ehe die Autoren der Gruppe »Jung Wien« um Peter Altenberg, Hermann Bahr, Hugo von Hofmannsthal, Felix Salten und Arthur Schnitzler an der Schwelle zur Jahrhundertwende neue, »dekadente Strömungen« schufen.

Schnitzler teilte Österreich in zwei Lager. Es gab nur glühende Verehrung und totale Ablehnung. Der große Beobachter mit psychologischem Einfühlungsvermögen und begnadete Stilist war am

In der Medizin anfangs erfolgreicher als in der Literatur: Arthur Schnitzler

15. Mai 1862 als Sohn des bekannten Laryngologen Professor Johann Schnitzler in Wien zur Welt gekommen. Er studierte trotz seiner literarischen Ambitionen Medizin und wurde Assistenzarzt an der Wiener Poliklinik, deren Gründer und Direktor sein Vater war. Auch Arthur schien in der Medizin anfangs erfolgreicher zu sein als in der Dichtkunst. Während seine wissenschaftlichen Arbeiten über Hypnose und Suggestion aufhorchen ließen, fand sich für den Literaten nicht einmal ein Verleger: Sein erstes Buch, »Das Märchen«, musste Schnitzler noch auf eigene Kosten in Druck geben. Doch dann schuf er mit dem Schauspiel »Liebelei« die klassische Liebesaffäre des Fin de Siècle.

So groß die Schar seiner Anhänger war, so viele Gegner hatte er auch. Welches Risiko das Burgtheater einging, Schnitzler aufzuführen, belegt der Ausspruch einer Dame der Gesellschaft, die ihrer Tochter einschärfte: »Wenn ein Mädchen bei einem Schnitzler-Stück gesehen wird, bekommt es keinen Mann.« Obzwar in seiner Blütezeit der meistgespielte Dramatiker des deutschen Sprachraums, sah sich Schnitzler auch als Arzt und eröffnete nach dem Tod des Vaters eine Ordination, »die ich eigentlich offiziell nie aufgegeben«, wie er seinem Tagebuch anvertraute.

Zu Schnitzlers Freundeskreis zählten Hugo von Hofmannsthal, Richard Beer-Hofmann und Theodor Herzl. Einmal, so wird berichtet, verbrachte Schnitzler den Sommer an deren Seite im Salzkammergut. Die vier Dichter beschlossen, eine gemeinsame

Bootspartie zu unternehmen, doch als sie in der Mitte des Altausseer Sees angelangt waren, zog Herzl das Manuskript eines eben fertig gestellten Dramas aus der Tasche, um den Freunden daraus vorzulesen.

»Aber doch nicht jetzt«, beklagte sich Schnitzler, »wo man nicht mehr aussteigen kann!«

Schnitzlers Werk beschäftigt sich häufig mit Tabuthemen wie Ehebruch und heimliche Affären, die nicht zuletzt durch die von ihm erschaffene Figur des »süßen Wiener Mädels« große Brisanz erlangten. Doch der Dichter lebte die erotischen Verfehlungen der Gesellschaft ebenso aus wie seine Bühnenhelden. Er hatte viele Liebschaften und scheiterte in seiner Ehe mit Olga. Arthur Schnitlzer starb 1931 im Alter von 69 Jahren an einer Hirnblutung.

Analysierte Schnitzler die Gesellschaft der sterbenden Monarchie, *Die Tragödie* so war es an der nächsten Generation, deren bereits vollzogenen *des Dichters* Untergang zu beschreiben – allen voran Franz Werfel, Robert *Joseph Roth* Musil und Karl Kraus. Doch kein anderer war dermaßen am Zusammenbruch des Kaiserreichs verzweifelt wie Joseph Roth. Der 1894 in einem kleinen jüdischen Schtetl in der Nähe von Lemberg geborene Schriftsteller konnte die politische und gesellschaftliche Entwicklung des 20. Jahrhunderts nicht verkraften, er ist daran buchstäblich zugrunde gegangen. In seinem berühmtesten Roman, »Radetzkymarsch«, sah er das Ende der Donaumonarchie als Metapher für den Verlust der Heimat.

Joseph Roth war sein Leben lang auf der Suche nach seinem Vater – den er nie kennen gelernt hatte: Nachum Roth war Getreidehändler und hatte sich, als Joseph ein Kleinkind war, auf einer Eisenbahnfahrt von Hamburg nach Lemberg so sonderbar verhalten, dass er in eine Anstalt für Geisteskranke eingewiesen wurde. Da Joseph Roth nie an ihn herankam, ersehnte er einen Ersatzvater, den er vorerst im alten Kaiser gefunden zu haben glaubte und den er im »Radetzkymarsch« als Garant für Stabilität und Sicherheit erscheinen lässt. Später wandte er seine Sympathien Otto von Habsburg zu, den er im Pariser Exil kennen lernte. Am 24. Februar 1938 reiste Roth in Habsburgs Auftrag nach Wien, um Bundeskanzler Schuschnigg zur Abdankung zugunsten des ehemaligen

Thronfolgers zu bewegen. Der Dichter wurde jedoch nicht empfangen und kehrte unverrichteter Dinge nach Paris zurück.

Zur Tragödie artete Roths Ehe mit der Wienerin Friederike Reichler aus, in der ihm der geistige Verfall des Vaters als Déjà-vu-Erlebnis erscheinen musste. Der Dichter hatte die attraktive Frau 1919 im Café Herrenhof kennen gelernt und drei Jahre später geheiratet. Nach kurzer Ehe wurden bei ihr Symptome einer Geisteskrankheit erkennbar, die zahlreiche Aufenthalte in Nervenanstalten zur Folge hatten. Roth verrannte sich in Selbstvorwürfen, da Wahnsinn bei frommen Juden als Strafe Gottes gilt. Er ging Beziehungen mit mehreren Frauen ein und gab sich immer mehr dem Alkohol hin, der schließlich zu seiner vollkommenen Zerstörung führte. Seine Frau wurde 1940 Opfer des nationalsozialistischen Euthanasieprogramms.

»Ich befehle Ihnen, mit dem Trinken aufzuhören!«

Ihren Tod hat Roth nicht mehr erlebt. Er reiste nach der Machtergreifung Hitlers im Januar 1933 ruhelos durch Europa, schrieb in Frankreich mit dem Roman »Kapuzinergruft« eine Fortsetzung des »Radetzkymarschs«, doch sein Gesundheitszustand verschlechterte sich zusehends. »Ich habe keine Nächte mehr«, notierte er. »Ich sitze bis 3 h morgens herum, ich lege mich angezogen um 4 h hin, ich erwache um 5 h und wandere irr durchs Zimmer.« Im Frühjahr 1939 kam es zum völligen Versagen von Nieren und Leber, da er Unmengen des hochprozentigen Trinkbranntweins Absinth zu sich nahm. Sein Arzt sah keinen anderen Ausweg, als sich an den ebenfalls in Paris lebenden Otto von Habsburg zu wenden, den Roth als seinen »Kaiser« verehrte: »Sie sind der Einzige, auf den er hört«, flehte der Arzt Habsburg an, »machen Sie etwas, damit Roth aufhört zu trinken, sonst wird er in wenigen Wochen tot sein.«

Otto ließ den Dichter zu sich kommen und teilte ihm in eindringlichen Worten mit: »Herr Roth, Sie wissen, dass ich hier in Vertretung der Dynastie spreche. Ich befehle Ihnen, mit dem Trinken aufzuhören!«

Roth ging in Habt-Acht-Stellung, verabschiedete sich von seinem »Kaiser« – und hat von diesem Tag an keinen Tropfen mehr getrunken. Leider war es zu spät, der Dichter starb Wochen später, am 27. Mai 1939, nicht ganz 45 Jahre alt, mit Riemen an sein Bett gefesselt, in einem Pariser Armenhospital. Kurz davor hatte er noch seine letzte Novelle beendet, deren Titel lautete: »Die Legende vom heiligen Trinker«.

Ganz anders als Joseph Roth hat Karl Kraus Österreichs Untergang verarbeitet. Er wurde zum Ankläger der Herrscherdynastie, sah Kaiser Franz Joseph als »alten Staatsfallotten, der stets mehr Kaiserwetter als Verstand gehabt hat. Dieses ganze blutgemütliche Etwas, dem nichts erspart blieb und das eben darum der Welt nichts ersparen wollte, beschließt eines Tages den Tod der Welt. Mit einem ›Ich habe alles reiflich erwogen‹ springt die Vergangenheit, die sich nicht zu helfen weiß, der Welt an die Gurgel. Und doch war nie etwas weniger reiflich erwogen.«
   1874 als Fabrikantensohn in Böhmen zur Welt gekommen und als Kleinkind mit seinen Eltern nach Wien übersiedelt, trat Kraus mit 25 Jahren aus der Israelitischen Kultusgemeinde aus, um sich 1911 taufen zu lassen. Elf Jahre später verließ er auch die katholische Kirche, weil der Bischof von Salzburg die Kollegienkirche als Spielstätte für Max Reinhardts Festspiele zur Verfügung stellte.
   Mit der »Fackel« schuf er sich ein Sprachrohr, in dem er wortgewaltig all das anprangerte, was ihm widerstrebte. Als die Nummer eins der kulturkritischen Zeitschrift am 1. April 1899 erschien, konnte er nicht ahnen, was er sich mit der Neugründung angetan hatte.
   Schon in den ersten Ausgaben des neuen Blattes unterstellte er den »journalistischen Schmarotzern« der Wiener Tagespresse, dass sie »der Regierung und dem Capitalismus jedwede Schweinerei nachsehen« würden. Er zog gegen Schnitzler, Hofmannsthal und Hermann Bahr zu Felde und nannte Kulturkritiker »korrupt«, da sie sich mit Theaterdirektoren verbrüdert hätten. Kraus bekam die Auswirkungen seiner Unnachgiebigkeit am eigenen Leib zu spüren, als er in der Nacht zum 11. Mai 1899 in einem Kaffeehaus überfallen und blutig geschlagen wurde. Wie sich herausstellen sollte, hatten mehrere Theaterkritiker einen gerichtlich entmündigten Stückeschreiber zu diesem tätlichen Angriff angestiftet. »Herr Kraus«, meinte einer von ihnen, »wird seine Schreibweise

Karl Kraus attackiert seine großen Kollegen

ändern müssen, wenn er Wert darauf legt, das erste Quartal seiner ›Fackel‹ zu überleben.«

Nachdem er es überlebt hatte, gab Kraus in Heft neun den folgenden Rechenschaftsbericht über das erste Quartal der Zeitschrift: »Anonyme Schmähbriefe: 236. Anonyme Drohbriefe: 83. Überfälle: 1.«

Insgesamt brachte er 922 Ausgaben der »Fackel« heraus, die letzte erschien wenige Wochen vor seinem Tod am 12. Juli 1936. Karl Kraus hat nie aufgehört, für den korrekten Gebrauch der deutschen Sprache zu kämpfen. »Was fehlt«, meinte er, »sind Strafbestimmungen gegen die öffentliche Unzucht, die mit der deutschen Sprache getrieben wird.« Gegen eine Zeitung, die in einem von ihm verfassten Artikel einen Beistrich falsch setzte, hatte er einen Prozess geführt.

Als Alfred Polgar wenige Tage nach Kraus' Ableben eine Abendgesellschaft relativ früh verlassen wollte, fragte ihn Egon Friedell: »Polgar, was ist, du gehst so zeitlich?« Polgar erwiderte: »Wie kannst du zeitlich sagen?« Darauf Friedell: »Jetzt, wo der Kraus tot ist!«

Wegen der »Fackel« blutig geschlagen: Karl Kraus

Mit Witz und Ironie beschrieb Alexander Roda Roda die Jahre, in denen die Monarchie starb. Als Sándor Rosenfeld 1872 in Mähren zur Welt gekommen, hatte er in Wien Rechtswissenschaften studiert, ehe er Offizier wurde. Schon damals verfasste er Satiren, in denen er das Militärleben liebevoll aufs Korn nahm, was dazu führte, dass er 1907 seine Offizierscharge verlor. Das verband ihn mit Schnitzler, dem Ähnliches passierte – war aber nicht das Einzige: Beide waren mit der Schauspielerin Adele Sandrock liiert. Roda musste ihretwegen sogar vor Gericht, nachdem er einen Nebenbuhler attackiert hatte.

1910 schrieb Roda Roda gemeinsam mit Carl Rößler sein berühmtestes Stück, den »Feldherrnhügel«. Als es von der k. u. k. Zensurbehörde mit einem Aufführungsverbot belegt wurde, erklärte der zuständige Beamte den beiden Autoren: »Dieses Stück wird nicht aufgeführt, so lange die österreichisch-ungarische Monarchie besteht.«

Worauf Rößler seinem Freund zuflüsterte: »Komm, Roda, die paar Wochen wart ma halt noch.«

Die paar Wochen dauerten dann noch acht Jahre, in denen Roda Roda weitere Beobachtungen niederschrieb: »Wann in Berlin a Künstler verhungert«, ließ er einen Wiener sinnieren, »kümmert sich ka Mensch um eahm. Aber in Wien stengan Hunderte um eahm herum und sagen: Es müsset was für ihn g'schehn.«

In den Zwanzigerjahren unternahm der stets mit roter Weste gekleidete Dichter mehrere Lesereisen, die ihn quer durch Europa und Amerika führten. In Rom fiel ihm ein: »Über Italien lacht der blaue Himmel und über Österreich lacht die ganze Welt.« Als Hitler kam, flüchtete er in die USA, wo er in seinen k. u. k. Erinnerungen lebte und am 20. November 1945 starb.

»Es müsset was für ihn g'schehn«: der k. u. k. Satiriker Roda Roda

Wenige Monate vor Roda Roda ging der Lyriker und Essayist Josef Weinheber von dieser Welt. Auf bis heute nicht restlos geklärte Weise. Er wurde am 8. April 1945, kurz vor der Kapitulation Hitler-Deutschlands, in seinem Haus in Kirchstetten bei St. Pölten mit einer Überdosis Morphium aufgefunden. Es gibt zwei Versionen, die Erklärungen liefern, wie der 53-jährige Dichter ums Leben gekommen sein soll. Die erste lautet auf Selbstmord und wird durch einen Brief dokumentiert, den er kurz vor seinem Tod an seine Ziehmutter Maria Grill geschrieben hat: »Wir werden uns in diesem Leben nicht mehr sehen. Ich danke Dir für alles Gute, das Du an mir getan hast. Ich kann Dir wahrscheinlich kein Lebenszeichen mehr geben, weil ich Stunde für Stunde damit rechne, dass wir von der Außenwelt abgeschnitten werden. Leb also wohl, Dein Weinheber.«

Laut Aussage seiner Witwe Hedwig war es jedoch ein Unfall: »Er litt schon seit Jahren unsäglich an dem, was er kommen sah, war an schwere Schlafmittel gewöhnt und musste die Dosis immer wieder verstärken. In der Nacht zum 8. April wirkte auch das nicht mehr, er war am Morgen todmüde, aber ruhig. Da muss es geschehen sein. Er wollte schlafen, musste schlafen. Jetzt aber war die Dosis zu groß, die in der Nacht zu klein gewesen war. Er schlief ein, aber er wachte nicht mehr auf.«

81

Josef Weinheber war 1892 als Sohn eines Fleischhauers und einer Weißnäherin in Wien-Ottakring zur Welt gekommen und nach dem frühen Tod seiner Eltern in einem Waisenhaus aufgewachsen. Er war Kutscher und Molkereiarbeiter, ehe er als Postbeamter seine ersten Gedichte schrieb. 1935 erschien sein populärster Gedichtband »Wien wörtlich«:

War net Wien, wann net durt,
wo kan Gfrett is, ans wurdt.
Denn das Gfrett ohne Grund
gibt uns Kern, hält' uns gsund …
War net Wien, Pepi, wannst
raunzen mächst und net kannst:
Denn das Gfrett ohne Grund
gibt uns Kern, halt' uns gsund!

Sein Tod blieb ungeklärt: der Dichter Josef Weinheber

Bei Erscheinen von »Wien wörtlich« war Weinheber bereits illegales Mitglied der NSDAP, später schrieb er die Huldigungsgedichte »Dem Führer« und »Ode an die Straßen Adolf Hitlers«. Als sich der schwer alkoholkranke Dichter seiner Verblendung bewusst wurde – und die alliierten Truppen bereits im Anmarsch waren – sah er keinen Ausweg mehr. Selbst wenn sein Tod ein Unfall war, spielte dabei eine unleugbare Todessehnsucht mit.

Die österreichische Dichtkunst, erklärte der Literaturhistoriker Josef Nadler, »denkt in Bildern und redet in Gleichnissen. Sie denkt mehr an die künstlerische Wirklichkeit als an die erdachte Welt.« Eine Synthese aus Wirklichkeit und Fantasie war es, die Heimito von Doderer zu seinem bedeutendsten Werk, »Die Strudlhofstiege«, inspirierte. Die am Wiener Alsergrund gelegene Strudlhofstiege hatte Doderer schon in den Tagen seiner Kindheit fasziniert. Er begann während des Zweiten Weltkriegs an dem monumentalen Roman zu schreiben und erkannte in der vielfach gewundenen Treppenanlage »die Umwege, die unser Leben nimmt«. Durch die Buch-Veröffentlichung im Jahre 1951 gelangte die Stiege zu weltweiter Berühmtheit, Touristen aus aller Herren Länder kamen nach Wien, um sie zu sehen. Auch Doderer, der sich nach seinem größten Erfolg in der nahen Währinger Straße 50 ansiedelte, spazierte immer wieder zu »seinen« Stufen, an deren unterster er oft stehen blieb, um das Leben und Treiben der auf- und abgehenden Menschen zu beobachten.

Auch Doderer war Mitglied der NSDAP, wandte sich aber noch während des Krieges vom Nationalsozialismus ab. Dennoch gelangte er ab 1945 auf eine Liste belasteter Autoren und durfte erst nach Zahlung einer »Sühneabgabe« wieder publizieren, nachdem sich die Schriftsteller Hilde Spiel und Hans Weigel für seine Rehabilitierung eingesetzt hatten.

Doderer muss eine »Sühneabgabe« zahlen

Spiel und Weigel beschlossen, sich nach ihrer Rückkehr aus der Emigration in dem auch geistig zerstörten Land um den literarischen Nachwuchs zu kümmern. Sie förderten unbekannte Autoren von Ilse Aichinger über Ingeborg Bachmann, Erich Fried und Ernst Jandl bis H. C. Artmann. Wie prominent die einmal sein würden, konnte niemand ahnen, auch Weigel nicht, der am Beginn seiner Tätigkeit feststellte: »In Österreich gibt es eigentlich nur zwei lebende Autoren. Den Lernet und den Holenia.«

»WER NICHT DAZUGEHÖRTE, DEN ÜBERSAH MAN«

Adel verpflichtet

Die Sache war eigentlich glasklar geregelt. »Vor dem Gesetz sind alle Bürger gleich«, stand in der »Dezemberverfassung« des Jahres 1867. Es wär aber nicht Österreich, hätte sich irgendjemand daran gehalten. Denn selbstverständlich dauerten die Privilegien der ein bisschen »gleicheren« Aristokraten dann noch bis zum Zusammenbruch des Kaiserreichs an.

So richtig adelig war in Österreich nur, wer über zumindest 16 tadellos aristokratische Ahnen – in mütterlicher und väterlicher Linie verteilt – verfügte. Bis zu vierhundert solcher Familien erfüllten die strengen Richtlinien und galten somit als »hoffähig«, womit ihnen der uneingeschränkte Zutritt zum Kaiserhaus gestattet war.

Liechtenstein, Arenberg, Lobkowitz, Salm …

Zur allerersten Kategorie zählten die Dynastien Liechtenstein, Arenberg, Lobkowitz, Salm, Dietrichstein, Auersperg, Fürstenberg, Schwarzenberg sowie Thurn und Taxis – und zwar genau in dieser Reihung, die nach dem Zeitpunkt der Erhebung in den Fürstenstand erfolgt war. Je früher die Vorfahren dran gewesen sind, desto höher erwies sich die Stellung bei Hof. Die Ursprünge dieser Eliten reichen bis in vorchristliche Zeiten der alten Germanen und des Römischen Reichs zurück, wobei sie sich im Lauf der Jahrhunderte zusätzlich noch besondere Verdienste um die Krone erwarben.

Urkundlich erwähnt wurden die Liechtensteins erstmals im 11. Jahrhundert, womit sie es in der österreichisch-ungarischen Rangordnung zur unangefochtenen Nummer eins brachten. Sie hatten als Raubritter begonnen, böse Zungen behaupten sogar, dass die Liechtensteins auch heute noch solche sind, zumal sie mit ihrem an der Grenze zu Vorarlberg gelegenen kleinen Steuerparadies andere Staaten um beträchtliche fiskalische Einnahmen bringen.

Ihren Namen danken die Liechtensteins der gleichnamigen Burg in Maria Enzersdorf bei Wien, die im Mittelalter auf einem

»liechten Stain« – einem hellen Fels also – errichtet wurde. Danach verstand es die Familie, ihren Grundbesitz rapide zu vermehren, bis ihr allerdings gegen Ende des 14. Jahrhunderts ein Missgeschick passierte, das die Dynastie zu ruinieren drohte. Johann von Liechtenstein zerstritt sich mit den Habsburgern, die sich dafür grausam rächten: Herzog Albrecht III. lud den gesamten Liechtenstein-Clan zum Festmahl an seinen Hof, steckte die Gästeschar aber, statt sie zu bewirten, in den Kerker. Die Liechtensteins mussten auf 23 Schlösser und Ländereien verzichten, die allesamt in den Besitz der Habsburger übergingen.

Die Raubritter waren selbst beraubt worden.

Knapp zweihundert Jahre später hatten sie sich mit dem Herrscherhaus arrangiert und alle ihre ehemaligen Besitzungen zurückgekauft. 1608 in den erblichen Fürstenstand erhoben, nahmen Mitglieder des Hauses Liechtenstein nun als Finanziers der Kaiser wichtige Positionen ein: Sie stellten Ministerpräsidenten, Kardinäle, Feldherren und Finanzminister. Am Beginn des 18. Jahrhunderts erwarben sie zum Preis von 400 000 Gulden einen kleinen

Das Stammhaus des alten Adelsgeschlechts: Burg Liechtenstein, um 1900

Landstrich um die Grafschaft von Vaduz, von der niemand annehmen konnte, dass sie einmal irgendeine Bedeutung erlangen sollte, was schon dadurch dokumentiert ist, dass 150 Jahre lang kein Mitglied der Familie den eigenen Grund und Boden auch nur betreten hat.

Ernsthaft begannen sich die Liechtensteins erst nach dem Zusammenbruch der Donaumonarchie für ihren Zwergstaat zu interessieren, der nicht viel größer ist als die Wiener Gemeindebezirke Floridsdorf und Donaustadt zusammengenommen. Der in der Steiermark geborene Fürst Franz Josef II. war es, der 1945 die Königsidee hatte, Unternehmen, die sich in seinem Land ansiedeln wollten, eine zehnjährige Steuerfreiheit zu gewähren. Diese und andere Minimal-Steuersätze zogen »Briefkastenfirmen« an, führten aber auch zur Industrialisierung der bisherigen Agrarregion.

Auch wenn das Wort »Adel« vom Begriff »edel« stammt, haben sich Teile der »Edelleute« im Lauf der Jahrhunderte von diesem hehren Ideal recht weit entfernt. Nicht nur die Liechtensteins hatten als Raubritter begonnen, auch andere Geschlechter waren durch Straßenraub und Plünderungen reich und einflussreich geworden. So reich, dass die Aristokratie im Mittelalter geradezu allmächtig war. In ihren Händen lagen alle wirtschaftlichen und politischen Positionen sowie die Gerichtsbarkeit, man besaß die Grundherrschaften und Vogteien, besetzte alle hohen Reichs- und Kirchenämter. Adelige gründeten Kirchen und Klöster und wurden schon deshalb zu Trägern der mittelalterlichen Kultur. Sie bauten Tausende Dörfer, Märkte und Städte und schufen damit neue wirtschaftliche und kulturelle Zentren.

Die Geschichte der Familie Schwarzenberg

Auch die Schwarzenbergs standen in der ersten Reihe des Uradels. Dabei liegen die Wurzeln ihres sagenhaften Reichtums erst im 17. Jahrhundert, als der 31-jährige Reichsgraf Georg Ludwig Schwarzenberg die davor schon fünf Mal verheiratete 81-jährige Anna Neumann von Wasserleonburg ehelichte. Diese hatte es durch den Tod sämtlicher ihrer Ehemänner und durch erfolgreichen Geldverleih in ihrer steirischen Heimat zur reichsten Frau ihrer Zeit gebracht. Als sie 1623 im Alter von 88 Jahren starb, hinterließ sie den Schwarzenbergs ein gigantisches Vermögen, von dem das bald tausend Jahre alte Geschlecht heute noch zehrt.

Ursprünglich aus Franken stammend, erwarben die Schwarzenbergs nun riesige Ländereien, vor allem in Böhmen und Österreich, brachten Staatsmänner, Kirchenfürsten und Kriegsherren hervor. Der berühmteste von ihnen war Carl Philipp zu Schwarzenberg, der Napoleon in der Völkerschlacht bei Leipzig vernichtend schlug. Einer der prominentesten Plätze Wiens trägt heute noch seinen Namen, und auf dem Schwarzenbergplatz stehen ein Reiterstandbild des Feldherrn sowie das Palais Schwarzenberg.

In den Apriltagen des Jahres 1945 erlebten die Schwarzenbergs eine düstere Stunde, als der Schwarzenbergplatz von der sowjetischen Besatzungsmacht den Namen Stalinplatz erhielt. Besitzer des Palais Schwarzenberg war das damalige Familienoberhaupt, Fürst Josef Schwarzenberg. Als dieser in jenen Tagen zu einem Empfang geladen war, wurde ihm von einem der Gäste die Frage gestellt, wo er wohnte.

Durch die Heirat mit Anna Neumann von Wasserleonburg wurden die Schwarzenbergs reich

Fürst Schwarzenberg überlegte kurz und antwortete dann: »Ich wohne auf dem nach mir benannten Stalinplatz!«

In der Schwarzenbergschen Familienchronik finden sich jedoch auch tragische Ereignisse. So kam die Mutter des Prinzen Felix zu Schwarzenberg – als dieser neun Jahre alt war – auf einem Ballfest Napoleons ums Leben, als ihr Kleid, während sie tanzte, Feuer fing.

Felix Schwarzenberg war dann als k. k. Ministerpräsident der einflussreichste und bedeutendste Politiker im Kabinett Kaiser Franz Josephs.

Schlimmes fügte das Schicksal auch Fürst Adam Franz Schwarzenberg zu, seines Zeichens Stallmeister Kaiser Karls VI. Dieser hatte am 10. Juni 1732 in sein Revier außerhalb von Prag zur Jagd gebeten, bei der dem Monarchen ein folgenschweres Missgeschick passierte. Die Teilnehmer hatten sich frühmorgens versammelt und warteten auf die erstbeste Gelegenheit, einen Schuss loszufeuern. Karl VI. und Schwarzenberg standen achtzig Schritt voneinander entfernt, als sich ihnen ein von den Treibern aufgescheuchter Hirsch näherte. Der Kaiser schoss, traf aber nicht den Hirschen, sondern seinen Stallmeister. Das Geschoss durchbohrte mehrere innere Organe des Fürsten Schwarzenberg, der nun auf schnellstem Wege auf einem Bauernwagen ins nahe Schloss gebracht wurde. Man gab ihm die Sterbesakramente und teilte dem Schwerverletzten mit, dass ihn der Kaiser zu besuchen wünschte. Doch der Fürst lehnte ab und ließ seinem Herrn durch den anwesenden Arzt ausrichten: »Sagen Sie Seiner Majestät, dass ich vor ihm auf die Knie falle und ihn bitte, dass er sich meiner Frau, meines Kindes, meiner Leute und Untertanen annimmt und dass er sie nicht verlässt. Es ist die Entscheidung des Himmels, dass ich von Seiner Hoheit erschossen wurde. Nach meiner Ankunft im Himmel werde ich Gott bitten, dass er ihm einen Nachfolger und eine lange Regierung gönnt.«

Vom Kaiser auf der Jagd erschossen: Fürst Adam Franz Schwarzenberg

Mit Karls Tochter Maria Theresia setzte der sukzessive Verfall des Adels ein. Sie war es, die dem blauen Blut die wichtigsten Privilegien nahm, vor allem die Befreiung von Steuern und Abgaben. Weiters schützte sie die Untertanen in den herrschaftlichen Betrieben durch neue Gesetze vor allzu großer Ausbeutung. Ihr Sohn Josef II. sorgte dann dafür, dass der Großgrundbesitz in seiner wirtschaftlichen Stellung weiter erschüttert wurde, und mit der Bauernbefreiung des Jahres 1848 verlor der Landadel auch noch seine seit Jahrhunderten bestehende Grundherrschaft, womit die Burgen und Schlösser als Herrschafts- und Verwaltungszentren ihrer Funktionen beraubt – vielfach aber auch dem Verfall preisgegeben waren.

Und doch blieb der Adel eine geschlossene Gesellschaft, deren Lebensformen und Standesethos dazu beitrugen, sich von den anderen Ständen zu distanzieren. Ganz vorne in den Reihen der »hoffähigen« Dynastien standen auch die Esterházys, Hohenlohes, Schönburgs und Windisch-Graetz, danach kamen Angehörige der Häuser Lamberg, Kinsky und Pálffy. Je weiter oben der Name stand, desto näher beim Kaiser durfte man bei Hofbällen, Galadiners und sonstigen Anlässen sitzen. Die Hoffähigkeit jedes Individuums wurde vom Kaiserhaus mittels »Ahnenproben« überprüft. Bei Hof angestellte Experten achteten durch Studium von Stammbäumen, Heirats- und sonstigen Urkunden penibel darauf, dass sich nicht irgendein Bastard mit vielleicht nur 15 hochadligen Vorfahren in die Hof-Gesellschaft einzuschleichen wagte.

Nicht wenige erstrangige Geschlechter – darunter Hoyos, Montecuccoli, Gonzaga, Colloredo oder Piccolomini – waren aus Böhmen, Ungarn, Italien Kroatien, aus Spanien, Frankreich und anderen Ländern zugewandert, was in einigen Fällen zur Zweiteilung der Familien in einen katholischen und einen protestantischen Zweig führen konnte. Wie etwa bei den deutsch-polnisch-österreichischen Grafen Henckel-Donnersmarck, bei denen die religiöse Kluft eher kuriose Komplikationen zur Folge hatte. Während man sich nämlich innerhalb der katholischen Hocharistokratie prinzipiell duzt, bleiben evangelische Adelige beim förmlichen Sie. So kam es vor, dass Aristokraten, die einem Henckel-Donnersmarck vorgestellt wurden, zu allererst die Frage stellten: »Sind Sie evangelisch oder bist du katholisch?«

Die im 14. Jahrhundert in den Freiherrn- und später in den Grafenstand erhobene Handelsdynastie war mit ihrem Vermögen in der Lage, dem Haus Habsburg die Türkenkriege zu finanzieren. Aus wesentlich späterer Zeit gibt es aus dem noblen Geschlecht freilich einen richtigen kleinen Familienskandal zu vermelden: Der Großindustrielle Graf Guido Henckel-Donnersmarck hatte sich in die berühmteste Kurtisane von Paris verliebt und diese – man fasst es nicht – auch noch geheiratet: Unter dem Namen Therese Lachmann zur Welt gekommen und in ärmlichen Verhältnissen aufgewachsen, soll die ebenso attraktive wie freizügige Dame vor der Ehe halb Paris betört haben. Guido Henckel-Donnersmarck war ihr so verfallen, dass er sie 1872 zur Frau nahm. Der Beweis ihrer ungewöhnlichen Offenheit ist im Treppenhaus des Palais Henckel-Donnersmarck an den Pariser Champs-Elysées zu bewundern: Dort befindet sich ein Bildnis der schönen Gräfin. Und es zeigt sie splitternackt.

Das Bildnis der nackten Gräfin im Palais

Welch hübsches Detail für den Fall, dass Guidos Nachfahre, der 2007 mit einem Oscar gekrönte Regisseur Florian Henckel von Donnersmarck, einmal einen Film über die eigene Familie drehen sollte.

Als Kulisse könnte ihm auch das Wiener Palais Henckel-Donnersmarck dienen, in dem ein elegantes Ringstraßenhotel untergebracht ist.

Auch wenn die politische Vorherrschaft des Adels im Lauf der Jahrhunderte stetig abnahm, änderte das wenig an den tatsächlich gelebten Feudalstrukturen. »Unsere Familien ruhten in sich selber«, beschrieb Karl Anton Graf Rohan (1898–1975) den Alltag seines Standes in den letzten Jahren der österreichisch-ungarischen Monarchie. »Das Verhältnis zu Untergebenen war von einer heute kaum noch vorstellbaren Distanz bestimmt. Der Verkehr vollzog sich nicht wie zwischen stärkeren und schwächeren Lebewesen, sondern wie zwischen Lebewesen verschiedener Arten. Man sprach von Dienern, als ob sie Luft wären, machte vor ihnen Bemerkungen, die nicht nur geeignet waren, sie zu beleidigen, sie waren auch durchaus unklug. Wer nicht ›dazugehörte‹, den übersah man. Zur Welt des Bürgertums fand man kaum ein richtiges, jedenfalls kein gesellschaftliches Verhältnis.«

Dabei war eben dieses Bürgertum drauf und dran, immer mehr Einfluss auf die Geschicke des Reichs zu nehmen. Industrie- und Finanzdynastien, Beamte, Militärs und Künstler erwiesen sich als treue Stützen des Throns und wurden mit erblichen Titeln überhäuft. Diese neu geschaffene Gesellschaftsschicht war in der hierarchischen Ordnung zwar nicht mit den alten Familien zu vergleichen, wer sich dem Kaiser gegenüber aber loyal verhielt und die Stufenleiter des Erfolgs kontinuierlich emporstieg, durfte sich immerhin Baron, Freiherr, Edler oder Ritter nennen. Im Sprachgebrauch als »Kleinadelige« bezeichnet, waren diese genau genommen weder Teil des Adels noch des »Volkes«, sondern gehörten der »Zweiten Gesellschaft« an.

Johann Strauß darf nicht geadelt werden

Allein unter Kaiser Franz Joseph wurden 5700 Bürgerliche geadelt, darunter prominente Kaufleute und Bankiers wie Schoeller, Epstein, Mautner Markhof, Drasche und Wertheim. Bei Künstlern war der Kaiser strenger. So lehnte er die Ernennung des »Walzerkönigs« Johann Strauß in den Adelsstand ab, da dieser 1848 einen »Revolutionsmarsch« komponiert und mit den Aufständischen sympathisiert hatte. Er kam auch nach Jahrzehnten noch für eine »Baronie« nicht in Frage, obwohl er inzwischen eine ganze Reihe von habsburgtreuen Texten vertont hatte.

Abgesehen davon hat es die Donaumonarchie auch sonst nicht zuwege gebracht, bedeutende Künstler richtig einzuschätzen. Die wenigen österreichischen Dichter von Rang, die dem Adel angehörten, hatten ihre Titel allesamt geerbt – Hugo von Hofmannsthal ebenso wie Marie von Ebner-Eschenbach geborene Freifrau von Dubsky, Ferdinand von Saar, Bertha von Suttner geborene Gräfin Kinsky oder Heimito von Doderer. Kein Einziger wurde für seine Leistung nobilitiert, auch die Größe eines Grillparzer oder Schnitzler hat der Hof nicht erkannt – oder nicht erkennen wollen, jedenfalls wurde keinem der wirklich Großen ein Adels-prädikat verliehen.

Und doch sind Adel und Kunst untrennbar miteinander verbun-den, denn die Aristokraten waren über Jahrhunderte nicht nur Bauherren der wichtigsten Kulturdenkmäler, sondern haben als Mäzene viel dazu beigetragen, dass Österreich zur bedeutenden Musiknation wurde. Auch wenn die Mitglieder der herrschaftli-chen Hofkapellen sich mit der Stellung als livrierte Lakaien zufrie-den geben mussten, war es ein Fortschritt für die Künstler dieser Zeit, sich einer verhältnismäßig gesicherten Existenz erfreuen zu dürfen. Selbst Joseph Haydn musste noch in der Uniform eines Bedienten auftreten und wurde, wenn er das Musikprogramm für ein Tafelkonzert besprach, vom Fürsten Esterházy nicht anders behandelt als der Mundschenk, mit dem man die Speisen- und Getränkefolge abklärte. Erst Mozart trat dagegen auf, wie ein Lakai befehligt zu werden und kündigte seine Stelle als Konzertmeister beim Salzburger Fürsterzbischof Colloredo. Größere Freiheiten genoss dann schon Beethoven, der ebenfalls für eine Reihe von Aristokraten komponierte, aber nur noch seinem eigenen, inneren Gebot verpflichtet war. Wie bedeutend das Mäzenatentum immer noch war, erkennt man schon daran, dass die »Eroica« als Auf-tragsarbeit für den Fürsten Anton Isidor Lobkowitz entstanden ist.

Aristokraten als Bauherren und Mäzene

In der letzten Dekade der Habsburgermonarchie wurden die Angehörigen des Kleinadels mit »Prädikaten« versehen, mit denen sie ihre oft sehr schlichten bürgerlichen Namen schmücken durf-ten. Da hieß einer plötzlich Johann Huber von Prinzenbach oder Emmerich Pribil von Greifenwald. Als einmal vier Herren im Zug von Ischl nach Wien fuhren, stellte sich der erste Reisende vor: von Bergheim, der zweite: von Meyendorff, der dritte: von Birkenstein. Worauf der vierte sagte: »Sie werden lachen, meine Herren, ich heiß' auch Pollack!«

Mit dem Dahinsiechen der Monarchie ging der Abstieg des Adels Hand in Hand. Ein neues Bürgertum hatte viele Pflichten der »Edelleute« übernommen, sodass nun die Geselligkeit, der Sport, die Jagd und das Reisen zu den Hauptaufgaben der aristokratischen Elite zählten. Hatte das aus dem Lateinischen abgeleitete Wort »Snob« einst für nichtadelige junge Leute gegolten, so wurde es jetzt zum Synonym einer Dekadenz, gerade auch im aristokratischen Bereich, als deren Folge Witzfiguren wie die Grafen Bobby und Rudi entstanden, deren oberstes Gebot es war, sich von jeglicher Arbeit fernzuhalten. Neben den Bobby-Witzen machten freilich auch tatsächliche Aussprüche die Runde, wie etwa der eines gräflichen Hofrats, der einen Vorschlag seines Ministers mit dem Satz quittierte: »Ich werde darüber nachdenken lassen!« Natürlich fand der Abstieg nicht in allen Familien statt, aber insgesamt war's mit der kulturellen Blüte des Adels vorbei.

Kaiser Karl wird »der Sehadler« genannt Noch wesentlich mehr Titel als Kaiser Franz Joseph verschleuderte dessen Neffe und Nachfolger, Kaiser Karl I., den man deshalb auch »Sehadler« nannte, weil er jeden, den er gesehen, auch gleich geadelt hat. Und zwar in atemberaubendem Tempo. So brachte es General Viktor Dankl 1917 zum Freiherrn und nur ein Jahr später, am 10. November 1918, zum Grafen – zum allerletzten allerdings, der in Österreich-Ungarn ernannt wurde. Denn schon am Tag danach gab es diese Monarchie nicht mehr. General Dankl durfte nur ein einziges Dokument – seine Ernennung zum Grafen – mit seinem schönen neuen Titel unterzeichnen. Als er mit »Dankl, Graf« signiert hatte, ermahnte ihn sein Adjutant: »Exzellenz, man schreibt ›Graf Dankl‹ und nicht ›Dankl, Graf‹.« Österreichs letzten Grafen ließ das kalt: »Für andere Leute mag das stimmen. Ich aber war zuerst Dankl und dann Graf.«

Ein Problem, das sich bald erübrigt hatte, da am 3. April 1919 mit Beschluss der jungen Republik das Führen aristokratischer Titel unter Strafe gestellt wurde. Wer gegen das »Gesetz über die Aufhebung des Adels« verstieß, konnte zu einer Zahlung von bis zu 20 000 Kronen oder Arrest bis zu sechs Monaten belangt werden, es ist allerdings kein Fall eines Grafen bekannt, der sich in der Republik mit seinem ehemaligen Titel ansprechen ließ oder ihn auf seinem Türschild vermerkt hätte – und dafür ins Gefängnis musste.

Besonders groß war nach dem Ende der Monarchie die Betroffenheit unter den Angehörigen des Beamten- oder Dienstadels, die ihr ganzes Berufsleben ein geringes Salär in Kauf genommen und auf Gehaltsprünge verzichtet hatten, weil man ihnen in Aussicht gestellt hatte, sie bei Pensionsantritt zu nobilitieren. Dass nun auch dieses Zeichen der Wertschätzung verschwunden war und sie von einem Tag zum anderen von einer privilegierten Klasse zu einer Art Volksfeind wurden, der plötzlich »an allem schuld« sein sollte, ertrugen viele nur schwer.

Weit weniger dramatisch stellte sich der Titelverlust meist für die Mitglieder der Hocharistokratie dar. »Uns«, sagte die Fürstin Fanny Starhemberg nach dem Zusammenbruch des Kaiserreichs, »macht die Aufhebung des Adels gar nichts. Wir sind immer die Starhembergs, ganz egal ob mit oder ohne Titel.«

Ein Graf Sternberg rächte sich bei den »Roten«, die er als eigentliche Titel-Vernichter verdächtigte, für den Verlust seiner äußeren Würde, als er sich Visitenkarten drucken ließ, auf denen zu lesen war: »Adalbert Sternberg, geadelt im Jahre 800 von Karl dem Großen, entadelt im Jahre 1919 von Karl Renner.«

Im Gegensatz zu ihren Titeln konnten die Aristokraten ihren Großgrundbesitz, so er in Österreich lag, behalten, wodurch ihnen das wohl wichtigste Privileg geblieben ist.

Egon Friedell war der Meinung, dass es wahre Aristokratie immer geben werde: »Solange der Hofschauspieler Max Devrient durch die Straßen Wiens schreitet, ist der Adel nicht abgeschafft!«

Wie wenig ernst man die »Abschaffung« des Adels in der Zeit des autoritären Ständestaates nahm, zeigt ein Blick in die Kabinettslisten der Regierungen ab 1933. Da gab es Minister mit Namen Baron Egon Berger von Waldenegg, Eduard Baar von Barenfels, Edmund Glaise von Horstenau sowie den Grafen Rudolf Hoyos als Vorsitzenden des Staatsrates und schließlich den Unterrichtsminister Kurt von Schuschnigg, der nach der Ermordung Dollfuß' Bundeskanzler wurde. In welche Richtung der Weg gehen sollte, bekundete der Heimwehrführer und Vizekanzler Ernst Rüdiger Fürst Starhemberg, als er im Februar 1935 erklärte: »Es ist nichts dagegen einzuwenden, wenn sich weite Kreise unseres Volkes darum bemühen, dass wieder einmal in Österreich ein Habsburgerherrscher begrüßt werden kann.« Tatsächlich wurde das Habsburgergesetz teilweise aufgehoben und eine partielle Rückgabe des Vermögens an die Mitglieder des ehemaligen Herrscherhauses verfügt. Die Maßnahme freilich war bei der überwiegenden Mehrzahl der damals von Wirtschaftskrise und Arbeitslosigkeit bedrohten österreichischen Bevölkerung überaus unpopulär.

In der Bundesverfassung der Zweiten Republik ist festgeschrieben, dass jegliche »Vorrechte der Geburt ausgeschlossen« sind, wobei die widerrechtliche Verwendung von Adelstiteln 1948 von den einst 20 000 Kronen auf 4000 Schilling angepasst wurde.

»Herbert von Karajan ist der Künstlername des Herrn Karajan«

Ein Bundesland bildet die große Ausnahme: Da das Burgenland 1919, als das »Gesetz über die Aufhebung des Adels« erlassen wurde, nicht zu Österreich gehörte, sind dort auch die diesbezüglichen Paragrafen nie in Kraft getreten.* Somit können sich die Esterházys im Burgenland heute noch ganz legal Fürsten nennen.

Auch sonst spielte das »Titelproblem« in der Zweiten Republik keine wirklich ernst zu nehmende Rolle. So wurde einmal angefragt, warum der Sohn des letzten Kaisers in Österreich als »Herr Doktor Habsburg« tituliert würde, während man den Direktor der Wiener Staatsoper als »Herrn von Karajan« ansprach. Die Antwort der zuständigen Behörde war sehr österreichisch: »Herbert von Karajan ist der Künstlername des Herrn Karajan.«

---

* Das Burgenland wurde 1921 von Ungarn an Österreich abgetreten.

»Sie werden an einem Druckfehler sterben«

Österreichs Ärzte und ihre Patienten

Jedes Menschenleben hing an einem seidenen Faden, die Wahrscheinlichkeit, die Welt von einer Stunde zur anderen verlassen zu müssen, war groß. In diesem Bewusstsein lebte man damals, den Tod stets vor Augen, auch mit dreißig oder vierzig Jahren schon. Die kleinste Entzündung, jede Verletzung oder Verkühlung konnten zur tödlichen Gefahr werden. Krankheiten wie Pest, Pocken und Cholera entvölkerten ganze Landstriche. Im Jahre 1211 gründete Herzog Leopold VI. in der Gegend der heutigen Karlskirche in Wien das Heiligen-Geist-Spital, in dem Arme, Kranke und Waisen Aufnahme fanden. Aber die Heilmethoden der Mediziner waren mitunter noch gefährlicher als die Krankheiten, deretwegen man sie konsultierte.

Wien, im Jahre 1679. Die Straßen sind mit Leichen übersät, die von »Siechknechten« aufgelesen und in eine der 77 Pestgruben am Rande der Stadt verfrachtet werden. Ein besonderes Bild des Jammers sind die vielen heulenden Kinder, die den Pferdefuhrwerken nachlaufen, auf denen die toten Eltern ihren letzten Weg antreten. Einer Legende zufolge sei ein Bänkelsänger, der als »Lieber Augustin« bekannt wurde, irrtümlich in einem solchen Massengrab gelandet. Wie durch ein Wunder hätte er den direkten Kontakt mit den Pesttoten überlebt, worauf er feuchtfröhlich im nächsten Wirtshaus einkehrte.

Die Pest und keine ärztliche Versorgung

Die Wirklichkeit dieser schwersten Pestepidemie war weniger idyllisch. Sah man doch »nichts als Tote tragen, Tote führen, Tote schleifen«, wie der Prediger Abraham a Sancta Clara die Situation beschrieb. In der Regel wurde die Infektionskrankheit durch verseuchte Ratten übertragen, weshalb anfangs arme Bevölkerungsschichten in ihren schmutzigen Behausungen betroffen waren, bald aber die ganze Stadt. Die ärztliche Versorgung war reine Scharlatanerie, Medizinmänner verschrieben Wasch- und Trinkkuren mit menschlichem Urin, und selbst Wilhelm von Manna-getta, der berühmte Leibarzt Kaiser Leopolds I., war ahnungslos, was man an seiner Erklärung für den Ausbruch der Seuche erkennt:

- Gotteslästerung, Versäumnis und Verachtung des Gottes-Dienstes.
- Unzucht, Hurerey und Ehebruch.
- Stoltz und Hoffart nicht nur des Leibes, sondern fürnemlich des Gemüths.
- Ungerechtigkeit, Wucher und Schinderey.
- Aufruhr und Empörung wider die vorgesetzte sowohl geistliche als weltliche Obrigkeit.
- Überflüssige Füllerei im Essen und Trincken.
- Halsstarrige, mutwillige Verharrung in Sünd und Unbußfertig-keit.

Um den Kaiser zu schützen, ging Mannagetta auf Nummer sicher und schickte ihn fort aus Wien, zuerst nach Mariazell, dann nach Prag, und als auch dort die Seuche ausbrach, nach Linz.

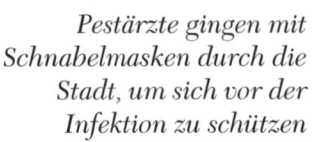

Insgesamt fielen der Pest im Jahr 1679 allein in Wien an die 60 000 Menschen zum Opfer und damit rund ein Drit-tel der Bevölkerung, ehe sie mit Eintritt der kalten Jah-reszeit gebannt war.

Was blieb, war die Angst. Bürger mussten bei Grenz-übertritt noch jahrelang ein ärztliches Attest mit sich führen. Wer dieses Dokument nicht besaß, konnte ohne Angaben von Gründen hingerichtet werden. Schlimme Pestjahre waren auch 1349, 1521, 1588, 1563, 1605, 1653 und 1713. Vereinzelt trat der »schwarze Tod« noch später auf, zuletzt 1897, als Pestbakterien aus wissenschaftlichen Gründen von Bombay nach Wien gebracht wurden. Der betrunkene Laborgehilfe Franz Barisch, der mit den Erregern im Allgemeinen Krankenhaus unsachgemäß hantierte, starb ebenso an der Lungenpest wie der ihn behandelnde Arzt und eine Pflegerin.

Pestärzte gingen mit Schnabelmasken durch die Stadt, um sich vor der Infektion zu schützen

Unvorstellbares Leid erfuhren Patienten, die in jenen dunklen Tagen vom Zahnschmerz geplagt wurden. Das Zähneziehen, das

96

eigentlich ein »Zähnebrechen« war, besorgten Bader und Barbiere als Jahrmarktspektakel in Bretterbuden. Sobald ein Patient kam, setzte man ihn auf das Podium, um dem meist zahlreich anwesenden Publikum den schlechten Zahn vorzuführen. Dann klammerte der Zahnbrecher seine riesige Zange an den Zahn, um mit der schmerzhaften Prozedur zu beginnen. Gleichzeitig intonierten mehrere, ebenfalls auf der Bühne platzierte Trompeter mit voller Lautstärke; einerseits, um noch mehr Schaulustige auf die Attraktion aufmerksam zu machen, andererseits, um das Schreien des Opfers zu übertönen.

Sobald der kranke Zahn entfernt war, konnte er von den staunenden Zuschauern inspiziert werden, und der Dentist verbeugte sich unter donnerndem Applaus. Der letzte Quacksalber, der solcherart nachgewiesen ist, »ordinierte« 1721 in einer Marktbude auf der Freyung. Ähnliche Methoden wandten Ärzte an, um Wunden zu ätzen oder zu brennen, vor allem aber um den lebensgefährlichen Aderlass vorzunehmen. 1845 erschien das erste Verzeichnis aller in Wien »practicierenden Doctoren der Medizin und Chirurgie« sowie der bürgerlichen Wund- und Zahnärzte.

Und wieder war es Maria Theresia, die erkannt hatte, dass die ärztliche Versorgung in ihrem Reich daniederlag. Kein Wunder, war die Kaiserin doch auch im engsten Familienkreis ständig mit dem Tod konfrontiert. Fünf ihrer 16 Töchter und Söhne starben im Kleinkindalter, doch der unmittelbare Anlass für das Einleiten medizinischer Reformen war das Schicksal ihrer Schwester Maria Anna, die im Dezember 1744 mit Komplikationen im Wochenbett lag. Als der spätere Staatskanzler Kaunitz beauftragt wurde, für die Erzherzogin einen renommierten Arzt zu suchen, fiel seine Wahl auf den Holländer Gerard van Swieten. Der eilte zu der schwangeren Erzherzogin nach Brüssel, kam aber zu spät: Die Schwester der Kaiserin starb kurz vor Weihnachten. Diese Konsultation schrieb trotz ihrer Erfolglosigkeit Geschichte, wurde sie doch zur Geburtsstunde der Wiener Medizinischen Schule.

Van Swieten hatte auf Kaunitz einen derart kompetenten Eindruck gemacht, dass er ihn als Leibarzt der Kaiserin und obersten Medizinalverwalter nach Wien holte. Dem Niederländer war sofort klar geworden, dass Österreichs Heilkunde im Mittelalter

Gerard van Swieten kommt als Leibarzt

stecken geblieben war. Er begann mit ungeheurem Elan alle Sparten der Medizin zu reorganisieren und sorgte dafür, dass der veraltete Hippokratismus – die »Säftelehre« – von einer praxisorientierten Behandlung abgelöst wurde. Dann revolutionierte er das Medizinstudium, das bis dahin nur aus theoretischen Vorlesungen bestand, nicht aber im Krankenzimmer unterrichtet wurde. Van Swieten reservierte dafür zwölf Betten im Wiener Bürgerspital und führte die tägliche Fiebermessung von Patienten ein, die von Wien aus ihren Siegeszug um die Welt antrat.

Die Pocken als »Erzfeind der Habsburger«

Ein schier unlösbares Problem stellten in dieser Zeit die Pocken dar, die auch vor den Toren der Hofburg nicht Halt machten. Maria Theresia verlor an der Infektionskrankheit ihren Sohn Karl und zwei ihrer Schwiegertöchter: Kaiser Josefs erste Frau Isabella von Bourbon-Parma starb 1763, zwei Jahre später seine zweite Frau Maria Josepha von Bayern. Selten wird sich ein Ehemann beim Tod zweier Frauen so unterschiedlich verhalten haben: Während er Isabella abgöttisch liebte und trotz der enormen Ansteckungsgefahr kaum von ihrem Sterbelager wich, weigerte er sich der ebenfalls an Blattern erkrankten Maria Josepha auch nur einen Besuch abzustatten. In den folgenden Wochen und Monaten wurden weitere Mitglieder der Herrscherfamilie von den Pocken erfasst, unter ihnen die Kaiserin selbst, deren Zustand so bedenklich war, dass man ihr sogar die Sterbesakramente verabreichte. In der Hofburgkapelle beteten damals alle Würdenträger und Angestellten des Kaiserhauses, und der Platz vor der Burg war voll mit Menschen, die zu den Fenstern ihrer Landesherrin starrten. Maria Theresia überlebte, aber nun fielen ihre Tochter Maria Josepha und ihre Enkelin Maria Theresia den Pocken zum Opfer. Eine weitere Tochter, Maria Elisabeth, überlebte zwar, zog sich jedoch, da ihr hübsches Gesicht von Pockennarben entstellt war, für den Rest ihres Lebens in ein Kloster, das »Adelige Damenstift« in Innsbruck, zurück, in dem sie schließlich Äbtissin wurde. Maria Theresia bezeichnete die Pocken als »Erzfeind des Hauses Habsburg«.

Nach van Swietens Tod im Juni 1772 verlor die Ärzteschaft der Stadt Wien an Bedeutung, und Paris lief ihr den Rang als »Mekka der Medizin« ab. Doch knapp siebzig Jahre später entwickelten Österreichs Mediziner wieder großen Ehrgeiz, der neue Höchst-

Jeder Patient hatte sein eigenes Bett: das Allgemeine Krankenhaus in Wien

leistungen erbrachte. Die »Zweite Medizinische Schule« fand ihre
Heimstatt in dem von Josef II. gegründeten Allgemeinen Krankenhaus, das in aller Welt Aufsehen erregte, weil hier jeder Patient
ein eigenes Bett besaß!

Carl von Rokitansky setzte dort fort, wo Gerard van Swieten aufgehört hatte und entwickelte die moderne Diagnostik. Er hatte
erfasst, dass die wichtigsten Fortschritte in der Medizin am Sezier-
tisch zu erzielen sind. Obwohl die katholische Kirche Obduktionen
damals noch als »Leichenschändung« ablehnte, setzte sich Rokitansky darüber hinweg und sezierte im Laufe seiner Arztkarriere
rund 100 000 Tote. Er zog aus den Untersuchungen Schlüsse auf
das Wesen vieler Krankheiten, vor allem am Herzen, im Magen-,
Darm- und Lungenbereich. Rokitansky begründete die moderne
Pathologie und Gerichtsmedizin und legte gemeinsam mit dem
Internisten Joseph Škoda den Grundstein zur Schaffung der medizinischen Spezialfächer. Junge Ärzte aus ganz Europa strömten zu
Škoda und Rokitansky und verkündeten: »Man kann jetzt wieder
etwas lernen in Wien.«

Carl von Rokitansky lebte mit seiner Familie in einer Dienstwohnung im Allgemeinen Krankenhaus. Er und seine Frau, die

Konzertsängerin Marie Anna Weis, hatten vier Söhne, von denen zwei Sänger und zwei Ärzte wurden. Fragte man Rokitansky nach seinen Söhnen, antwortete er: »Zwei heulen und zwei heilen.«

Rokitansky starb 1878 im Alter von 74 Jahren, wobei die Todesursache unklar blieb. Es gehört zu den großen Rätseln der Wiener Medizinischen Schule, warum ausgerechnet der bedeutendste Pathologe seiner Zeit selbst nicht obduziert wurde.

Dem 1818 in Budapest geborenen Ignaz Philipp Semmelweis war als jungem Unterarzt an der Wiener Gebärklinik aufgefallen, dass Mütter, die von Hebammen entbunden wurden, die Geburt ihres Kindes eher überlebten, als Mütter, deren Kinder mithilfe der Ärzte das Licht der Welt erblickten. Des Rätsels Lösung: Die Ärzte hatten, bevor sie in den Kreißsaal gingen, Patienten behandelt oder Verstorbene seziert und so die Mütter mit Bakterien oder Leichengift infiziert. Die Folgen waren dramatisch, in manchen Spitälern starben bis zu 30 Prozent der Mütter am Kindbettfieber, einer Art von Blutvergiftung.

Nun müssen die Ärzte ihre Hände waschen

Semmelweis erfasste die Notwendigkeit der Desinfektion und wies den Ärzten einen ganz einfachen Weg: Sie mussten vor der Geburtshilfe nur ihre Hände mit Chlorkalk waschen. Und das Ergebnis war sensationell: Die Müttersterblichkeit ist seit Semmelweis von bis zu 30 Prozent auf 0,1 Promille gesunken!

Im Gegensatz zu Rokitansky, der von Kaiser Franz Joseph ins Herrenhaus berufen wurde, zeigte man Semmelweis für seine epochale Erkenntnis keinerlei Dankbarkeit, im Gegenteil, er wurde von Kollegen angefeindet, weil sie zugeben mussten, dass mangelnde Hygiene mit schuld am Tod Tausender Mütter gewesen war. »Wir sind Mörder«, erklärte Semmelweis bewusst provokant, »ich selbst wage nicht, daran zu denken, wie viele Gräber ich mit meinen untersuchenden Händen geschaufelt habe.«

Der Gynäkologe wurde in Wien für eine Assistentenstelle abgelehnt, weshalb er eine Professur für Geburtshilfe in Budapest antrat. Dort begann seine Tragödie: Als seine Eltern Zeichen einer Geistesverwirrung erkannten, brachten sie Ignaz Semmelweis in eine Wiener Irrenanstalt, in der er am 13. August 1865, nur 47 Jahre alt, an einer Blutvergiftung starb, die er sich bei einer Rauferei mit dem Anstaltspersonal zugezogen hatte. Semmelweis sollte den Erfolg seiner Forschungen nicht erleben, er wurde erst nach seinem Tod als »Retter der Mütter« weltberühmt.

Ignaz Philipp Semmelweis, »Retter der Mütter«

Der Chirurg Theodor Billroth wurde 1829 als Sohn eines Pastors auf der Insel Rügen geboren, wo er eine schwere Kindheit erlebte: Als er fünf war, verlor er seinen Vater durch Tuberkulose, danach raffte dieselbe Krankheit seine vier Brüder hinweg, und auch die Mutter starb früh. Mit 38 Jahren als Professor für Chirurgie nach Wien berufen, erregte er zum ersten Mal Aufsehen, als er der krebskranken Patientin Therese Heller 1881 einen Teil des Magens entfernte und damit deren Leben rettete. Es war die erste Operation dieser Art, und sie ging als »Billroth I« in die Geschichte der Medizin ein. Vier Jahre später entwickelte er mit »Billroth II« eine weitere Operationsmethode, die Magen und Dünndarm miteinander verband. Bereits 1874 hatte er als erster Arzt einen Krebs befallenen Kehlkopf entfernt, er verbesserte die Operationstechniken an Leber, Milz, Harnblase, an den Eierstöcken und an der Gebärmutter.

Niemand vor Billroth hatte sich an so komplizierte Operationen herangewagt, Patienten, die von derartigen Leiden befallen waren, hatten keine Überlebenschance.

Billroth war kein trockener Wissenschafter, sondern ein geselliger Mann und ein talentierter Komponist. Johannes Brahms, einer seiner engsten Freunde, zeigte sich von seiner Musikalität so angetan, dass er ihm sein »Streichquartett in a-Moll« widmete. Als man Billroth in Berlin einen Lehrstuhl für Medizin anbot, lehnte er ab, weil ihm »das künstlerische Leben in Wien viel zu lieb geworden« war.

In Billroths Tagen als junger Assistenzarzt kannte man noch nicht einmal die Narkose, Patienten litten beim kleinsten Eingriff unter unvorstellbaren Schmerzen. »Ich habe ihn operiert und verbunden, Gott wird ihn heilen«, sagten die Ärzte. Doktoren verpflichteten sich, ein zölibatäres Leben wie Priester zu führen, da sie Tag und Nacht für ihre Patienten da sein mussten. Billroth hatte die Heiratserlaubnis ausnahmsweise erhalten, weil sein damaliger Chef nicht seinen besten Assistenten verlieren wollte.

Als Billroth während des deutsch-französischen Krieges in Lazaretten mitansehen musste, wie Soldaten nach Amputationen starben, weil sie von ungelernten Pflegerinnen behandelt wurden, schloss er dem – von ihm gegründeten – Wiener Rudolfinerhaus Österreichs erste Schwesternschule an und rief damit praktisch einen neuen Berufsstand ins Leben.

Billroth hatte viel Humor, für dessen Verbreitung er selbst sorgte. Einer seiner Patienten war Hypochonder und ließ seinen Arzt wegen jeder Kleinigkeit zu sich kommen. Wieder einmal aus nichtigen Gründen an sein Krankenbett gerufen, traf Billroth den Patienten leidend, Puls und Herz fühlend und aufgeregt in medizinischer Fachliteratur blätternd an. »Geben Sie acht, mein Lieber«, warnte Billroth, »Sie werden noch an einem Druckfehler sterben.«

*Großer Chirurg,
großer Musiker:
Theodor Billroth*

Der Chirurg war eine in der ganzen Monarchie unvergleichlich populäre Erscheinung. Vor seinem Sommerhaus am Wolfgangsee stand sogar eine eigene Haltestelle »Billroth«, in der die Bahn nur für ihn hielt. Er starb 1894 während einer Kur in Abbazia an Herzversagen. Als zufriedener Mann, denn sein Lebensmotto hatte gelautet: »Wer anderen hilft, verhilft sich selbst zum Glück.«

Während sich Carl von Rokitansky mit dem Satz »Also, ich hab schon ein paar tausend Leichen seziert, aber Seele hab ich noch keine gesehen« über die Psyche des Menschen lustig machte, hat Sigmund Freud sie dann doch »gesehen«.

Freud war 1856 im mährischen Städtchen Freiberg zur Welt gekommen und im Alter von vier Jahren mit seinen Eltern nach Wien ausgewandert. Die Übersiedlung sollte sich als schicksalhaft für die Entwicklung der Menschheitsgeschichte erweisen, da die Psychoanalyse nur in Wien und im Wien der Jahrhundertwende entstehen konnte. Lebensfreude und Todessehnsucht, Weltoffenheit und Spießertum, Eros und Prüderie paarten sich nirgendwo wie hier und damals.

Freud hatte als junger Arzt die Ohnmacht der Psychiatrie erlebt, in deren Bereich es nur wenig Aussicht auf Besserung gab. Er begann zu experimentieren, um den Problemen näher zu kommen, zuerst mit Kokain, das er fatalerweise für eine ungefährliche Droge

102

hielt, die Heilung bringen könne. Freud unternahm Versuche an sich selbst und an seinem Arztkollegen Ernst von Fleischl, der nach einer Amputation seines Daumens, den er sich bei einer Operation verletzt hatte, unter höllischen Schmerzen litt. Freud verordnete ihm Kokain, an dessen Folgen Fleischl starb.

Doch Freuds unrühmliches Kokain-Experiment sollte nicht unwesentlich zur Entwicklung der Psychoanalyse beitragen. Denn die Idee, das psychische Verhalten des Menschen beeinflussen zu können, ließ ihn nicht mehr los. Als er erkannte, dass es medikamentös nicht zu verwirklichen war, mussten andere Möglichkeiten erforscht werden. Er versuchte es vorerst mit der Anwendung von Hypnose, in deren Folge er endlich zur Psychoanalyse gelangte: Der Patient sollte in freier Rede, unbeeinflusst von seinem Gegenüber und auf einer Couch liegend, aus seinem Leben erzählen.

Diese Couch stand in Freuds Ordination an der weltberühmten Adresse Wien IX., Berggasse 19, die er im September 1891 bezogen hatte. Der spätere Vater der Psychoanalyse behandelte hier bis zu zehn Patienten pro Tag, von denen jeder etwas weniger als eine Stunde blieb. Pro Stunde waren, da er auf die finanzielle Situation seiner Patienten Rücksicht nahm, zwischen zehn und hundert Kronen* zu bezahlen, Bedürftige behandelte er kostenlos.

Über das Unbewusste an die Neurosen »herankommen«: Sigmund Freud

Freud ließ sich zunächst »alles sagen, was Ihnen in den Sinn kommt« und hörte ohne zu unterbrechen zu. Das Ziel der Psychoanalyse sei erreicht, erklärte er, sobald der Patient Einblick in sein Unbewusstes gewährte. Denn, und das war seine große Erkenntnis, hinter jedem Verhalten stehen auch Motive, die dem Menschen nicht bewusst sind. Unbewusste Prozesse sind ein wesentlicher Teil unserer Psyche, wobei die Erlebnisse aus der Kindheit eine besondere Rolle spielen. Über das Unbewusste, das Verdrängte, wollte er an die Neurosen seiner Patienten »herankommen«.

Erst durch Freud erfuhr die Menschheit, dass sie von Trieben gelenkt wird, wobei das Thema Sexualität anhand der vielen Fälle,

---

* Entspricht im Jahre 2009 laut »Statistik Austria« ca. 30 bis 300 Euro.

die Patienten ihm berichtet hatten, immer mehr in den Vordergrund rückte.

Wagner-Jauregg, Sigmund Freuds Gegenspieler

Freuds erbittertster Gegner war der Psychiater Julius Wagner von Jauregg, der – freilich auf ganz anderem Gebiet – ebenfalls zu den Pionieren der Medizinischen Schule zählt. Der 1857 in Wels geborene Beamtensohn befreite die Menschheit von dem Schrecken der »progressiven Paralyse«, einer Spätfolge der Syphilis, an der bedeutende Männer wie Nietzsche und Hugo Wolf elendiglich zugrunde gegangen waren.

Eigentlich wollte Wagner-Jauregg Internist werden, doch da er in diesem Fach keine Ausbildungsstelle fand, wandte er sich der Psychiatrie zu. »Irrenanstalten« waren mit Patienten überfüllt, die an der progressiven Paralyse litten und dort ihrem schrecklichen Ende entgegensahen. Wagner-Jauregg versuchte mit der ihm eigenen Zähigkeit das scheinbar Unmögliche, den Betroffenen zu helfen.

Er hatte schon früh festgestellt, dass sich der Zustand von Geisteskranken bei Eintritt erhöhter Körpertemperatur in gewissen Fällen bessern konnte. Wagner-Jauregg »impfte« daraufhin den Patienten Fieber ein – und war auf dem richtigen Weg. Der wirkliche Erfolg stellte sich nach jahrzehntelangem, zähem Kampf ein, als ein Patient zufällig an Malaria erkrankte und danach wie durch ein Wunder gesund wurde.

Wie er ursprünglich künstlich Fieber erzeugte, injizierte Wagner-Jauregg nach seinem Forschungserfolg im Juni 1917 das Blut eines Malariakranken. Sein »klassischer« erster Fall betraf einen an progressiver Paralyse erkrankten Kabarettisten, der »völlig verblödet war und seine ganzen Nummern vergessen hatte«, wie der Arzt berichtete. »Bald nach der Malaria-Kur besserte sich sein Zustand so, dass man ihn als geheilt entlassen konnte. Er gab nun auch für die Patienten der Klinik eine Vorstellung, bei der er ein großes Repertoire gedächtnismäßig tadellos beherrschte.« In der Folge konnten debile, teilweise gelähmte Patienten soweit hergestellt werden, dass sie wieder ihre Berufe ausübten.

Zehn Jahre nach dem viel beachteten ersten Heilungserfolg wurde Julius Wagner-Jauregg der Nobelpreis »für die Entdeckung der therapeutischen Bedeutung der Malaria-Impfung bei progressiver Paralyse« verliehen. Damit triumphierte er über seinen Gegenspieler Sigmund Freud.

Als Wagner-Jauregg von der Nobelpreisverleihung in Stockholm nach Wien zurückkehrte, wurde er von einem Gratulanten mit den Worten angesprochen: »Schade, dass nicht auch der Doktor Freud den Nobelpreis bekommt.«

Worauf Wagner-Jauregg spitz erwiderte: »Vielleicht bekommt er ihn auch noch – für Literatur!«

Freuds Widersacher wollte mit dieser Bemerkung auf die bekannte Tatsache anspielen, dass der Vater der Psychoanalyse seine Schriften auf höchstem literarischem Niveau verfasste.

Wagner-Jauregg stand im Mittelpunkt mehrerer Aufsehen erregender Affären. Die erste hatte sich 1895 ereignet, als er bei der Polizeidirektion Wien beantragte, den berühmten Schauspieler Alexander Girardi in eine geschlossene Anstalt zu sperren, weil dieser »verrückt und gemeingefährlich« sei. Und das – wie sich im Zuge eines Gerichtsverfahrens herausstellte – ohne ihn je persönlich untersucht zu haben! Girardis Frau, die Schauspielerin Helene Odilon, hatte den Psychiater um diesen »Gefallen« gebeten, um damit die von ihr gewünschte Scheidung zu beschleunigen.

Nach dem Ersten Weltkrieg musste sich Wagner-Jauregg als Angeklagter vor dem Staatsgerichtshof rechtfertigen, weil er bei mehreren Patienten verbotene Elektroschocks getestet hatte. Ausgerechnet Sigmund Freund entlastete seinen Rivalen mit einem Gutachten, »weil ich persönlich davon überzeugt bin, dass diese schmerzhafte Behandlung niemals durch die Initiative von Prof. Wagner-Jauregg ins Grausame gesteigert worden ist.« Worauf dessen Freispruch erfolgte.

Tests mit verbotenen Elektroschocks?

Nach dem Zweiten Weltkrieg warf man Wagner-Jauregg die Verbreitung nationalsozialistischen Gedankenguts sowie die Vertretung rassenhygienischer Ideen vor. Außerdem hatte er sich kurz vor seinem Tod im Jahre 1940 um Aufnahme in die NSDAP bemüht (die abgelehnt wurde, weil seine erste Frau Jüdin war). Eine Historikerkommission beschloss jedoch, weder sein Ehrengrab auf dem Wiener Zentralfriedhof aufzulassen noch die Umbenennung der »Landesnervenklinik Wagner-Jauregg« in Linz zu veranlassen.

Aus einer eigenen körperlichen Schwäche heraus wurde Adolf Lorenz gegen Ende des 19. Jahrhunderts zum Vater der modernen Orthopädie und zum Begründer der »unblutigen Operation« angeborener Hüftleiden. Er selbst war infolge einer Hauterkrankung an den Händen nicht in der Lage zu operieren und überlegte daher, wie man Kindern, die mit einer Hüftgelenksluxation zur Welt kamen, ohne operativen Eingriff helfen könnte. Des Rätsels Lösung war ein Gipsverband, der das Leiden der kleinen Patienten durch längere Ruhestellung heilen konnte. Adolf Lorenz wurde für diese revolutionäre Entdeckung für den Nobelpreis vorgeschlagen – erhalten hat ihn Jahrzehnte später sein Sohn, der Verhaltensforscher Konrad Lorenz, wenn auch für ganz andere Leistungen.

»Er war ein Arzt in des Wortes wahrster Bedeutung«, erinnerte sich Konrad Lorenz an seinen Vater, »und zwar deshalb, weil sein Motiv nicht die Neugierde des Forschers war, sondern das tiefe Bedürfnis, dem Menschen zu helfen. Die Erfindung des Gipsbetts hat ihn mit besonderem Stolz erfüllt, weil damit so viele Schmerzen gelindert werden konnten.«

Die Heilkunde hatte zur Jahrhundertwende bereits gewaltige Fortschritte erzielt, aber noch gab es in Österreich keinen einzigen weiblichen Arzt. Die erste Frau, die zum Studium der Medizin zugelassen wurde, hieß Gabriele Possanner und hatte für ihr Doktordiplom einen unglaublichen Kampf auf sich nehmen müssen.

Das »schwache Geschlecht« hatte an den meisten europäischen Universitäten bereits Einzug gehalten, nur in Österreich und Preußen erhielten Frauen keine Studienerlaubnis. Gabriele Possanner Baronin von Ehrenthal entstammte einer Kärntner Ärztefamilie. Als eines von sieben Kindern wollte sie unbedingt Medizin studieren, musste aber, da sie in Wien als Frau nicht zugelassen wurde, an die Universität Zürich ausweichen, wo sie 1893 zum Dr. med. promovierte. Nach Wien zurückgekehrt, suchte sie im Ministerium für Kultus und Unterricht um Nostrifizierung* an, wo man ihren Wunsch »mit Rücksicht auf bestehende Vorschriften« ablehnte. Und das, obwohl in Österreich großer Bedarf an weiblichen Ärzten – vor allem an Schulärzten für Mädchen – herrschte.

---

* Anerkennung der ausländischen Diplome

Gabriele Possanner hatte den unbändigen Wunsch, in ihrer Heimat tätig zu werden und sandte eine Unzahl weiterer Gesuche an Universitäten, Kliniken, Ministerien und an das Abgeordnetenhaus. Doch obwohl Bertha von Suttner und die Hotelbesitzerin Anna Sacher als prominente Mitglieder des »Vereins zur erweiterten Frauenbildung« ihren Kampf unterstützten, wurden sämtliche ihrer Eingaben abgelehnt. »Würden Mädchen studieren«, hatte Wiens Akademischer Senat schon 1873 gewarnt, »müssten Docenten vieles, was sich für das Ohr der Männer eignet, erst jenem der Frauen, namentlich züchtiger Jungfrauen, anpassen«. Und Unterrichtsminister Paul Gautsch von Frankenthurn hielt »die Concurrenz der Frauen für eine volkswirtschaftliche Gefahr«.

Am 8. Juli 1895 wandte sich Gabriele Possanner in ihrer Not an den Kaiser, den sie um »gnadenweise« Ausübung der ärztlichen Praxis ersuchte, zumal »zahlreiche Mädchen und Frauen sich scheuen, beim Beginne einer Krankheit sich einem männlichen Arzte anzuvertrauen, infolgedessen solche Leiden oft unheilbar werden«. Jetzt kam die Sache endlich in Bewegung. Franz Joseph beauftragte den Innenminister, den Fall zu prüfen, worauf dieser eine Verordnung erließ, mit der »die Nostrifizierung ausländischer Doktordiplome auch für weibliche Ärzte geregelt« wurde.

Possanner trat an der Universität Wien innerhalb von neun Monaten zu 21 Prüfungen an, die sie mit gutem Erfolg bestand. Am 2. April 1897 feierte sie ihre (zweite) Promotion zum Doktor der gesamten Heilkunde, wobei der Rektor der Universität die inzwischen 37-jährige Ärztin in seiner Ansprache als »mutige Vorkämpferin um die Erweiterung der Frauenrechte« würdigte. Ihr Bild fand sich in mehreren Zeitungen, »da an der Wiener Universität zum ersten Male eine Dame zum Doctor promovierte«.

Die erste Frau, die Medizin studieren durfte: Gabriele Possanner

Gabriele Possanner blieb unverheiratet und ließ sich in Wien IX., Günthergasse 2 als praktische Ärztin nieder, wo sie »täglich von 15 bis 16 Uhr« ordinierte. 1928 wurde ihr – wieder als erster Frau in Österreich – der Titel Medizinalrat verliehen. Sie starb im März 1940 im Alter von achtzig Jahren.

Als Vater der Unfallchirurgie wird der aus Vorarlberg stammende Arzt Lorenz Böhler bezeichnet. Für Unfallopfer gab es in den Spitälern der zu Ende gehenden Monarchie noch keine Abteilungen. Sie wurden von unerfahrenen Medizinern in den chirurgischen Stationen neben Magen- und Nierenkranken behandelt. Nur neun Prozent der Patienten mit Oberschenkelhalsbrüchen waren damals nach ihrer Spitalsbehandlung wieder arbeitsfähig, heute sind es praktisch hundert Prozent. Der junge Böhler war der Erste, der die falsche Behandlung von Unfallopfern bemängelte. Seine revolutionäre Tat hatte ihn freilich beinahe ins Gefängnis gebracht: Da er sich im Ersten Weltkrieg als Leiter eines Lazaretts für Leichtverwundete viel mehr für die schweren Fälle interessierte, »raubte« er wie ein Dieb die schwer verletzten Patienten eines auf einem Bahnhof abgestellten Verwundetentransports, um sie zu verarzten. Trotz dieser nicht ganz legalen Form der »Patientenbeschaffung« bezeichnete man Böhlers Klinik bald als bahnbrechend, da seine Behandlung unzähligen Kriegsverletzten die Amputation ersparte.

In Österreich bleibt Landsteiner unbeachtet

Millionen Menschenleben rettete der aus Baden stammende Karl Landsteiner. Durch seine Entdeckung der Blutgruppen (A, B, AB und 0) wurden die Grundlagen der modernen Medizin geschaffen, als ihm im Alter von 33 Jahren in seinem Labor im Anatomisch-Pathologischen Institut der Universität Wien bewusst wurde, dass Blut nicht gleich Blut ist. Ein Großteil der Patienten war bis dahin mit dem »ausgetauschten Blut« auf rätselhafte Weise verstorben, jetzt erst konnten lebensrettende Bluttransfusionen durchgeführt werden. Ohne Landsteiner wären Herzoperationen und andere Eingriffe mit hohem Blutverlust ebenso undenkbar wie die Behandlung bösartiger Tumore und die Rettung vieler Unfallopfer.

Trotz dieser überragenden Leistung blieb Landsteiner hierzulande weitgehend unbeachtet. Erst 52 Jahre alt, schickte man ihn 1920 in Frühpension, worauf er einer Berufung an das New Yorker Rockefeller-Institut nachkam. Nun erst wurde die Welt auf seine Entdeckung der Blutgruppen aufmerksam. Bereits als amerikanischer Staatsbürger erhielt er 1930 den Nobelpreis für seine großteils in Österreich erbrachten Leistungen.

Im hohen Alter gelang Landsteiner dann noch die Entdeckung des Rhesusfaktors, wodurch die immer noch hohe Säuglingssterblichkeit erheblich gesenkt werden konnte.

Landsteiner war längst ein weltberühmter Mann, als es 1938 zum Aus für die Wiener Medizinische Schule kam, da einige der besten Ärzte vor den Nationalsozialisten flüchten mussten. Unter ihnen Sigmund Freud und der berühmte Ohrenarzt Professor Heinrich Neumann, von dem es hieß, dass er »das Ohr der Könige« hatte. Tatsächlich war Englands König Edward VIII. während seiner kurzen Regentschaft im Jahre 1936 eigens nach Wien gereist, um bei Neumann Heilung von einer komplizierten Innenohr-Erkrankung zu finden.

Mit 52 in Frühpension: Karl Landsteiner, der Entdecker der Blutgruppen

In diesem Fall hat übrigens nicht der Arzt das Leben des Patienten gerettet, sondern umgekehrt: Als Neumann zwei Jahre später von der Gestapo verhaftet wurde, gelang es Edward – bereits als Herzog von Windsor und durch sein Naheverhältnis zu Hitler – die Freilassung des Arztes zu erwirken. Neumann konnte nach New York emigrieren, wo er eineinhalb Jahre nach dem »Anschluss« starb.

HINTER DEN KULISSEN

Geschichten aus dem Theater

Auch am Theater gibt es eine Hierarchie. An ihrer Spitze stehen die Stars beiderlei Geschlechts, ganz unten sind die Statisten und Komparsen angesiedelt. Dazwischen finden sich der Erste und der Zweite Held, der Intrigant und der jugendliche Liebhaber, Bösewichte, Bonvivants, Offiziere und Aristokraten, die Mütter, Salondamen, Töchter, Soubretten und die Naiven – sie alle agieren mit unterschiedlichem Status und dürfen im Allgemeinen ihr Fach nicht verlassen.

»Lachen Sie doch, es hat alles soviel gekostet!«

Einmal, so erzählen die Theaterleute hinter den Kulissen, hätte man einem seit Jahrzehnten als Statist tätigen Herrn in reifen Jahren die Aufgabe seines Lebens anvertraut. Endlich war es soweit, dass er auf der Bühne drei Worte sprechen durfte. In der Rolle eines Kammerdieners, der den Auftritt eines adligen Gastes folgendermaßen ankündigen sollte: »Herr Marquis Dobinier!«

Doch die Aufregung war zu groß, und als der schwierige Name bei den Proben nicht und nicht über seine Lippen kommen wollte, versuchte der Regisseur zu helfen: »Sie sind doch Wiener? Merken Sie sich einfach: Do bin i eh.«

Der Statist nahm es sich zu Herzen. Sagte dann bei der Premiere aber leider: »Herr Marquis, i bin eh do!«

Bisher nicht genannt wurde das allzu oft unterschätzte Fach der Komiker, die manchmal despektierlich als Vertreter des »Charleytantismus« bezeichnet werden. Und das, obwohl gerade ihr Geschäft, das Publikum zum Lachen zu bringen, zum schwierigsten gehört.

Gottfried Prehauser, der zur Mitte des 18. Jahrhunderts in der Figur des »Hanswurst« ein berühmter Komiker war, wusste das ganz genau. Und so warf er sich, als das Publikum des Wiener Kärntnertortheaters eines Abends auf seine Scherze nicht und nicht reagieren wollte, auf die Knie und flehte es mit weinerlicher

Stimme an: »Ich bitte Sie, um Himmels willen, meine Damen und Herren, lachen Sie doch über mich!«

Von einem anderen Komiker, der ebenso wenig ankam, sind die Worte überliefert: »Herrschaften, lacht's doch bitte! Es hat doch alles so viel gekostet!«

Erfunden hatte den »Hanswurst« der Schauspieler Josef Anton Stranitzky, dessen Wurzeln im Harlekin der italienischen Commedia dell'arte zu finden sind. Wiens erstes »Comödi-Haus« wurde 1651 in der Himmelpfortgasse gegründet, weitere entstanden am Franziskanerplatz und in der Teinfaltstraße, doch waren sie alle so unsicher gebaut, dass sich die Stadt Wien 1708 entschloss, am Kärntnertor einen festen Theaterbau zu errichten, dessen erster Schauspieler und Prinzipal Josef Anton Stranitzky wurde. Seine Maxime lautete: »Die Bühne ist so heilig wie der Altar, die Probe wie die Sakristei.«

Weniger »heilig« waren die lasziven Stegreifburlesken, die man dort aufführte. Die Wurzeln des Komikers, wie des Theaters in Österreich überhaupt, reichen ins tiefe Altertum zurück. Schon die östlich von Vindobona gelegene Stadt Carnuntum besaß eine in Form einer Arena gebaute Bühne. Die meisten Schauspieler waren Sklaven, es gab aber auch einige wenige »Stars«, die frei waren und sich ihrerseits Sklaven hielten. Die Frauen am römischen Theater waren kaum »gesellschaftsfähig« und erhielten meist keine Heiratserlaubnis, weil sie als Dirnen galten.

Im Jahre 1748 wurde das Burgtheater, damals noch am Michaelerplatz gelegen, eröffnet. Damit hatte die kaiserliche Familie die Möglichkeit, über einen direkten Zugang aus den privaten Gemächern der Residenz direkt in ihre Loge zu gelangen. So konnte der jeweilige Monarch, wenn ihm danach war, von der Hofburg aus eine Vorstellung besuchen, ohne das Haus zu verlassen. Maria Theresia machte gerne von diesem Privileg Gebrauch, einmal sogar in etwas unkonventioneller Aufmachung: Am 12. Februar 1768 stürzte die Monarchin im Nachthemd in ihre Theaterloge, unterbrach die auf der Bühne agierenden Schauspieler und rief dem staunenden Publikum zu: »Kinder denkt's euch, der Poldl hat an Buam kriegt!«

Die Kaiserin kam im Nachthemd ins Theater

Ihrem drittältesten Sohn Leopold war nämlich soeben ein Stammhalter geboren worden, der Tage später auf den Namen Franz getauft werden sollte. Beide Protagonisten dieser Episode wurden Kaiser: besagter »Poldl« als Leopold II. und der erwähnte »Bua« als Franz I.

Letzterer empfing auf den Tag genau 39 Jahre später erstmals Ovationen durch sein Volk: Als er am 12. Februar 1807 dieselbe Burgtheater-Loge wie einstmals seine Großmama betrat, erhoben sich alle von den Sitzen, nahmen die zuvor verteilten Noten zur Hand und intonierten zum ersten Male Haydns »Gott erhalte, Gott beschütze, unseren guten Kaiser Franz«.

Nur wenige Auserwählte hatten die Gelegenheit, jemals das Burgtheater zu betreten, dem »Volk« kamen Bühnenkünstler höchstens in Form von Schmierenkomödianten unter. Das waren Schauspieler, die von Dorf zu Dorf zogen, in Schuppen und Wirtshäusern auftraten, ehe sie sich, so genügend Talent vorhanden, in die wesentlich angesehenere »Provinz« oder gar in ein städtisches Theater hochspielten. Der soziale Status des »fahrenden Volkes«

»Schmierenkomödiant«: Emanuel Schikaneder (in der Rolle des Papageno)

(das eigentlich ein »gehendes« war) beleuchtet eine Begebenheit, die Emanuel Schikaneder hinterließ, der in jungen Jahren als Schauspieler einer Wanderbühne unterwegs war:

In der Nähe von Krain bat der spätere »Zauberflöten«-Librettist nach stundenlangem Fußmarsch, schwitzend und zum Umfallen erschöpft, auf dem Feld arbeitende Landwirte um einen Krug Wasser, den man ihm und seinen Kollegen auch reichte. Als kurz danach heftig einsetzender Hagelschlag das Getreide vernichtete, glaubten die Bauern, das Gewitter sei die Strafe Gottes dafür, dass sie »den Schmierenkomödianten« geholfen hatten. Sie liefen ihnen nach, griffen sie mit Sensen und Heugabeln an, wobei mehrere Mitglieder der Truppe Verletzungen erlitten.

So tief unten im gesellschaftlichen Leben standen die Schauspieler, dass man sich vor einem Kontakt mit ihnen fürchten musste! Es waren freilich keine Geringeren als Josef Kainz, Werner Krauß, Emil Jannings und Hans

112

Moser, deren Karrieren auf der Schmiere, der untersten Stufe des Theaterbetriebs, begonnen haben.

Es hat eine Zeitlang gedauert, bis das Burgtheater zu einer angesehenen Bühne wurde. Unter Josef II. war das vorerst nicht der Fall, musste sich die Direktion doch 1776 noch für zahlungsunfähig erklären. Danach erst erhob der Kaiser die bisherige Privatbühne zum k. k. Hof- und Nationaltheater. Josef zeigte ungeheures Interesse fürs Theater, manche meinten sogar, es wäre zuviel des Guten, da er sich in den Spielplan einmischte, als wäre er selbst der Direktor des Burgtheaters. Er traf aber auch Entscheidungen, wer welche Rollen übernehmen sollte und schreckte nicht einmal davor zurück, Schillers »Fiesco« durch Streichungen und Hinzufügungen zu »verbessern«. Der Kaiser schickte sogar, wenn er gerade irgendwo Krieg führte, Regieanweisungen vom Feldlager an die »Burg«. Darüber hinaus mussten auch Besetzungs- und Stückvorschläge seines Staatskanzlers Kaunitz berücksichtigt werden.

Trotz der etwas sonderbaren Direktionsführung feierte das Burgtheater bald seine ersten Erfolge – zunächst weniger als Sprech-, denn als Opernbühne. Die ersten Jahre zeichneten sich durch die Uraufführungen drei der wichtigsten Mozart-Werke aus: »Die Entführung aus dem Serail«, »Le nozze di Figaro« und »Così fan tutte« – letzteres vom Kaiser bei Mozart persönlich in Auftrag gegeben. *Die ersten Erfolge am Wiener Burgtheater*

Am Beginn des 19. Jahrhunderts begann sich in einem bunten Gemisch aus klassischem Drama, Konversationsstück und höchst nebulosem Boulevard das zu entwickeln, was danach weltweite Anerkennung fand. Joseph Schreyvogel war es, der dem Burgtheater dazu verhalf, zur »ersten Bühne des deutschen Sprachraums« zu werden. Er gehörte der »Burg« als Dramaturg und Hoftheatersekretär von 1814 bis 1832 an, entdeckte Grillparzer, erneuerte die Dramen Shakespeares, Goethes, Schillers und Calderóns.

Als absolut unwürdig sollte sich dann Schreyvogels erzwungener Abgang gestalten: Ottokar Graf Czernin, der theaterfremde und ahnungslose Direktor des Hauses, hatte Schreyvogel aufgefordert, einer hübschen jungen Schauspielerin eine bestimmte Rolle zu geben. Der Dramaturg hielt die Dame für minderbegabt und weigerte sich, das Engagement einzugehen. Worauf er von Czernin fristlos entlassen wurde.

Einer zeitgenössischen Schilderung zufolge soll sich danach Folgendes abgespielt haben: »Gebrochen wankte Schreyvogel einmal noch die Treppe des Burgtheaters hinab – es war ein nasskalter Frühlingstag, es regnete in Strömen, und Schreyvogel fiel ein, dass er seinen Überzieher und seinen Regenschirm oben gelassen hatte. Er stieg die Treppe hinauf, und als er die Türe jenes Amtszimmers öffnete, in welchem er durch 18 Jahre zum Ruhme des Burgtheaters gewirkt hatte, entspann sich folgendes Gespräch zwischen ihm und einem Hofbeamten: ›Was wünschen Sie, Herr Schreyvogel?‹

›Meinen Schirm und Überzieher.‹

›Die sollen Ihnen nachgeschickt werden, falls sie sich vorfinden sollten.‹

›Drüben in der Ecke sind sie.‹

›Das kann ich glauben oder nicht.‹

›Fragen Sie den Diener. Ich werde mich auf den Tod erkälten.‹

›Daran liegt uns nichts.‹

Schreyvogel wurde nicht eingelassen, er ging ohne Schirm und Mantel heim, erkältete sich. Als er, erschöpft von Fieber und Aufregung von seinem Krankenlager aufstand, war er nur noch ein Schatten seiner selbst. Er fiel, geschwächt wie er war, am 28. Juli 1832 der Cholera zum Opfer.«

»Schauspieler, Räuberbanden und Soldaten«

Mit den von Schreyvogel ans Haus geholten großen Stücken kamen auch die großen Schauspieler. Einige von ihnen holte Heinrich Laube, der das Burgtheater zur Mitte des Jahrhunderts zu neuer Blüte führte. Der gebürtige Deutsche war in Jugendtagen wegen Zugehörigkeit zu einer verbotenen Studentenbewegung verurteilt und später begnadigt worden. Er kam als angesehener Regisseur nach Wien und wurde ein strenger Burgtheaterdirektor, der in seinem Ensemble keinerlei Widerspruch duldete. »Schauspieler, Räuberbanden und Soldaten«, erklärte Laube, »brauchen gute Führer, sonst sind sie alle drei nichts wert.« Folglich benötige »ein guter Theaterdirektor drei Jahre, um sich überall Feinde zu schaffen«. – Er pflegte das klassische Drama, holte Charlotte Wolter, Katharina Schratt, Joseph Lewinsky und Adolf von Sonnenthal.

Letzterer war 1832 als Sohn eines Schnittwarenhändlers in Budapest zur Welt gekommen und hatte schon als Bub einen unbändigen Spieldrang verspürt. Als Sonnenthal das erste Mal ins

Theater mitgenommen wurde, fiel er in Ohnmacht. Eines Abends schmuggelte er sich am Billeteur vorbei in eine Vorstellung. Er wurde dabei erwischt – und war dem Regisseur, der ihn ertappte, sein Leben lang dankbar. Denn der Theatermann engagierte den Knirps als Komparsen. Nach Absolvierung einer vom Vater erzwungenen Schneiderlehre fuhr Sonnenthal nach Wien, kaufte sich eine Karte für die vierte Galerie des Burgtheaters – und blieb dem Haus mehr als ein halbes Jahrhundert treu. »Wie Sonnenthal auf der Bühne Schokolade trank«, sagte Max Reinhardt, »und wie er seinen Hut auf die Erde stellte, das war so eindrucksvoll, dass es von den Aristokraten angenommen und als Regel anerkannt wurde.« Ab 1881 war er selbst einer, als Sonnenthal nämlich als einer der wenigen Schauspieler dieser Zeit von Kaiser Franz Joseph in den erblichen Adelsstand erhoben wurde.

Mit dem Bau der Ringstraße bekam das Burgtheater eine neue Heimstätte, auch weil die alte am Michaelerplatz aus allen Nähten zu platzen drohte. Der Neubau verschlang 21 Millionen Gulden* und hatte einen unglaublichen Theaterskandal zur Folge: Den Architekten Gottfried Semper und Karl von Hasenauer wurde nach der Eröffnung am 14. Oktober 1888 vorgeworfen, dass man die Schauspieler von weiten Teilen des Zuschauerraums weder sehen noch hören

So klein war das alte Burgtheater am Michaelerplatz: Blick zur Hofburg vor dem Abbruch, 1888

konnte. »Es spricht sich wie am Meeresstrande, ins Endlose«, notierte der Schauspieler Hugo Thimig in sein Tagebuch. »Probe zu Götz im neuen Hause. Alles ist verzweifelt über die Schwerfäl-

---

* Entspricht laut »Statistik Austria« im Jahre 2009 einem Betrag von rund 130 Millionen Euro.

ligkeit des Bühnenapparates. Wallensteins Lager in Anwesenheit des Kaisers. Das Stück langweilte. Theils durch die großen Dimensionen des Hauses, die das Individuelle verwischen, theils durch zu lautes, gleichmäßiges und forciertes Sprechen der Schauspieler, die glauben, den großen Raum stimmlich füllen zu müssen.« Tatsächlich musste das Gebäude neun Jahre nach seiner Eröffnung noch einmal großräumig umgebaut werden.

Danach erst konnte die »Burg« ihren Ruf als führende Bühne des deutschen Sprachraums wiederherstellen. So sehr Kaiser Franz Joseph seine Hofbühne auch förderte, hielt sich in Wien doch das Gerücht, dass er die Vorstellungen eher wegen seiner Seelenfreundin Katharina Schratt denn aus wahrer Kunstbegeisterung besuchte. Im Jänner 1895 schrieb er jedenfalls nach einer Aufführung von Lessings »Nathan der Weise« an seine im Ausland weilende Frau Elisabeth: »Sonnenthal gab den Nathan ausgezeichnet. Trotz der vortrefflichen Vorstellung schlief ich fest.«

Am besten hat wohl der Schauspieler Alexander Moissi die Bedeutung des Burgtheaters ausgedrückt: »Man muss in jedem Land das dort Wichtigste sein. In den Dolomiten eine Kuh, in Mexiko ein Sombrero und in Wien ein Burgschauspieler.« Der Größte von allen soll Kainz gewesen sein. Dabei hatte es für den 1858 im ungarischen Wieselburg als Sohn eines Bahnbeamten geborenen Mimen ursprünglich gar nicht vielversprechend ausgesehen. In jungen Jahren »unbändig, schockierend, in seiner Kunst unregistrierbar«, holte man ihn erst mit über vierzig an die »Burg«, und da er jung starb, blieben ihm dort nur elf Jahre und 28 Rollen. In denen er aber zum Vorbild mehrerer Schauspielergenerationen wurde. »Jedesmal habe ich nach der Vorstellung den weiten Weg nach Döbling zu Fuß gehen müssen«, sagte seine junge Kollegin Hedwig Bleibtreu, »es war einfach unmöglich, in der Straßenbahn zu sitzen, so aufgeregt hat einen dieser Mann.«

Josef Kainz war sich der Wirkung, die er auf sein Publikum ausübte, bewusst. »Wenn ich am Theater nur die Zunge herausstrecken würde«, sagte er, »dann würden mir die Leute auch applaudieren.« Als er als Cyrano von Bergerac einen seiner Partner auf offener Bühne zum Weinen brachte, flüsterte ihm Kainz zu: »Ich bitte dich, du wirst doch nicht auch auf mich hereinfallen!«

Berühmt auch die Antwort, die Kainz gab, als er gefragt wurde, warum er nie den Faust gespielt habe: »Den Faust kann nur ein wirklich bedeutender Mensch spielen. Und ein wirklich bedeutender Mensch wird nicht Schauspieler.«

Der Tod des erst 52-jährigen Josef Kainz war ein in seiner Dimension kaum je dagewesener Schock für die Wiener. Als sich Anfang September 1910 seine Erkrankung an Darmkrebs herumsprach, notierte Arthur Schnitzler in seinem Tagebuch: »Was sich um Kainzens Sterbebett begibt, ist von grotesker Tragik.« Tatsächlich versammelten sich Dutzende Journalisten in der Halle des Sanatoriums Loew in der Wiener Mariannengasse, die förmlich auf den Tod des Schauspielers warteten. Schnitzler: »Felsenburg von der ›Neuen Freien Presse‹ sagte: ›Wenn jemand früher die Nachricht von Kainzens Tod erfährt als ich, bin ich entlassen, hat mir Benedikt* gedroht – und ich hab Frau und Kinder.‹«

Josef Kainz gilt als der größte Schauspieler seiner Zeit

Nach dem Zusammenbruch der Monarchie wurde das Burgtheater zweimal vom Dichter Anton Wildgans geleitet, der das Akademietheater als zusätzliche Bühne erwarb und am 8. September 1922 mit einer Festvorstellung von »Iphigenie auf Tauris« eröffnete – praktisch vor leerem Haus, da die Öffentlichkeit infolge eines Druckereistreiks nicht von dem Ereignis verständigt werden konnte. In den wirtschaftlich schwierigsten Jahren der österreichischen Geschichte – 1931 wurde im Parlament ernsthaft darüber diskutiert, das Burgtheater in ein Kino umzubauen – kam es zu nicht enden wollenden Angriffen auf Wildgans, der selbst da seinen Humor nicht verloren hatte: »Ich bin die einzige Wildgans«, sagte er, »für die es keine Schonzeit gibt.«

Der Wunsch des bedeutendsten Regisseurs seiner Zeit, Max Reinhardt, am Burgtheater eine Inszenierung zu leiten, wurde nie erfüllt. Selbst als er einmal, aus Berlin kommend, ein Gastspiel mit Moissi und Bassermann geben wollte, ließ man es nicht zu. Reinhardts »Rache« war fürchterlich. Als er 1924 das Theater in der Josefstadt übernahm, wurde das Burgtheater – beschränkt auf

---

* Moriz Benedikt (1849–1920), Chefredakteur der »Neuen Freien Presse«

117

Reinhardts Direktionsjahre – zum zweitbesten Theater der Stadt degradiert.

Vom Gasthaus zur großen Wiener Bühne Die Josefstadt. Ihre Geschichte beginnt mit Johann Michael Köck, einem bürgerlichen Gasthausbesitzer in der Vorstadt, der einen »missratenen Schwiegersohn« hatte – so jedenfalls nannte man Ende des 18. Jahrhunderts diesen jungen Mann, weil er einen magischen Drang zur Bühne verspürte. Sein Name war Karl Mayer, und wir danken ihm nicht mehr und nicht weniger als die Existenz eines weltweit einzigartigen Theaters.

Und das kam so: Schwiegerpapa Köck war Inhaber des Schankhauses »Bey den goldenen Straußen« in der heutigen Josefstädter Straße. Als Herrn Köcks Tochter besagten Herrn Mayer ehelichte, dachten die Eltern noch, dass das geliebte Kind eine »gute Partie« gemacht hätte. Denn auch Mayers Eltern hatten ein Gasthaus, es hieß »Zu den drei Federn« und lag am nahen Strozzigrund.

Doch es kam anders, der Schwiegersohn war beseelt davon, Schauspieler zu werden und schloss sich einer Wandertruppe an, mit der er erfolglos blieb. Er gab nicht auf und errichtete im Gastgarten von Schwiegerpapas »Goldenen Straußen« ein Theater, das am 24. Oktober 1788 mit dem Lustspiel »Liebe und Koketterie« vor einer »zahlreichen Gegenwart des Publikums« eröffnet wurde.

Wiens dritte feste Vorstadtbühne, neben dem Leopoldstädter- und dem Freihaustheater auf der Wieden, hatte wenig mit dem zu tun, das wir heute als Theater in der Josefstadt bezeichnen. Denn von Karl Mayers »beyfallswürdiger Schauspielergesellschaft« zum »Josefstädter Stil« war's ein weiter Weg. Der Bühne gehörten unter ihrem ersten Direktor 39 Künstler an, von denen sieben – nebst der Familie Mayer – im Theatergebäude logierten.

Schon nach drei Jahren durfte Karl Mayer, der sich nun doch als talentierter Schauspieler erwies, seine Bühne als »k. k. Privilegiertes Theater« bezeichnen. Und er spielte alles, was in den vermischten Handlungen der vorstädtischen Biedermeierdichtkunst zu haben war: Komödien, Zauber- und Singspiele, Volksstücke, Opern, Ballette, Parodien, Kinderpantomimen und manchmal auch literarisch anspruchsvollere Stücke. Die ersten Probleme tauchten auf, als sich Karl Mayer aus dem Theaterbetrieb zurückzuziehen versuchte. Denn die diversen Pächter, die an der Josefstadt ihr Glück versuchten, waren Geschäfts-, aber keine Theaterleute. Die einen führten sie als Schmierenbühne, die anderen entnahmen der Theaterkasse allzuviel Geld. Und so sah sich Mayer mehrfach gezwungen, die Direktion zwischendurch wieder selbst in die Hände zu nehmen.

In Wien gab es zu Beginn des 19. Jahrhunderts die Brüder Huber, Josef hieß der eine, Leopold der andere. Beide waren als Theaterdirektoren tätig, kurioserweise Leopold als Direktor der Leopoldstadt und Josef als Direktor der Josefstadt. Josef Hubers Name ist erwähnenswert, weil bei ihm am 13. Mai 1814 ein Schauspieler debütierte, dessen Auftreten den ersten Höhepunkt in der Geschichte des Theaters in der Josefstadt bildet. Ferdinand Raimund, bisher nur an Wanderbühnen tätig, spielte den Franz Moor in Schillers »Räubern« und gefiel dem Publikum auf Anhieb. Am 20. Februar 1834 feierte er in der Josefstadt die Uraufführung seines »Verschwenders«, in der er selbst den Valentin spielte.

Auch Nestroy trat auf, und doch sollte der Durchbruch des Theaters nicht gelingen, man lebte von Einzelerfolgen und bewegte sich nur allzu oft am Rande des Ruins, weshalb man hinter den Kulissen oft nicht minder dramatische Szenen erlebte als auf der Bühne. Etwa erfährt man, dass »an manchen Abenden kein Korb Holz mehr aufgetrieben werden konnte, um die Garderoben zu heizen, und dass der arme, vor Frost klappernde Garderobier kein anderes Mittel wusste, als in das gegenüberliegende Kaffeehaus zu gehen, um dort Almosen für die Schauspieler zu erbetteln«.

Ein Schauspieler bekommt keine Wohnung

Hauptproblem war die übermächtige Konkurrenz des Burgtheaters, des Theaters an der Wien und der Hofoper. Kaum feierte ein »Josefstädter« die ersten Erfolge, lief er auch schon zu einer der anderen, reicheren Bühnen über. Bis zur Errichtung der Ringstraße war's außerdem ein gewaltiges Problem, das Publikum von der sicheren Stadt »über das von lichtscheuem Gesindel bevölkerte Glacis« hinaus in die Vorstadt zu locken.

Auch das gesellschaftliche Ansehen der Schauspieler hielt sich in Grenzen, wie uns Karl von Holtei in seinen Memoiren hinterließ: »Es war unmöglich, in der Nähe des Josefstädter Theaters eine Wohnung zu finden; die wenigen nur erträglichen Quartiere, die

Hinter den Kulissen ging es ebenso dramatisch zu wie auf der Bühne: Theater in der Josefstadt

wir sahen, wurden uns augenblicklich verweigert, sobald die Leute erfuhren, dass wir Schauspieler seien, die auf der Josefstädter Bühne gastieren wollten.«

Mehrere Pächter und Direktoren gingen mit der Kassa durch, aber letztlich überlebte die Bühne immer wieder, weil das Gasthaus, das mittlerweile »Zum goldenen Straußen« hieß, nach wie vor so gut ging, dass sich der jeweilige Besitzer daneben den »Spleen« leisten konnte, ein Theater zu führen.

Zur Jahrhundertwende wurde die Josefstadt modern: ab 1899 unter Direktor Josef Jarno, der Max Pallenberg und Alexander Girardi, Gisela Werbezirk und Hansi Niese engagierte. Jarno hatte 1913 einen Sensationserfolg mit Molnárs Vorstadtkomödie »Liliom«, in der er selbst die Titelrolle spielte. Sein Triumph in der Josefstadt fand schließlich durch die Inflation der Zwanzigerjahre ein jähes und unverdientes Ende.

Es folgte Max Reinhardt, der 1924 das Kunststück zuwege brachte, das ehemalige Nebengebäude einer Gastwirtschaft – noch dazu in schweren Zeiten – in den Theaterhimmel zu heben. Als Max Goldmann am 9. September 1873 in Baden bei Wien zur Welt gekommen, hatte Reinhardt eine Bankenlehre absolviert, ehe er den Aufstieg zum international gefeierten »Zauberer des Theaters« schaffte. Reinhardt selbst war zum erstenmal als 17-Jähriger im Matzleinsdorfer Eleventheater aufgetreten und über Salzburg nach Berlin gekommen, wo ihm der Durchbruch gelang. Er trat am Kabarett auf und eröffnete 1901 das erste eigene Theater »Unter den Linden«. Nach und nach wurden seine Theater immer größer, er spielte kaum noch, inszenierte lieber, bis ihm 1905 mit dem »Sommernachtstraum« der Durchbruch als Regisseur gelang.

Bald war Max Reinhardt Direktor und auch Eigentümer des Deutschen Theaters, weitere kamen dazu, 1920 begründete er die Salzburger Festspiele, um vier Jahre später endlich nach Wien zu gehen und das wieder einmal schwer angeschlagene Theater in der Josefstadt zu retten.

Bei der Finanzierung der Josefstadt war ihm der Bankier Camillo Castiglioni behilflich, der das Theater für 1,5 Millionen Schweizer Franken kaufte und von Reinhardt neu gestalten ließ. Der gebürtige Triestiner, der sein sagenhaftes Vermögen als »Kriegsgewinnler« und »Inflationskönig« erwirtschaftet hatte, ließ Reinhardt jede Freiheit – bis auf eine Bedingung, die der allmächtige Direktor zu akzeptieren hatte: Castiglionis Freundin – und spätere Frau –, die Schauspielerin Iphigenie Buchmann, musste eine Rolle am Theater in der Josefstadt bekommen. In seiner Blütezeit standen zehn Bühnen unter Reinhardts Leitung.

Zu den Schauspielern, denen Reinhardt zu ihrer Größe verhalf, zählten Hugo, Hermann, Helene und Hans Thimig, Vilma Degischer und Paula Wessely, die Brüder Paul und Attila Hörbiger, Werner Krauß, Alexander Moissi, Albert Bassermann, Ewald Balser, Ernst Deutsch, Elisabeth Bergner, Hans Jaray, Heinz Rühmann, Hans Moser, Fred Liewehr … Als Hitler 1933 an die Macht kam und das Berliner Imperium zusammenbrach, konzentrierte sich Reinhardt auf Wien und Salzburg, ehe er – noch vor dem »Anschluss« – in die USA emigrierte. Nach seinem Abgang aus Wien übernahm Ernst Lothar das Theater in der Josefstadt, in dessen Direktionszeit sich eine österreichische Köpenickiade – wenn auch mit ernstem Hintergrund – ereignete.

Gestern Striese, heute Faust, morgen König Lear

Es gehört ja zum Alltag des Schauspielers, sich ständig eine neue Identität zuzulegen. Gestern noch der Schmierendirektor Striese, heute Faust, morgen König Lear, doch bei Leo Reuss war das anders. Der sollte sich nicht nur auf der Bühne verstellen, sondern auch im wirklichen Leben.

Leo Reuss war 1891 als Sohn eines Tierarztes in Galizien zur Welt gekommen und in Wien aufgewachsen. Im Ersten Weltkrieg als Rittmeister an der Front, begann er danach eine erfolgreiche Schauspielkarriere. Als er jedoch mit der Frau seines Theaterdirektors eine Affäre hatte und dieser ihn in flagranti erwischte, verließ Reuss Wien. Er setzte seinen Weg in Berlin fort, von wo er 1935 vor Hitler floh. Wieder in Wien, war er jetzt einer von vielen Schauspielern, die hier Station machten.

Da er kein Engagement fand, ließ er sich in einem Tiroler Bergdorf nieder. Dort gab es einen Bauern namens Kaspar Altenberger, den er genau studierte. Er eignete sich seinen Namen und seine

Tiroler Sprechweise an, ließ sich einen Bart wachsen und die dunklen Haare blond färben. Dann fuhr er nach Wien und sprach bei Josefstadt-Direktor Ernst Lothar als Kaspar Altenberger vor, der »unbedingt Schauspieler werden« wollte. Lothar war vom Talent des Tiroler Bergbauern hingerissen und teilte ihm eine Hauptrolle in Schnitzlers »Fräulein Else« zu. Reuss trat unter dem Künstlernamen Kaspar Brandhofer auf und erhielt fulminante Kritiken, wobei die deutschnationale Presse sein »volksverbundenes Urtalent« feierte. Endlich ein »echter Arier« am Theater!

Eine österreichische Köpenickiade: Leo Reuss als Kaspar Brandhofer

Die Rolle seines Lebens war aber nicht die in »Fräulein Else«, sondern die des Kaspar Brandhofer. Leider konnte er sie nur wenige Wochen spielen, da er von Kollegen, die seine wahre Identität kannten, verraten wurde.

Nun war er wieder jener Leo Reuss, der kein Engagement fand. Er verließ Wien, noch ehe Hitler auch hier die Macht übernahm, emigrierte nach Hollywood, nannte sich Lionel Royce und erhielt einige Filmrollen. Er starb 1946 im Alter von 55 Jahren an Herzversagen.

»Auf der anderen Seite« stand, als Leo Reuss ganz Wien den Kaspar Brandhofer vorspielte, ein anderer Bühnenkünstler, der aber wegen seiner Leistungen am Theater nirgendwo Erwähnung fände. Er hieß Otto Hartmann und war als Schauspieler bei Weitem nicht so »erfolgreich« wie als Denunziant. Hartmann war schon in der Ersten Republik als Spitzel am Burgtheater tätig – sowohl für den Ständestaat als auch für die illegalen Nationalsozialisten. Nach Hitlers Einmarsch stellte er sich voll und ganz in den Dienst der neuen Herren und agierte in besonders perfider Weise: Hartmann leitete alles, das hinter der Bühne vorfiel, jedes Gerücht und jedes »verdächtige« Garderoben-Geplänkel, an die Gestapo-Leitstelle Wien weiter. So wurde am 25. Oktober 1940 der Bühnen-Löschmeister Adolf Gubitzer im Burgtheater verhaftet, nachdem Hartmann dessen kritische Einstellung zum Dritten Reich weitergeleitet hatte.

Darüber hinaus nahm der Kleindarsteller auch Kontakt mit Widerstandskämpfern auf, denen er vorlog, nur deshalb für die Nationalsozialisten zu arbeiten, um Regimegegnern helfen zu können. Hartmann ließ sich durch den im Widerstand tätigen Burgschauspieler Fritz Lehmann für die »Österreichische Freiheitsbewegung« anwerben, deren Ziel die Planung und Errichtung eines demokratischen Staates war.

Als Hartmann die Gruppe an die Gestapo verriet, wurden der Augustinerchorherr Roman Scholz und andere Mitglieder zum Tod verurteilt und 1944 hingerichtet. Hartmann erhielt allein für diesen Spitzeldienst von der Gestapo eine Belohnung von 30 000 Reichsmark. Er schlich sich in die Kreise weiterer Regimegegner ein, um auch diese zu denunzieren. Wieder mit tödlichem Ausgang.

Als die Folgen seines Verrats, noch während der Nazizeit, bekannt wurden, weigerte sich das Ensemble des Burgtheaters, weiterhin mit dem Denunzianten zu spielen. Daraufhin belegte Direktor Lothar Müthel den Schauspieler Otto Hartmann mit Auftritts- und Hausverbot. Nach dem Krieg von französischen Besatzungssoldaten verhaftet, wurde er wegen des Verbrechens der Denunziation mit Todesfolgen angeklagt und zu lebenslangem schweren Kerker verurteilt. Er wurde nach zehnjähriger Haft begnadigt und starb Ende der Achtzigerjahre in Wien.

Die tödlichen Folgen eines Verrats

Das Burgtheater brannte am 11. April 1945 durch einen Bombenangriff aus und fand sein Exil vorerst im Varieté Ronacher, ehe es nach zehn Jahren am Ring wiedereröffnet werden konnte.

Auch der berühmte »Josefstädter Stil« wurde nach dem Krieg wieder gepflegt – von Schauspielern wie Leopold Rudolf, Hans Holt, Susanne Almassy, Vilma Degischer und Marianne Nentwich. Was einen »echten Josefstädter« ausmacht, das wusste vor allem Leopold »Poldo« Rudolf, der bis zu seinem Tod im Jahre 1978 eine der Säulen des Hauses war: Als die Kollegen von der Hauptprobe eines Stücks (in dem er nicht mitspielte) ins gegenüberliegende Café Maria Treu pilgerten, begrüßte er sie mit den Worten: »Kinder, ihr ward's heute wieder großartig, ganz einmalig, jeder einzelne von euch ein Erlebnis!«

Sie umarmten einander freudestrahlend, zumal einer ihrer Größten sie mit derart freundlichen Worten der Zustimmung bedacht hatte. Erst als man sich vom Glückstaumel ein wenig erholt hatte, fragte einer der Mimen verwundert: »Sag, Poldo, woher weißt du eigentlich, wie wir gespielt haben, du warst doch gar nicht im Theater?«

»Aber Kinder«, entgegnete Leopold Rudolf, »ich kenn' euch doch alle!«

Neben zahlreichen Verschwörungen, Intrigen und Skandalen gab es in Wien auch eine echte und wirkliche Katastrophe. Den Brand des Ringtheaters am Abend des 8. Dezember 1881, bei dem kurz vor Beginn einer Vorstellung von Offenbachs Oper »Hoffmanns Erzählungen« 386 Menschen ums Leben kamen.

Bühnenhäuser waren in jenen Tagen extrem gefährdet. Die Flammen der Gasbeleuchtung, die leicht brennbaren Vorhänge und Kulissen, die großen Menschenansammlungen – all das hatte immer wieder zu Unglücksfällen geführt. Als Auslöser für den Ringtheaterbrand erwies sich eine defekte Gaslampe, die als Bühnenbeleuchtung in Betrieb war.

Der Ringtheater-Direktor und populäre Schauspieler Franz von Jauner wurde infolge der schweren organisatorischen Mängel, die zu der Katastrophe geführt hatten, zu einer viermonatigen Arreststrafe und zur Aberkennung seines Adelstitels verurteilt. Der Kaiser wies alle Gnadengesuche »wegen der Größe und Schrecklichkeit der Katastrophe« zurück.

Nach dem Ringtheaterbrand verurteilt: Franz von Jauner

Jauner kümmerte sich nach Verbüßung seiner Strafe um den Fortbestand des Theaters an der Wien, das er noch vor der Ringtheaterkatastrophe erworben hatte. Da ihm mit dem Gerichtsurteil aber auch die Berechtigung zur Führung eines Bühnenhauses aberkannt wurde, verkaufte er das Theater an der Wien an die Schauspielerin Alexandrine von Schönerer, die Schwester des deutschnationalen Politikers Georg von Schönerer. Jauner blieb dem Theater als Ratgeber und stiller Teilhaber erhalten und führte es in die Glanzzeit der Goldenen Operette. 1885 inszenierte er den »Zigeunerbaron«, dessen Uraufführung mit Alexander Girardi in der Rolle des Zsupán zu einem der größten Bühnenerfolge wurde, die Wien je erlebt hatte.

Die Tatsache, dass Alexander Girardi, der unbestrittene Star des Theaters an der Wien, mit Fräulein von Schönerer verfeindet war, führte zu einem der kuriosesten Bühnenverträge aller Zeiten, hatte ein Passus darin doch diesen Wortlaut: »Wenn Herr Girardi in einer Probe die Bühne betritt, hat Fräulein von Schönerer dieselbe augenblicklich zu verlassen.«

Im Jahre 1894 rehabilitiert, übernahm Jauner nun die Direktion des Carltheaters auf der Praterstraße. Doch seine Zeit war vorbei, selbst die Gastspiele der Eleonore Duse und der Sarah Bernhardt konnten den wirtschaftlichen Abstieg der Bühne nicht aufhalten. Jauner setzte sein eigenes Vermögen ein, um das Theater zu retten, schlitterte jedoch in den Konkurs.

Am Vormittag des 23. Februar 1900 machte der Buchhalter dem Direktor die Mitteilung, dass für die Auszahlung der Wochenlöhne kein Geld mehr vorhanden wäre. Als der Mitarbeiter Jauners Büro verließ, griff der 67-jährige Theaterdirektor zu jenem Revolver, mit dem sich 16 Jahre davor sein Bruder Lukas erschossen hatte, und jagte sich eine Kugel in den Kopf. Franz Jauners Frau, die Hofopernsängerin Emilie Krall, folgte ihm vier Monate später in den Tod – ebenfalls durch Selbstmord.

Wenige Monate vor Jauner war mit dem Tod von Johann Strauß auch die Zeit der Goldenen Operette zu Grabe getragen worden. Girardi trat danach am Volkstheater auf, unternahm Gastspiele durch Deutschland und gab als krönenden Abschluss seines Lebens den Fortunatus Wurzel in Raimunds »Der Bauer als Millionär« am Burgtheater. Als auch er, am 20. April 1918, starb, prophezeiten die Wiener treffsicher: »Der Johann Strauß ist tot, der alte Kaiser ist tot und jetzt is no der Girardi g'storben. Da wird's die Monarchie aa nimmer lang geben.«

Girardi hat nie davon erfahren, dass er für die höchste Auszeichnung vorgesehen war, die einem Schauspieler des deut-

»Da wird's die Monarchie aa nimmer lang geben«: Alexander Girardi

schen Sprachraums widerfahren kann. Für den Ifflandring. Albert Bassermann* war sein Träger und hatte in seinem Testament Girardi zu seinem Nachfolger bestimmt. Doch Girardi starb vor Bassermann. Daraufhin setzte er seinen Kollegen Alexander Moissi ein. Auch Moissi starb vor ihm. Max Pallenberg, den er als nächsten gereiht hatte, stürzte 1934 mit dem Flugzeug ab. Durch drei Todesfälle abergläubisch geworden, bestimmte Bassermann keinen Nachfolger mehr, sondern überließ die Wahl einem Schauspielgremium, das sich nach seinem Tod im Jahre 1952 für Werner Krauß entschied.

Dieser musste laut Statuten sofort nach Erhalt des Ifflandrings seinen Nachfolger nominieren. Er bestimmte Josef Meinrad. Als der im Februar 1996 starb, sollte es ganze vier Monate dauern, bis sein testamentarischer Wunsch bekannt gegeben werden konnte, da das »bestgehütete Kuvert der Welt« in der Österreichischen Bundestheaterverwaltung verloren gegangen war. In der Zeit bis

Wer bekommt den Ifflandring? Rätsel-raten nach Josef Meinrads Tod

zu seiner Auffindung setzte in der Öffentlichkeit das große Rätselraten ein, wer der nächste Träger des begehrten Rings sein würde. Als von Meinrad möglicherweise nominierte Nachfolger wurden in den Medien u. a. genannt: die Schauspieler Klaus Maria Brandauer, Gert Voss, Michael Heltau, Will Quadflieg, Otto Schenk, Fritz Muliar, Karlheinz Hackel, Romuald Pekny, Erwin Steinhauer, Heinz Petters, Robert Meyer …

Ende Juni wurde endlich bekannt gegeben, wen Meinrad tatsächlich bestimmt hatte. Die Überraschung war groß, es war Bruno Ganz.

Und damit der Einzige unter all den Großen, den man in den Spekulationen nicht erwogen hatte.

---

* Albert Bassermann (1867–1952), Schauspieler

»Die Hofräte, die bleiben«

Der österreichische Beamte

Es war im März 1848, als man den Staatskanzler Metternich aus seinem Büro am Ballhausplatz davonjagte, in dem er 38 Jahre lang mit eiserner Faust regiert hatte. Ein ihm trotz Revolution immer noch treu ergebener Beamter trat in der Staatskanzlei auf den Fürsten zu und fragte ihn besorgt: »Was soll denn jetzt aus uns werden, wenn Durchlaucht uns verlassen?«

»Beruhigen Sie sich, lieber Hofrat«, antwortete Metternich, »Kaiser werden in Österreich gestürzt, Regierungen kommen und gehen – aber die Hofräte, die bleiben!«

»Regierungen kommen und gehen, aber die Hofräte, die bleiben«: Metternich

Ja, der österreichische Beamte, das ist ein sich ständig vermehrendes Phänomen. Die Donaumonarchie war acht Mal so groß wie die Republik – und doch gab es »unterm Kaiser« weniger Beamte als im klein gewordenen Österreich. Ein Umstand, der den legendären britischen »Beamtenschreck« Cyril Parkinson[*] – der sein Leben lang gegen den Amtsschimmel kämpfte – dazu veranlasste, Österreich als Musterland für seine Thesen zu bezeichnen: »Wien«, sagte er, »war die Hauptstadt einer Weltmacht und ist schon aus diesem Grund bürokratisch aufgebläht. Je mehr Beamte aber zwischen mir und dem Beamten sind, zu dem ich eigentlich will, desto länger braucht es, bis es zu einer Entscheidung kommt. Und desto teurer wird's.«

---

[*] Cyril Northcote Parkinson (1909–1993), britischer Historiker und Publizist

Erste Ansätze öffentlichen Beamtentums werden im 13. Jahrhundert erkennbar. Bis dahin war das Staatswesen im heutigen Sinn unbekannt, es gab nur einen Herrscher, zu dem alle Welt aufblickte. Und wo kein Staat, da kennt man auch keine Bürokratie. Die aber musste unweigerlich kommen, weil die Landesherren darauf aus waren, möglichst viele Zölle, Mauten und Steuern einzutreiben. Vorerst waren es Aristokraten, die in den Dienst des Königs oder Markgrafen traten, und diesem auf eigene Kosten Schreiber, Diener und Steuerkassiere zur Verfügung stellten, um sich so die Gunst des Machthabers zu sichern. Jene, die für höhere Kanzleitätigkeiten, diplomatische Dienste und andere anspruchsvolle Tätigkeiten herangezogen wurden, waren meist Geistliche, da sie zu der kleinen Gruppe von Menschen zählten, die des Lesens und Schreibens mächtig waren. Wie wenige das im Mittelalter konnten, erkennt man daran, dass selbst König Rudolf I., der erste Regent des Hauses Habsburg, Analphabet war.

»Ohne Geld, ohne Kredit, ohne Armee ...« Als Maria Theresia im Alter von 23 Jahren Kaiserin wurde, übernahm sie ein schweres Erbe, da es ihr Vater, Kaiser Karl VI., verabsäumt hatte, sie in ihre künftigen Regierungsgeschäfte einzuweihen. »In diesen Umständen«, hinterließ sie in einer Denkschrift, »fand ich mich ohne Geld, ohne Kredit, ohne Armee, ohne Wissenschaft und endlich auch ohne allen Rat.«

Was ihr vor allem fehlte, war ein funktionierendes Beamtenheer, auf das sie sich hätte stützen können. Die verzweifelte Regentin traf in ihrem Umfeld lediglich auf eine Handvoll Aristokraten, die alle um die siebzig waren und meist schon unter ihrem Großvater Leopold I. gedient hatten. Maria Theresia warf keinen von ihnen hinaus, sondern wartete geduldig ihren Tod ab, um die Diener des Hauses Österreich nicht zu kränken. Dann aber schuf sie eine Staats- und Beamtenreform, die ihr zu einem modernen Behördenstaat verhalf.

Als ihr wichtigster Berater erwies sich Friedrich Wilhelm Graf Haugwitz. Diesem war als Verwaltungsbeamten in Breslau aufgefallen, dass Schlesien unter preußischer Hoheit wesentlich effizienter verwaltet wurde als unter österreichischer, nachdem Teile Schlesiens 1742 an Preußen gefallen waren. Aus seinen Erfahrungen zog Haugwitz den Schluss, dass auch Österreich den Einfluss der adeligen Stände in den Ländern – die vor allem ihre eigenen Interessen im Auge hatten – zugunsten einer zentralen Verwaltung abschaffen müsste.

Als Haugwitz 1748 dem Kronrat seinen Reformplan darlegte, stellte sich die gesamte österreichische Regierung gegen ihn. Jeder Einzelne fürchtete um den Einfluss des Adels und seiner Privilegien. Doch Maria Theresia vertraute Haugwitz und setzte sich über die Köpfe sämtlicher ihrer – adeligen – Minister hinweg. Sie gab noch in dieser Sitzung die ersten Befehle zur Durchführung der neuen Ordnung, wie Haugwitz sie vorgeschlagen hatte. »Dem Staat zu dienen« war von nun an nicht mehr ausschließlich Aufgabe und Privileg der Aristokratie, sondern für jedermann geworden. Die Prinzipien der maria-theresianischen Beamtenreform galten im Wesentlichen bis zum Ende der Monarchie. Sie selbst handelte nach dem Motto: »Allüberall die Gescheitesten nehmen, nicht nach den Dienstjahren sehen.«

Graf Haugwitz aber – den die Kaiserin zu ihrem Kanzler und Staatsminister ernannte – wurde von seinen eigenen Standesgenossen angefeindet. Ständig kamen falsche Gerüchte um seine Reformpläne in Umlauf, sodass der Pöbel sein Privathaus mit Steinen attackierte – nicht erkennend, dass es gerade die »kleinen Leute« waren, die von seinen Neuerungen profitieren sollten. Die Ausschreitungen nahmen derartige Ausmaße an, dass Haugwitz eine Leibwache von vier Kürassieren zu seinem persönlichen Schutz beigegeben werden musste.

Reformierte das Beamtenheer: Friedrich Wilhelm Graf Haugwitz

Die Reform bescherte dem Bewerber um einen Staatsposten einen langen und dornigen Weg. Vorerst musste er nämlich mehrere Jahre als unbesoldeter »Praktikant« arbeiten, was bis zu zwölf Jahre dauern konnte. Endlich Beamter geworden, führte der kleine und mittlere Staatsdiener immer noch ein Leben in Not und Elend, wobei Schullehrer, Hofschreiber und Kanzlisten zu den Ärmsten zählten. Es gab Beamte, die einen Hausmeisterposten annahmen, um sich den Zins fürs Wohnen zu ersparen. Bekannt wurde auch der Fall eines Bediensteten, der – verbotenerweise – nebenbei ein Wirtshaus betrieb, um seine Familie ernähren zu können. In amtlichen Berichten stößt man sogar auf k. k. Beamte, die »nach Dienstschluss auf offener Straße um Almosen bettelten«. Zitat aus einem 1812 verfassten Polizeibericht: »Offiziere und Beamte hungern und borgen schon groschenweise, weil ihnen niemand mehr einen Gulden anvertraut.«

Durch einen erhalten gebliebenen Bittbrief an Kaiser Franz I. sind die Existenzprobleme eines kleinen Hofangestellten im Jahre 1817 überliefert. Ein »Tagschreiber« ersuchte darin den Monarchen um Erhöhung seines Tageslohnes von zwei auf drei Gulden*, weil er sonst nicht in der Lage wäre, Kammer samt Bett, eine warme Mahlzeit pro Tag, Wäsche und Kleidung zu finanzieren. Der Kaiser bezeichnete den Lebensunterhalt des Mannes in seinem Antwortschreiben als »kümmerlich« und bewilligte die Lohnerhöhung.

Die Beamtenforelle: Vom Salzstangerl zur Knackwurst

Mehr als bescheiden waren im alten Österreich auch die Ernährungsgewohnheiten der Staatsdiener, zu deren Standardmenü das Salzstangerl – scherzhaft »Beamtenforelle« genannt – zählte. Bundeskanzler Julius Raab ließ den Ausdruck in der Zweiten Republik neu aufleben, als er ihn für die etwas opulentere Knackwurst anwendete.

Passend zur finanziellen Situation hielt sich das Ansehen des Berufsstandes in Grenzen. Kaiser Josef II. war der Meinung, »bei den Hottentotten könnten nicht schauerlichere und lächerlichere Dinge sich ereignen als in der österreichischen Staatsverwaltung, besonders in den Hofstellen und in der Staatskanzlei«. Er war es auch, der die Reformen seiner Mutter vorantrieb und den Feudalstaat zum Beamtenstaat umwandelte.

Auch Österreichs berühmtester Beamter, Franz Grillparzer, musste vier Jahre auf seine staatliche Anstellung warten. Als kleiner Bediensteter der Allgemeinen Hofkammer feierte er seine ersten nebenberuflichen schriftstellerischen Erfolge, als berühmter Dichter wurde er ins Finanzministerium geholt, wo man ihn mit Rücksicht auf seine künstlerische Tätigkeit »schonte«, wie seine Tagebucheintragung vom 18. Februar 1829 belegt: »Zwei Stunden im Bureau. Vor Tisch: Besuch bei Fröhlichs, nach Tisch: Besuch bei Daffinger.« Und am nächsten Tag: »12 Uhr Mittag ins Bureau.

---

* Entspricht laut »Statistik Austria« im Jahre 2009 einer Erhöhung von etwa sechs auf neun Euro.

130

Keine Arbeit vorgefunden.« Bereits Direktor des Hofkammerarchivs, notierte er: »Ich will die Amtsstunden halten, will fleißig sein, aber ich nehme mir zugleich vor, jeden Tag und zwar gerade im Amtslokale etwas Poetisches zu arbeiten.« In dieser Zeit entstanden einige seiner bedeutendsten Werke. Insgesamt war Grillparzer 43 Jahre lang als »treuer Diener seiner Herren« tätig.

Zeitgleich mit ihm war auch Eduard von Bauernfeld ein »dichtender Beamter«. Auch er empfand seine Tätigkeit als Bibliothekar in der Hofkammer oft als sinnlos und stand dem Beamtenstand kritisch gegenüber. Einmal schrieb er: »Wie nenn ich mein Hauptübel gleich? Ich leide an Österreich!« Im Vormärz schienen ihm die Zustände dermaßen ausweglos, dass er um seine Entlassung aus dem Staatsdienst ansuchte, die ihm 1848 gewährt wurde. Fortan ein freier Schriftsteller, widmete er den »kleinen Beamten« dieses Gedicht:

Sie sind eine Macht, sie sind ein Heer,
Sie trotzen allen Gewalten,
Und unzufrieden sind sie sehr
Mit ihren kleinen Gehalten.

»Im Amtslokale etwas Poetisches«: Grillparzers Büro im Hofkammerarchiv

Der dritte Poet unter den Beamten war Adalbert Stifter, der ebenfalls nicht in der Lage war, seinen Lebensunterhalt allein von der Dichtkunst zu bestreiten, weshalb er Lehrer wurde. Ehe er in den Staatsdienst trat, war er als Privaterzieher in Adelshäusern tätig, wobei Richard von Metternich, der Sohn des österreichischen Staatskanzlers, zu seinen Schülern zählte. Als er diesen in Mathematik unterrichtete, kam es zu einer für die damalige Zeit symptomatischen Episode: Der junge Metternich sollte berechnen, wie viele 12-karätige Silberlöffel sich aus sechs Dutzend 13-karätigen herstellen ließen. Während der Schüler hin und her überlegte, ohne zu einem Ergebnis zu kommen, betrat seine Mutter den Raum und sagte: »Lieber Herr Stifter, das ist doch alles nicht wichtig. Wenn bei unsereins so was vorkommt, schickt uns der Silberschmied die Rechnung und wir bezahlen!«

Mit 45 Jahren wurde Stifter als Schulinspektor nach Linz berufen. Später erkrankte er infolge seiner Alkoholsucht an Leberzirrhose und litt unter so starken Schmerzen, dass er am 26. Jänner 1868, in seinem 63. Lebensjahr stehend, zum Rasiermesser griff und die Halsvenen durchschnitt. Zwei Tage später war er tot. Seine wahre Größe wurde erst von der Nachwelt erkannt.

Das Zauberwort war die Pensionsberechtigung

Trotz jahrelanger Wartezeiten und erbärmlicher Entlohnung herrschte in der Donaumonarchie ein derartiges »Griss« um jeden Staatsposten, dass sich bis zu fünfzig Praktikanten um eine einzige Kanzlistenstelle rauften. Den Grund für diesen Ansturm auf ein Leben im Elend bildete ein Zauberwort, das anderen Berufsschichten unbekannt war:

Die Pensionsberechtigung.

Die Aussicht also, im Alter abgesichert zu sein. Vater Staat konnte sich ein derartiges Versprechen ohne allzu großes Risiko leisten, da damals ohnehin nicht allzu viele Menschen jene Jahre erreichten, in denen man in den Genuss einer Pension gekommen wäre. Der Kabarettist Hermann Leopoldi hat den diesbezüglichen Privilegien, aber auch der schlechten Besoldung des österreichischen Beamten noch in den 1920er-Jahren ein Lied gewidmet.

Am besten hat's ein Fixangestellter
Mit Pensionsberechtigung, mit Pensionsberechtigung.

Und wird er auch dabei täglich älter,
Die Pensionsberechtigung, die hält ihn jung.
Er hat am Ersten nix, er hat am zweiten nix,
Doch was er hat, das hat er fix ...*

Neben der Hoffnung auf Pension waren – und sind – Orden und
Amtstitel ein weiterer Anreiz für die Beamtenkarriere, mit dem
Vorteil, dass durch sie der Staat in keinerlei Unkosten gestürzt
würde. Das führte dazu, dass sich in keinem anderen Land auch
nur annähernd so viele Titel einbürgerten wie in Österreich oder
wie Dieter Chmelar es formulierte: »Wäre Shakespeare Österreicher gewesen, sein Stück hätte geheißen: ›Der *Diplomkaufmann*
von Venedig.‹«

Nirgendwo sonst ist's üblich, dass ein Mittelschullehrer »Professor« ist. Der Grund dafür: Als die Gymnasiallehrer in der Regierungszeit von Kaiser Franz Joseph um eine Gehaltserhöhung
ansuchten und die Staatskassen wieder einmal leer waren, fand
man eine »österreichische Lösung«: Jeder Lehrer durfte sich Professor nennen. Natürlich bei Fortbestand der alten, schlechten
Bezahlung. Damals entstand das geflügelte Wort vom »Titel ohne
Mittel«. Andere Beamte hatten das Privileg, sich mit eindrucksvol-
len Uniformen (deren Anfertigung sie selbst bezahlen mussten) zu
schmücken, wodurch sie schon in ihrem Auftreten zu »Respekts-
personen« wurden.

Wenn man in Österreich einen Titel abschaffen will ...

So mancher Reformversuch des Titelwesens führte zu kuriosen
Situationen. Als man im Jahre 1850 zur Auffassung gelangte, dass
die Bezeichnung »Hofrat« antiquiert sei, ersetzte man diese durch
den Titel Ministerialrat. Damit hatte man aber die Rechnung ohne
die Hofräte gemacht, die solange dagegen protestierten, bis es den
Titel Hofrat wieder gab – selbstverständlich unter Beibehaltung des
neuen Titels Ministerialrat. Und beide gibt es auch heute noch, ganz
wie Metternich es prophezeit hatte: »Die Hofräte, die bleiben!«

Zu den begehrtesten Staatsposten zählten jene der Hofbediensteten in der unmittelbaren Umgebung des Monarchen – vom

---

* »Am besten hat's ein Fixangestellter«, Worte: Peter Herz und Hanns Haller,
Musik: Hermann Leopoldi.

133

Obersthofmeister bis hinunter zum Ofenheizer: Zur persönlichen Verfügung des Kaisers standen zwei Leibkammerdiener, zwei Türhüter, vier Büchsenspanner, zwei Hausdiener, drei Kammerfrauen … – insgesamt an die tausend Beamte, Diener, Köche, Pagen, Stallburschen und Höflinge, die die reibungslose Abwicklung des Hoflebens gewährleisten sollten.

Was nicht immer gelang. So bereiteten Kaiser Franz Joseph die mitunter nicht ganz sauberen Fußböden in Schönbrunn Kopfzerbrechen, wie sein Flügeladjutant Heinrich Graf Hoyos in einem Brief vom 10. Juli 1909 an seine Frau schreibt: »Seine Majestät wunderte sich über das nicht gepflegte Parkett, welches er lange kopfschüttelnd betrachtete, als wir zum Dejeuner wandelten. ›Das Holz ist schon sehr schlecht‹, sagte der Kaiser resignierend, ›aber gewichst könnte es sein, einmal im Jahr. Wenigstens wenn ein hoher Gast da ist!‹«

Das Rasierzeug Seiner Majestät wird verkauft

Auch wenn das »niedrige Personal« schlecht entlohnt wurde, rissen die vielen Gehälter der Hofbediensteten ein gewaltiges Finanzloch in den Staatssäckel, vor allem, weil sie Anrecht auf zahlreiche Sozialleistungen hatten. Im Laufe der Jahrhunderte wurden die zum Teil auch aus der Privatschatulle des Kaisers gewährten Bonifikationen immer absurder, es gab Brennholz-, Kerzen-, Essens-, Kinder-, Waisen-, Stiefel-, Uniform-, Mäntel-, Schuh- und Möbelzulagen. Daneben fanden sich immer wieder Möglichkeiten eines Nebenverdienstes. So durfte das kaiserliche Servier- und Küchenpersonal nach jedem Hofball die Reste des üppigen Buffets »zur Deckung des Eigenbedarfs« mitnehmen, worauf am nächsten Morgen in der hofburgnahen Delikatessenhandlung »Zur Schmauswaberl« Gänseleberpasteten, Hummer und Rehrücken kostengünstig angeboten wurden.

Die engsten Mitarbeiter des Kaisers hatten darüber hinaus das verbriefte Recht, nicht mehr in Verwendung stehende persönliche Gegenstände Seiner Majestät öffentlich zum Verkauf anzubieten. Nicht nur für Eugen Ketterl, der mehr als zwei Jahrzehnte als Leibkammerdiener in Kaiser Franz Josephs Diensten stand, ergab sich daraus ein einträgliches Geschäftsfeld, da er vor allem nach dem Tod seines Herrn weite Teile aus dem »Haushalt Seiner Majestät« – von den Uniformen über Rasierzeug, Zigarettenspitz, Hausschuhe und Kopfpolster bis zur Unterhose – inklusive »Echtheitszertifikat« um viel Geld veräußern konnte.

Der größte Anreiz, für den Kaiser zu arbeiten, war aber »die Dienstwohnung«. Sie befand sich meist innerhalb der Hofburg oder in einem der anderen kaiserlichen Anwesen. Die Historikerin Martina Winkelhofer errechnete, dass die Aufrechterhaltung des kaiserlichen Haushalts am Beginn der Regierung Franz Josephs alles in allem pro Jahr 4,2 Millionen Gulden* verschlang.

Vor allem von Seiten seines Obershofmeisters Konstantin Prinz Hohenlohe, der bestrebt war, einen modernen und schlanken Hofstaat zu errichten, gab es immer wieder Anläufe, die riesigen Mengen an Dienern und sonstigem Personal abzubauen. Seine Bemühungen misslangen meist, weil Kaiser Franz Joseph nicht bereit war, in seiner Umgebung Kündigungen auszusprechen. Er setzte damit eine Tradition Josefs II. fort, der einmal über seine Hofdiener gesagt hatte: »Ich brauche sie nicht, aber sie brauchen mich!«

In den Sechzigerjahren des 19. Jahrhunderts kam es zum wohl sonderbarsten Versuch, der immensen Kosten Herr zu werden, als Franz Josephs Hofdiener mit einem »Heiratsverbot« belegt wurden. Der Grund: Die Bediensteten hatten Anspruch auf die Versorgung ihrer Angehörigen und da drei Kinder üblich waren, kostete das sehr viel Geld.

Das Resultat der »Neuregelung« überraschte jedoch: Innerhalb eines Jahres nach Verhängung des Heiratsverbots kam es zu einer wahren Flut von Geburten unehelicher Kinder – was den Repräsentanten des katholischen Hofs sehr peinlich war. Das »Heiratsverbot« für Hofbedienstete wurde 1867 wieder aufgehoben.

Wie Zeitzeugen überlieferten, hätte der Verwaltungsapparat unter Kaiser Franz Joseph – der sich selbst als »ersten Beamten« seines Reichs sah – deshalb besonders gut funktioniert, »weil jeder Staatsdiener bis hinunter zum kleinsten Beamten irgendwo an der Grenze des Reiches felsenfest von

»Schlanker Hofstaat«: Des Kaisers Oberhofmeister Konstantin Prinz Hohenlohe

---

* Die Summe entspricht laut »Statistik Austria« im Jahr 2009 einem Betrag von rund 63 Millionen Euro.

der Gewissheit durchdrungen war, Seine Majestät könne jeden Augenblick herein treten und jeden Fehler in einem Akt bemängeln«.

Hermann Leopoldi hat in dem zitierten Lied nicht nur die Privilegien des Beamten thematisiert, sondern auch die ihm oft unterstellte »Mir san mir«-Mentalität, die dem in Amtsstuben vorsprechenden Bittsteller gegenüber an den Tag gelegt wird:

Wenn vor dem Schalter die armen Parteien
Drängen und schimpfen und fluchen und schreien,
Denkt der Beamte: Ich will meine Ruh!
Und macht im Nu den Schalter zu.
Höchstens er schreit noch: Was suchen S' denn hier?
Vierter Stock oben, die siebzehnte Tür,
Ein kleiner Herrgott auf sein' Thron,
Is so a Amtsperson ...

Die Gefahren von Korruption und Bestechung

Im Jahre 1873 formierte sich eine Interessengruppe niedriger Staatsdiener, die der Obrigkeit gegenüber lautstark beklagte, dass die Beamtenlöhne seit fünfzig Jahren kaum angehoben wurden, die Inflation in dieser Zeit aber derartige Ausmaße erreicht hätte, dass sie nicht mehr in der Lage wären, ihre Familien zu ernähren. Die Beschwerden führten immerhin zu einer relativ kräftigen Erhöhung der Beamtengehälter.

Denn das eine war allen klar: Je geringer die Besoldung öffentlich Bediensteter, desto größer ist die Gefahr von Korruption und Bestechung. Die Wurzeln dafür lagen schon in der Zeit der mariatheresianischen Reformen, als plötzlich so viele Beamte benötigt wurden, dass sich der Behördenapparat als kaum finanzierbar erwies. Deshalb fielen die Gehälter derart bescheiden aus, dass Vorgesetzte es stillschweigend duldeten, wenn ihre Mitarbeiter »kleine Zuwendungen« annahmen – zumal sie selbst es auch nicht anders hielten.

Natürlich ist die Korruption keine österreichische Erfindung. Schon im alten Ägypten wurden meist diejenigen mit dem Bau einer Pyramide beauftragt, die am besten »schmierten«. Bei den Palastbauten der Griechen und Römer verhielt es sich nicht anders –

und niemand weiß, wie viel an Bestechungsgeldern im Zuge der Auftragsvergaben öffentlicher Bauten im alten Wien – bis hin zur Errichtung der Ringstraße – flossen.

In eine der größten Korruptionsaffären der österreichischen Geschichte war der Kriegsminister Moritz Freiherr von Auffenberg verwickelt. Dieser hatte einem Offizier namens Schwarz sein persönliches Vermögen für Börsenspekulationen anvertraut. Das Kriminelle daran war, dass der Minister seinen Geldanleger regelmäßig über die Mobilisierungsmaßnahmen der Armee und über Details aus dem Ministerrat informierte. Nicht genug damit, gab Auffenberg – da an der Börse der Gesundheitszustand des betagten Kaisers immer eine Rolle spielte – auch die Bulletins von Franz Josephs Leibarzt Dr. Kerzl weiter. So legte Oberst Schwarz das Vermögen des Ministers Gewinn bringend an, noch ehe die Börsen auf derlei Informationen reagieren konnten.

Als Schwarz 1912 starb, fand man seine Korrespondenz mit dem Minister. Auffenberg wurde verhaftet und von einem Ehrengericht »wegen Verrats militärischer und politischer Amtsgeheimnisse zum Zwecke der Börsenspekulation« verurteilt, allerdings bald wieder freigelassen.

Auch das Unwesen, Praktikanten jahrelang unbezahlt auf einen Beamtenposten warten zu lassen, zog unweigerlich Betrug und Korruption nach sich: In der Regierungszeit Kaiser Josefs II. wurde ein Anwärter auf eine Beamtenstelle bei der Post wegen Unterschlagung von Portogeldern verurteilt. Als Grund seiner Untreue gab er an, keinen anderen Ausweg gesehen zu haben, sein Leben zu fristen. »Heutzutage gibt es Beamte«, sagte man in anderen Fällen, »die schon so kleine Beträge nehmen, dass man geradezu von Unbestechlichkeit reden kann.«

In Korruptionsaffäre verwickelt: Kriegsminister Moritz von Auffenberg

Mr. Cyril Parkinson, der weltberühmte »Beamtenschreck«, hat übrigens erkannt, dass das von ihm entwickelte »Parkinsonsche Gesetz« zur Verringerung der Bürokratie gerade in Österreich niemals zur Anwendung gelangen würde. »Die Reduzierung des Staatsapparats«, sagte er, »müsste ja von Beamten durchgeführt werden. Und der Staatsdiener wird wohl kaum etwas dazu beitragen, sich selbst abzuschaffen.«

TOLL TRIEBEN ES DIE ALTEN WIENER

Affären und Liebschaften

Dass es die alten Römer toll trieben, ist hinlänglich bekannt. Dass ihnen die alten Wiener um nichts nachstanden, weiß man weniger. Wer da meint, unsere Zeiten seien zügelloser als es die früheren gewesen sind, der irrt gewaltig. Ganz im Gegenteil, gerade als Ehebruch, Liebe ohne Trauschein und Prostitution bei Strafe untersagt waren, war die Begierde mindestens so groß wie heute.

Denn das Verbotene erhöhte die Spannung, um zur Sache zu kommen. War man nach außen hin lammfromm und keusch, so vergnügte man sich hinter verschlossenen Türen mit Wein, Weib und Gesang. Während Monarchen und Aristokraten ihre Mätressen und Kurtisanen hatten, musste sich der »kleine Mann« oft mit billigen Dirnen zufrieden geben.

Die traf man in einer der 29 Badstuben, die es im Spätmittelalter in Wien gab. Männer gingen zweimal die Woche ins Schwitzbad, um dann von einer spärlich bekleideten Bademagd abgerieben, gewaschen und auch sonst »gut bedient« zu werden. Natürlich wurde das außereheliche Treiben mit zweierlei Maß gemessen: Ein Ehemann, der im Bordell erwischt wurde, musste Buße zahlen, einer Frau jedoch, die fremdging, drohte die Todesstrafe!

86 Nonnen mit 50 leiblichen Kindern

Das Einkassieren des Bußgeldes erledigte die Kirche, obwohl auch deren Vertreter alles andere als zölibatär lebten. Bei einer Bestandsaufnahme im Jahre 1563 wurden 387 Mönche aufgelistet, die in ihren Klöstern 49 Ehefrauen und 237 Konkubinen unterhielten. Demgegenüber gaben 86 registrierte Nonnen 50 Kinder als ihre eigenen an.

Es war die sittenstrenge Kaiserin Maria Theresia, die derartigen Ausschweifungen ein Ende bereiten wollte – wobei das nicht ganz uneigennützig geschah. Hoffte sie doch, mithilfe der von ihr einberufenen »Keuschheitskommission« nicht nur das Triebleben ihrer Untertanen, sondern vor allem auch das ihres Mannes Franz Stephan in den Griff zu bekommen. Denn toll trieb man's auch im Hause Habsburg. Franz Stephan hatte ständig irgendwelche Amouren, wobei Maria Theresia seine langjährige Liaison mit der Fürstin Wilhelmine Auersperg den größten Kummer bereitete. Als die Kaiserin sich 1756 zur Jagd in Ungarn aufhielt, wurde ihr hinterbracht, dass ihr Mann derweilen in ganz anderen Revieren wilderte – nämlich in denen der schönen Fürstin, worauf sie sofort nach Wien aufbrach und ihn zur Rede stellte.

Maria Theresia waren derartige Eheprobleme nicht neu, war doch auch ihr Vater, Kaiser Karl VI., ein berüchtigter Schürzenjäger gewesen. Seine Favoritin war die Italienerin Mariana Pignatelli, die des Kaisers bester Freund, Michael Graf Althann, »aufheiraten« musste, wie man damals sagte, um sie als Geliebte des Monarchen gesellschaftsfähig zu machen.

Seine Affären machten Maria Theresia zu schaffen: Kaiser Franz Stephan

Franz Stephan hatte für seine pikanten Tête-à-têtes ein kleines Palais in der Wallnerstraße erworben. In Wien sprach sich die Adresse des kaiserlichen Liebesnests ebenso herum wie die amourösen Ausflüge des Kaisers in andere Gegenden. Natürlich kannte auch Maria Theresia – von den Wienern liebevoll »Resi« genannt – den in der Stadt kursierenden Spottvers:

> *Resi, gib acht auf den Franzel,*
> *Er geht zu der Kathl am Schanzel.*

Als »Schanzel« bezeichnete man die Uferstrecke des Donaukanals, von der eine Art Schanze hinauf zum Stadttor an der Gonzagabastei führte. In dieser Gegend scheint eine Kathi den lüsternen Kaiser regelmäßig empfangen zu haben. Auch sonst machte Franz Stephan bei jeder sich bietenden Gelegenheit schönen Frauen den Hof, wobei die Sängerinnen Astria und Gabrielli namentlich überliefert sind.

Der später berühmt gewordene Fürst Carl Joseph de Ligne schreibt in seinen Lebenserinnerungen, dass »unser guter Kaiser zwanglose Feste, Frauen und junge Leute liebte. Zu der Zeit, als ich die Gunst der hübschesten Frau der Welt mit ihm teilte, kam die Kaiserin gelegentlich ins Theater, und dann wagte der Kaiser nicht, seine Loge zu verlassen. Als er eines Abends aber meinte, seine Gemahlin sei hinreichend abgelenkt, tauchte er in meiner Loge auf, was seine neben mir sitzende Freundin und mich ein wenig verwirrte.«

Wo die Keuschheitskommission nicht hin darf

Kaum in der Loge eingelangt, stellte Franz Stephan dem jungen Fürsten eine Frage, die zu beantworten diesem peinlich schien: Wie denn die Komödie hieße, in der er sich den ganzen Abend langweilen würde. Fürst de Ligne zögerte kurz, weil der Name des Stücks so treffend für die ganze Situation war, in der sie sich befanden. Doch auf des Kaisers Drängen blieb dem Fürsten nichts anderes übrig als den Titel zu nennen. Das Stück hieß ausgerechnet: »Crispin als Nebenbuhler seines Herrn«*.

»Ich nannte ihm nach einigem Zögern den Titel, halb verlegen, mit unterdrücktem Lachen und rettete mich so schnell wie möglich nach draußen«, schreibt de Ligne, den der Kaiser als »Nebenbuhler« übrigens nicht zu fürchten brauchte. Ging dieser doch ob seiner homoerotischen Schwärmereien als »rosaroter Prinz« in die Geschichte ein. Berühmt wurde der Fürst Jahrzehnte später als Chronist des Wiener Kongresses, vor allem durch den von ihm kreierten Satz: »Der Kongress tanzt zwar, aber es geht nichts weiter.«

Maria Theresia musste, so lange ihr Mann am Leben war, mit der Schmach leben, von ihm betrogen zu werden. Sie selbst hatte ihn als Mitregenten eingesetzt, aber »Fulltimejob« war das keiner, weil er praktisch keine Aufgaben hatte. Als sich der Kaiserin einmal eine Kammerfrau mit ihrem Liebeskummer anvertraute, erteilte sie dieser aus voller Seele den Rat: »Mein Kind, lass dich warnen! Heirate nie einen Mann, der nichts zu tun hat!«

Franz Stephan, auf den das wohl zutraf, musste sich in seinem kleinen Palais ob der das Liebesleben in Wien inspizierenden Sittenwächter keine allzu großen Sorgen machen, da den Mitgliedern der »Keuschheitskommission« der Zutritt zu den vornehmen Häusern untersagt war. Als sein Sohn Josef II. an die Macht kam, gab's die staatlichen Sittenwächter nicht mehr. Der hätte sich eine Einmischung in sein Liebesleben aber auch verbeten. In der Ehe mit

---

* Komödie von Alain-René Lesage, 1668–1747

seiner zweiten Frau Maria Josepha, die er angeblich nie berührt haben soll, war er gerne in der Vorstadt am Spittelberg unterwegs, wo die Vertreterinnen der käuflichen Liebe auf Kundschaft warteten. Eines Nachts soll Kaiser Josef im Wirtshaus in der Gutenberggasse 13 eingekehrt sein. Über die Frage, was dort geschah, gehen die Berichte auseinander. Die einen besagen, Josef wollte den übelbeleumdeten Ort nur inspizieren, andere meinten, er hätte die Dienste einer Dirne in Anspruch genommen, sich dann aber zu zahlen geweigert. Jedenfalls seien Majestät am Kragen gepackt und vor die Tür gesetzt worden.

So unfreundlich man den Kaiser am Spittelberg behandelt haben mochte, war man später doch irgendwie stolz darauf, dass die Allerhöchste Majestät da gewesen sein soll. Und so erinnert eine steinerne Tafel an den Besuch:

> *Durch dieses Thor in hohem Bogen,*
> *Ist Kaiser Joseph geflogen.*

Tänzerinnen von zweifelhaftem Ruf

Natürlich waren die feinen Herren im Normalfall nicht auf die Dienste der – meist illegal tätigen – Freudenmädchen angewiesen. Adelige konnten mit gefügigem Hauspersonal rechnen, die Grenzen zwischen Stubenmädchen und Prostituierten waren oft fließend. Aber auch Tänzerinnen und Schauspielerinnen erfreuten sich in jenen lustvollen Tagen eines eher zweifelhaften Rufs.

Wie Josef war dessen Bruder und Nachfolger, Leopold II., ganz dem Vater nachgeraten und zählte zu den lebenslustigsten Habsburgern. Namentlich bekannt sind Leopolds Geliebte Lady Anne Cowper, Comtesse Josepha von Erdödy und die schöne Tänzerin Livia Raimondi, die er, noch bevor er Kaiser wurde, als Großherzog der Toskana kennen und lieben lernte: Studenten hatten sie während eines Ballettabends in Pisa ausgepfiffen, worüber sich die Künstlerin bei Leopold beschwerte. Nach der Audienz wurden zarte Bande geknüpft, denen ein Sohn namens Luigi entsprang. Im Jahr, in dem dieser zur Welt kam, gebar ihm auch seine Gemahlin Maria Luise ein Kind – das sechzehnte!

Als Leopold 1790 Kaiser wurde, ließ er Livia samt Sohn nach Wien kommen. Er richtete ihr am Kohlmarkt eine Wohnung ein und besuchte sie dort regelmäßig. Doch bald fand Leopold in der Gräfin Wolkenstein eine neue Geliebte, was die Kaiserin zum Anlass nahm, der verlassenen Mätresse ihres Mannes das Bedauern auszusprechen.

Für Leopolds illegitimen Sohn Luigi wurde auch nach dem frühen Tod des Kaisers gesorgt. Leopolds Sohn Franz II. nahm sich seines Halbbruders Luigi – der sich nun Ludwig von Grünn nannte – an und ermöglichte ihm eine mittlere Beamtenkarriere. Der Sohn des Kaisers brachte es bis zum Titular-Hofkonzipisten.

Die leichten Mädchen flanierten an den Basteien

Zweimal wurde Wien von Napoleon besetzt, das erste Mal im Jahre 1805, vier Jahre später noch einmal. Die Monate, in denen die französischen Truppen in der Stadt stationiert waren, wurden zur Blütezeit des erotischen Treibens und der Prostitution. Zentrum des Gunstgewerbes waren die Basteien, an denen die leichten Mädchen ungeniert um ihre Freier warben. Das Verlangen der Militärangehörigen war, wie in Zeiten kriegerischer Auseinandersetzungen üblich, besonders groß. Was hatten sie schon zu verlieren, einmal noch wollten sie ihren Trieben gehorchen, ehe sie auf dem »Feld der Ehre« dem Tod ins Auge blickten. Der Justizreferent Johann Baptist Hietzinger beobachtete das sündige Leben in der besetzten Stadt mit Argwohn: »Die Bastei gleicht einem Palais Royal«, hielt er in seinem Tagebuch fest, »schon gegen 7 Uhr abends verlieren sich die anständigen Spaziergänger. Galante Weiber, öffentliche Mädchen, Offiziere und Soldaten füllen den Platz. Vor den Augen aller spielen sich Zärtlichkeiten ab.« Der Pariser Cadet di Gassicourt war hingegen ganz anderes gewohnt und lobte »die Zurückhaltung, mit der die Wiener Nymphen zu Werke gehen, um die Gefühle der hier promenierenden Damen nicht zu verletzen«. Der nun regierende Kaiser Franz II. zeigte sich wesentlich prüder als sein Vater, sein Onkel und sein Großvater, wies er doch die Polizei an, »dem Verfall der Sitten mit aller Macht zu begegnen«.

Mindestens so viel Lust auf Liebe wie seine Soldaten verspürte hingegen deren Anführer Napoleon. Hatte er sich bei seinem ersten Wien-Aufenthalt noch zurückhaltend gegeben, so schlug er vier Jahre später gleich zweimal zu. Seine Herzensdamen hießen Maria Walewska und Victoria Kraus.

Der Korse hatte sich in Schönbrunn gerade häuslich eingerichtet, als seine Sehnsucht nach Zärtlichkeit erwachte. Also schrieb er der schönen Maria Walewska, mit der ihn bereits zwei Jahre davor eine leidenschaftliche Affäre verbunden hatte, ein paar eindeutige Zeilen nach Warschau. Die Gräfin zeigte sich hocherfreut, verließ ihren fast fünfzig Jahre älteren Ehemann, reiste nach Wien und warf sich dem Kaiser der Franzosen an die Brust.

Ein paar Wochen später, im September 1809, meldete sie ihm, dass sie schwanger sei. Napoleon war glückselig, hatte ihm seine Gemahlin Joséphine doch eingeredet, er wäre »schuld« an der Kinderlosigkeit ihrer Ehe. Nun wusste er, dass die Zweifel an seiner Manneskraft unbegründet waren.

Doch als die Walewska Napoleons Kammerdiener die Worte »Nun gehöre ich ihm wirklich ganz« anvertraute, hatte sich der Kaiser in Wien schon eine zweite Schönheit angelacht, mit der er sich parallel vergnügte: Bei einem Empfang in Schönbrunn war ihm Victoria Kraus, Adoptivtochter eines hohen Wiener Beamten, begegnet. Und was tut Gott? Auch Victoria erwartet ein Kind! Der Korse schickte daraufhin beide Frauen zur Entbindung nach Paris.

Allerdings dachte er nicht daran, einer von ihnen sein Herz zu schenken. Sie wurden samt ihren »Wiener Kindern« verstoßen, und auch die Ehe mit Joséphine neigte sich ihrem Ende zu. Was zählte, war der Fortbestand der Dynastie durch einen Thronfolger. Doch der musste Napoleon von »einer Frau aus königlichem Geblüt« geschenkt werden.

Kaiser Franz I. hatte sein »Tu felix Austria« gut gelernt und gab demselben Napoleon, der eben noch sein Erzfeind war, seine 17-jährige Tochter Marie Louise zur Frau. Diese hatte sich anfangs mit Händen und Füßen gegen den Korsen gewehrt, was kein Wunder war, ist ihr der Hass auf den »Emporkömmling Bonaparte« doch mit der Muttermilch eingeflößt worden. Abgesehen davon hatte sich Marie Louise gerade erst in den Erzherzog Franz von Modena-Este verliebt. Doch ihr Protest half nichts, der Kaiser, vor allem aber sein mit allen Wassern gewaschener Außenminister gaben die Richtung vor: »Kann man zwischen dem Untergang

Das Unglück einer kleinen Prinzessin spielt keine Rolle

143

einer ganzen Monarchie und dem persönlichen Unglück einer Prinzessin wählen?«, fragte Klemens Metternich und gab selbst die Antwort, als Marie Louise am 11. März 1810 in der Wiener Augustinerkirche zur Hochzeit *per procurationem,* in Abwesenheit des Bräutigams also, erschien. Die Vermählung war dennoch rechtsgültig. Frankreichs Kaiser und die Tochter des österreichischen Kaisers waren ein Ehepaar.

Napoleons »Wiener Söhne« machen Karriere

Gleich nach der Trauung reiste die neue Frau Bonaparte (die ihrem Mann nie zuvor persönlich begegnet war) nach Paris. Während sie unterwegs war, musste Napoleon schnell noch seine Mätresse Victoria Kraus mit einer hohen Summe abfinden. Mit den österreichischen Sitten und Gebräuchen hatte sich Frankreichs Kaiser offenbar rasch vertraut gemacht, wurde Victorias Stiefvater doch vor seiner Abreise aus Wien schnell noch zum Hofrat ernannt!

Napoleons Sohn mit Victoria wurde vom Wiener Ehepaar Megerle adoptiert. Er brachte es später zum Abgeordneten im Reichsrat und verblüffte seine Gesprächspartner durch die frappante Ähnlichkeit mit dem Korsen. Auch Bonapartes in Wien gezeugter Sohn mit der Gräfin Walewska machte Karriere, wurde er doch französischer Außenminister.

Was aber nach der Hochzeit mit Marie Louise geschah, glich einem Wunder. Der 41-jährige Kaiser der Franzosen und die österreichische Erzherzogin verliebten sich ineinander: »Ich bin fast beständig bei ihm, und er liebt mich inniglich, ich bin ihm auch sehr erkenntlich und erwidere herzlich seine Liebe«, schrieb sie ihrem Vater nach Wien, sobald sie erkannt hatte, dass ihr Ehemann »sehr gewinnt, wenn man ihn näher kennt. Er hat so etwas Einnehmendes und Zuvorkommendes, dem man unmöglich widerstehen kann. Ich bin überzeugt, dass ich zufrieden mit ihm leben werde.«

Der ersehnte Thronfolger kam ein Jahr später als Napoleon II. zur Welt. Doch das Glück währte nur kurz. Marie Louise ging, als man den Kaiser 1814 in die Verbannung nach Elba schickte, mit ihrem Sohn nach Wien. Und hat ihren Mann nie wieder gesehen.

Gerade als Napoleon auf Elba saß, wurde über eine Neuordnung des Kontinentes verhandelt. Und zwar auf dem »Wiener Kongress«, bei dem sicher auch getanzt, viel mehr aber noch geliebt wurde. Monarchen und Diplomaten aus ganz Europa blieben mehrere Monate, und man sprach davon, dass in dieser Zeit »jede dritte Wienerin im passenden Alter den Kongressteilnehmern haupt- oder nebenberuflich zur Verfügung stand«. Im Mittelpunkt des Interesses im Liebeskarussell stand Russlands 34-jähriger Zar Alexander, der sich – obwohl von Gattin Elisabeth Alexjewna nach Wien begleitet – in die Fürstin Katharina Bagration verliebte. Das war nur eine von zahllosen Affären, die in 232 Kongress-Tagen (und vor allem Nächten) bekannt geworden sind. Der Zar genoss das Leben an der Donau dermaßen, dass er zu Kaiser Franz gesagt haben soll: »Es ist gut, dass Petersburg so weit entfernt ist. Ich käme sonst alle vierzehn Tage hierher.«

Die Wiener ergötzten sich am Klatsch und stellten vor den wichtigsten Adelspalästen eigene »Wachtposten« auf, um die illustren Liebschaften möglichst detailreich bereden zu können. Es dauerte daher nicht allzu lange, bis sich herumgesprochen hatte, dass die Fürsten Metternich und Windisch-Graetz dieselbe Dame beglückten (nämlich die schöne Herzogin von Sagan).

Ganz im Sinne des »tanzenden« Kongresses weilten auch die berühmtesten Tänzerinnen ihrer Zeit in Wien. Sie hießen Aimee Petite, Aumer und Emilia Bigottini. Keine Frage, dass alle drei bedeutende Verehrer fanden: die Aimee den Sohn des Staatskanzlers Kaunitz, die Aumer den Fürsten Trauttmansdorff und die Bigottini den Grafen Pálffy. Als die Affären der Balletteusen bekannt wurden, ließ der sittenstrenge Kaiser Franz die drei Aristokraten durch seinen Obersthofmeister ermahnen. Für Pálffy hatte die Liaison weiterreichende Folgen: Emilia reiste »mit einem Sohn, zu dem sich Franz Graf Pálffy bekannte«, wieder ab. Er überließ der Mutter seines Kindes 100 000 Gulden und eine jährliche Apanage.

Der »Kongress tanzte« auch mit der berühmten Tänzerin Emilia Bigottini

Die so zahlreich bekannt gewordenen Exzesse in der Kongresszeit führten aber auch zu heftigen Protesten von Seiten des Klerus. Wobei der Kanzelprediger Zacharias Werner mit einer Messe bei den Franziskanern den Vogel abschoss. Am 8. Dezember 1814 hielt er seine berühmte Rede über »das gefährlichste Stückchen Fleisch« am Menschenkörper. Nachdem er an Deutlichkeit nichts ausgelassen hatte, fragte er sein entsetztes Publikum: »Soll ich es euch zeigen?«

Die Damen waren einer Ohnmacht nahe, die Herren warteten fassungslos, wozu der Prediger fähig wäre – als er donnernd verkündete: »Meine Damen und Herren, sehen Sie hier die Ursache unserer Sünden!«

Und dann streckte er die Zunge heraus.

Die Freuden-häuser werden amtlich geschlossen

Als mit der Weltausstellung des Jahres 1873 das nächste internationale Großereignis auf Wien zukam, entschloss man sich, das in der Praxis ohnehin nicht zu exekutierende Bordellverbot aufzuheben und stattdessen ärztliche Untersuchungen anzuordnen, um der sich schnell ausbreitenden Geschlechtskrankheiten Herr zu werden. Während die Vertreterinnen des horizontalen Gewerbes im Mittelalter noch Angehörige eines angesehenen Berufsstandes waren, hatte sich ihre soziale Situation durch die Einschleppung der Syphilis dramatisch verschlechtert. Die bis dahin beliebten Freudenhäuser wurden geschlossen und die »Hübschlerinnen« auf die Straßen der Städte verbannt.

Nur wenige konnten als »Nobelhuren« in einem gut situierten Kundenkreis tätig sein, die meisten wurden in die Geheimprostitution gedrängt, wo sie sich für ein paar Kreuzer, die sie noch dazu mit ihren »Beschützern« teilen mussten, hingaben: Von den 25 000 zur Jahrhundertwende geschätzten Prostituierten Wiens waren nur 1800 amtlich registriert, ihre Betätigungsfelder waren Kärntner Straße, Stephansplatz, Graben, Prater, öffentliche Gärten, mehrere Volkskeller und Bedürfnisanstalten sowie zwei Café-Meiereien.

Eine von ihnen wurde als Josefine Mutzenbacher berühmt, nachdem der Dichter Felix Salten zur Jahrhundertwende ihren Lebensweg beschrieben hatte. »Die Mutzenbacher« war – wenn auch unter einem anderen Namen, den die Öffentlichkeit nie erfahren hat – 1852 als Tochter eines Sattlergehilfen in einer Ottakringer Zinskaserne zur Welt gekommen und »frühzeitig Hure geworden«, wie sie selbst den Beginn ihrer Karriere schilderte: »Ich habe alles erlebt, was ein Weib im Bett, auf Tischen, Stühlen, Bänken, an kahle Mauerecken gelehnt, im Grase liegend, im Eisen-

146

bahnzug und im Bordell erleben kann.« Sie trieb es mit der Nachbarschaft, mit Lehrern, Mitschülern, Kunden und sogar mit dem Herrn Pfarrer und hat »nichts von alldem bereuen müssen«.

Über ihr Schicksal nach Beendigung ihrer »Karriere« wissen wir wenig. Gesichert scheint, dass Josefine ihren literarischen Weltruhm nicht mehr erlebt hat. Sie war in mittleren Jahren mit ihren angeblich nicht unbeträchtlichen Ersparnissen in den wohlverdienten Ruhestand getreten und soll 1904 – zwei Jahre vor Erscheinen ihrer Lebensbeichte – im Alter von 52 Jahren in einem Klagenfurter Sanatorium gestorben sein.

Etliche der illegal tätigen Prostituierten waren als Verkäuferinnen getarnt. So auch jene im »Kleider-Salon Riehl« in der Grünentorgasse, der sich gegen Ende des 19. Jahrhunderts regen Zuspruchs erfreute. Elegante Herren gaben sich die Türschnalle in die Hand – ohne auch nur ein einziges Kleidungsstück zu kaufen. Ganz im Gegenteil, man pflegte diese hier abzulegen, zumal sich hinter der biederen Fassade des Salons ein Geheimbordell versteckte, dessen Mitarbeiterinnen von der »Puffmutter« Regine Riehl wie Gefangene gehalten, misshandelt und zur Prostitution gezwungen wurden. Versuchte ein Mädchen auszubrechen, wurde es in die »Korrektionsanstalt« eingeliefert, da die Madame gute Beziehungen zu einem hohen Polizeifunktionär hatte, der seine schützende Hand über den Salon hielt und jede Anzeige zu unterdrücken wusste. Das ging so lange gut, bis die Zustände Emil Bader, einem Redakteur des »Wiener Extrablatts«, zu Ohren kamen. Dieser begann, in mühevoller Kleinarbeit Beweise gegen Madame Riehl zu sammeln und erstattete dann beim Polizeipräsidenten Anzeige. Der ließ den Salon schließen und die Chefin verhaften.

Hinter dem »Kleider-Salon Riehl« tarnt sich ein Geheimbordell

Die Prostitution spielte damals in den breiten Schichten der Bevölkerung eine wesentliche Rolle. Ein junger Mann erfuhr von den

Segnungen der Liebe meist im Bordell, da die »anständigen« Frauen voreheliche Beziehungen verweigerten, die nicht nur als unmoralisch, sondern auch als gefährlich galten (was sie tatsächlich waren: Ein »lediges Kind« raubte einem Mädchen jede Aussicht auf eine bürgerliche Zukunft).

In der Ehe sollte dann das Liebesleben nur der Fortpflanzung dienen, da es »eine infame Unterstellung ist, anzunehmen, dass eine anständige Frau sexuelle Empfindungen hat«, wie einschlägigen Ratgebern der Jahrhundertwende zu entnehmen ist. Und weiters: »Die Frau duldet die Umarmungen ihres Gatten nur, um *ihn* zu befriedigen.«

Ehefrauen wehrten sich nur selten gegen derartige Formen der Intimität, weil sie in wirtschaftlicher Abhängigkeit standen. In der Ehe sollten Mann und Frau nicht einmal Gelegenheit haben, einander nackt zu sehen. Es gehörte zum »guten Ton«, mit hochgeschlossenem Nachthemd und womöglich mit Zipfelmütze zu Bett zu gehen, in dem man einander dann mehr oder weniger »blind« liebte. Nicht genug damit, sollten Frauen sogar daran gehindert werden, ihren eigenen Körper zu betrachten, erfuhr man »von kompetenter Stelle« in einem Buch aus dem Jahre 1886, wie es Jungfrauen von ihren Eltern damals oft unter den Kopfpolster gelegt wurde: »Wenn Du ein Bad nimmst, so streue Sägemehl auf das Badewasser, damit Dir der peinliche Anblick Deiner Scham erspart bleibe.«

Es war natürlich unmöglich, angesichts solcher Erziehungsmaßnahmen ein unverkrampftes Verhältnis zu Sexualität und zu seelischem Gleichgewicht zu finden. Galt »die frigide Frau« damals noch als bürgerliches Ideal, so erkannte Sigmund Freud, dass die Unterdrückung der Lust zu schweren psychischen Störungen führen kann, die häufig hysterische Symptome zur Folge hatten. So legte der »Vater der Psychoanalyse« mit seiner Erkenntnis den Grundstein zur »sexuellen Revolution«.

Nur nicht die Stimme des Herzens ... In Adelsfamilien war es – ebenso wie bei Bauern – Jahrhunderte lang Brauch, die Nachkommenschaft ausschließlich aus erbrechtlichen Gründen zu verheiraten, während die Stimme des Herzens keine Rolle spielen durfte. Am ehesten betraf das die Angehörigen der regierenden Häuser, die nur solche aus anderen regierenden Häusern ehelichen durften. Umso größer das Aufsehen, wenn sich ein Mitglied der kaiserlichen Familie weigerte, einem solchen Kuhhandel zuzustimmen – wie etwa Erzherzog Johann, der Bruder von Kaiser Franz I.

Der Erzherzog war am 22. August 1819 während einer Wanderung in der Nähe des Toplitzsees der 15-jährigen Postmeisterstochter Anna Plochl begegnet. Als sie einander ein paar Tage später wieder sahen, fragte der 37-jährige Prinz die schöne Ausseerin ohne Umschweife, »ob ihr Herz schon vergeben sey«. Sie verneinte schüchtern, worauf Johann erklärte: »Wenn da niemand Unrecht geschieht, dann seyen Sie mir guth.« Und man begann sich regelmäßig zu treffen.

Kämpften zehn Jahre um ihre Liebe, ehe sie heiraten konnten: Erzherzog Johann, Anna Plochl

Bis hierher wär's eine Affäre, wie viele andere, war es doch durchaus üblich, dass hohe Herren sich an Kammerzofen oder andere Mädchen aus »niedrigem Stande« heranmachten. Hier aber sollte der Fall einen anderen Verlauf nehmen. Denn drei Jahre nach dem Kennenlernen hielt der Erzherzog um die Hand seiner »Nani« an. Und von da an war bei Hof der Teufel los. Fürst Metternich schickte eine Reihe von Spitzeln aus, zumal »Seine Majestät eine schleunige, jedoch mit aller Umsicht zu erhebende Auskunft über den Postmeister von Aussee Plochl und seine Familie wünschte«.

Erzherzog Johann dachte freilich nicht daran, von seiner Braut zu lassen und wartete ein knappes Jahrzehnt, bis sein Bruder, der Kaiser, ihm die Zusage zur Ehe erteilte. Die Hochzeit fand dann heimlich in der Nacht zum 19. Februar 1829 in der Kapelle von Erzherzog Johanns Brandhof bei Mariazell statt. Später wurde Anna zur Gräfin von Meran erhoben.

Ihre Ehe galt als mustergültig und endete mit dem Tod des Erzherzogs im Jahre 1859. Seine Witwe überlebte ihn um 26 Jahre.

Erzherzog Johann und Anna Plochl waren das berühmteste, aber bei Weitem nicht das einzige morganatische Paar im Hause Habsburg.

Während man die Geliebten der französischen Könige Mätressen nannte, blieben die Liebeleien der Habsburger im Allgemeinen ganz gewöhnliche Affären. Der Unterschied: Zu einer Mätresse steht man in aller Öffentlichkeit, die »Affäre« bleibt geheim. Zwar war die Beziehung der Katharina Schratt zu Kaiser Franz Joseph in allen Teilen der Monarchie bekannt, doch wurde die Schauspielerin stets als »Seelenfreundin« bezeichnet, was natürlich nur der halben Wahrheit entsprach. Die andere Hälfte der Wahrheit geht aus einem Brief hervor, den Kaiser Franz Joseph an die »innigst geliebte gnädige Frau« richtete: »Da ich am 19. ungefähr um 6 Uhr früh in Schönbrunn eintreffen werde, so werde ich mir erlauben, um 8 Uhr oder etwas später, in der Gloriette Gasse* zu erscheinen mit der Hoffnung, Sie, den Zeitumständen entsprechend, endlich wieder einmal zu Bett zu finden, was Sie mir auch halb und halb versprochen haben. Früher kann ich nicht kommen, da ich mich nach der Eisenbahnfahrt reinigen und rasiren muss.«

Elisabeth verzichtet auf ein gemeinsames Schlafzimmer

Dass sich Franz Josephs Liebesleben vorwiegend außerhalb der Mauern des kaiserlichen Schlosses abspielte, verwundert nicht, wenn man die Baupläne der Hofburg studiert. Kaiserin Elisabeth hatte, als sie im Alter von 16 Jahren von Bayern nach Wien übersiedelt war, in der Hofburg ein Appartement bezogen, das an den von Franz Joseph bewohnten Reichskanzleitrakt angrenzte. Vorerst waren die beiden Wohneinheiten durch ein gemeinsames Schlafzimmer verbunden, doch als dieses in ihren späteren Ehejahren nicht mehr benötigt wurde, ließ es Elisabeth zu einem Turnzimmer umbauen. Die Kaiserin hatte nun kein Schlafzimmer mehr – ihr Bett wurde jeden Abend in ihrem geräumigen Wohnsalon aufgestellt und nach dem Aufstehen wieder weggeräumt. Abgesehen

---

* Ab 1889 Adresse der Schratt-Villa in Wien-Hietzing

Anna Nahowski (links) und die Schratt, des Kaisers langjährige Freundinnen

davon stand das Appartement der Kaiserin ohnehin meist leer, da sie den größten Teil des Jahres auf Reisen war.

Franz Joseph suchte also bei anderen Frauen Trost. Noch vor der Schratt war er ein Verhältnis mit Anna Nahowski, der Gattin eines Beamten der k.u.k. Südbahngesellschaft, eingegangen. Der Monarch hatte die erst 15-Jährige im Jahre 1875 während eines Spaziergangs im öffentlich zugänglichen Kammergarten von Schönbrunn kennen gelernt und ihr später eine Villa in der Maxingstraße geschenkt. Der Liaison entsprangen, wie den Tagebüchern der Anna Nahowski zu entnehmen ist, zwei illegitime Kinder: Helene, die später den Komponisten Alban Berg heiratete, und Franz Josef, ein begabter Maler, der aber infolge einer Nervenkrankheit mehrere Jahre in Heilanstalten verbringen musste und schließlich Selbstmord beging.

Die Beziehung des Kaisers zu Anna Nahowski dauerte vierzehn Jahre – und fand ein würdeloses Ende. Im Frühjahr 1889, wenige Wochen nach Mayerling, bat Friedrich von Mayr, der Generaldirektor des Kaiserlichen Familienfonds, Franz Josephs Geliebte in sein Büro in der Hofburg. Nicht der Kaiser teilte ihr mit, dass es »aus« sei, sondern ein Beamter. Anna zeigte sich verbittert, wollte den Vater ihrer beiden Kinder sprechen, wurde aber nicht vorgelassen. Stattdessen fand man sie mit einer großzügigen Summe ab, deren Erhalt sie am 14. März 1889 schriftlich bestätigte. Gleichzeitig verpflichtete sie sich, über die Begegnungen mit Seiner Majestät niemals Auskunft zu geben. Ehe sie 1931 starb, übergab sie ihre Tagebücher jedoch ihrer Tochter Helene, deren Erben sie 1986 veröffentlichten.

Was das Liebesleben der Erzherzöge anlangte, setzte Franz Joseph viel strengere Maßstäbe an als bei sich selbst. Der Kaiser hatte ein richtiges Kundschaftssystem errichtet, dem die Gendarmen der Burgwache als Spitzel dienten. Jeder von ihnen musste auf einer Liste akribisch genau notieren, wann welcher Erzherzog die Hofburg verließ. Der Monarch lehnte es ab, dass die Erzherzöge nachts unterwegs waren, um sich mit ihren Liebschaften zu treffen. Franz Joseph kontrollierte die Liste der »Ausgänge« persönlich, er war an allen Einzelheiten interessiert und wollte genau wissen, wer sich wann aus der Burg entfernt hatte: durch gezielte Fragen, warum der Betreffende zu dieser und jener Stunde ausgegangen sei.

Der Erzherzog liebt das Rotlichtmilieu

Leopold Wölfling hatte in seinen »freimütigen Aufzeichnungen eines ehemaligen Erzherzogs« diese strengen Gebräuche veröffentlicht. Er wusste, wovon er sprach, zählte Leopold Wölfling doch zu jenen Habsburgern, die der Liebe wegen des Landes verwiesen wurden. Als Erzherzog Leopold aus der Toskana-Linie 1868 in Salzburg zur Welt gekommen, wurde er vom Kaiser im Range eines Hauptmanns zum Infanterieregiment Nr. 8 nach Brünn entsandt. Dort erregte er gleich Aufsehen, als er mit seiner Geliebten Wilhelmine Adamovic aufkreuzte, die er im Wiener Augarten kennen gelernt hatte. Als dem Kaiser zu Ohren kam, dass er die Frau, die einst als Prostituierte gearbeitet hatte, heiraten wollte, ließ er den Erzherzog in eine Nervenheilanstalt einweisen. Wieder in Freiheit, reiste der mit Wilhelmine in die Schweiz und bat den Kaiser von dort aus, »Stellung und Rang als Erzherzog ablegen und den Namen Wölfling annehmen zu dürfen«, was akzeptiert wurde.

1903 heiratete Leopold seine Geliebte, ließ sich aber bald wieder scheiden, um die ebenfalls aus dem Rotlichtmilieu kommende Münchnerin Maria Ritter zu ehelichen. Auch diese Ver-

Ein ehemaliger Erzherzog als Greißler: Leopold Wölfling vor seinem Geschäft

bindung scheiterte. Mittlerweile verarmt, kehrte Leopold Wölfling nach dem Zusammenbruch der Monarchie nach Wien
zurück, um in Kaisermühlen eine kleine Greißlerei zu eröffnen.
Für die Kundschaft im Gemeindebau war es natürlich eine
Attraktion, hier von einem ehemaligen Erzherzog die Wurst auf-
geschnitten zu bekommen. Wölfling heiratete ein drittes Mal, er
ging nach Berlin, schloss sich den Nationalsozialisten an und starb
1935.

Auch bei Erzherzog Johann Salvator war's die Liebe, die ihn zum
Verzicht bewog, dem Haus Habsburg-Lothringen weiterhin anzu-
gehören. Wie Leopold aus dem Toskana-Zweig stammend, lebte er
fortan unter dem bürgerlichen Namen Johann Orth, der sich von
dem in seinem Besitz stehenden Schloss Orth bei Gmunden ablei-
tete.

Johann Salvator hatte im Alter von 19 Jahren nach einer Vorstellung an der Hofoper die Tänzerin Ludmilla »Milli« Stubel kennen
und lieben gelernt. Auch er missachtete alle Anordnungen, sich
von der »Ballettratte« zu trennen, wie sie bei Hof verächtlich
genannt wurde, und nahm sie in die entlegensten Garnisonen, in
die er strafversetzt wurde, mit.

Als Johann Salvator im Dezember 1889 dem Kaiserhaus den Rücken kehrte und auf alle Rechte und Pflichten eines Erzherzogs verzichtete, war Franz Joseph geradezu erleichtert. Auch er verließ die Monarchie, um seine Milli heiraten zu können.

Doch die Lovestory fand ein tragisches Ende. Johann Orth musste nach dem Verlust seiner Apanage einen Beruf ergreifen. Er arbeitete als Spediteur, kaufte den Frachtdampfer »St. Margaretha«, mit dem er bei seiner ersten Ausfahrt Zement von Hamburg nach Chile transportieren wollte. Tatsächlich erreichte er nach zweimonatiger Seereise den argentinischen Hafen La Plata, wo seine geliebte Milli auf ihn wartete. Obwohl man ihn vor den Unwettern in der Magellanstraße gewarnt hatte, wagte Johann Orth die Weiterfahrt nach Valparaíso, dem chilenischen Zielhafen. Was danach passierte, kann nur rekonstruiert werden: Die »St. Margaretha« dürfte demnach in der Nacht zum 21. Juli 1890 bei Kap Hoorn in einen Orkan geraten und untergegangen sein. Alle Suchaktionen blieben erfolglos, vom 38-jährigen Johann Orth, von seiner Frau und der kompletten Schiffsbesatzung hat man nie wieder gehört. 1911 wurde der einstige Erzherzog offiziell für tot erklärt.

Otto, der Frauenheld, und die Thronfolge Der größte Lebemann unter den Habsburgern seiner Zeit war zweifellos Erzherzog Otto – der Vater von Kaiser Karl –, der in mehr Skandale verwickelt war als jedes andere Mitglied des Herrscherhauses. Der »schöne Otto«, wie ihn die Wienerinnen nannten, war mit Maria Josefa von Sachsen verheiratet, die als besonders fromm und sittsam galt. Eines Nachts drang Otto mit seinen Saufkumpanen in das Schlafzimmer seiner Gemahlin im Augartenpalais ein, um ihnen »eine Nonne zu zeigen«, wie er sagte. Otto lüftete die Decke und bot seinen Gästen unter lautem Gejohle das Hinterteil seiner Frau dar. Diese litt schrecklich unter den Verrücktheiten ihres Mannes, beschränkte sich aber darauf, für das Seelenheil des armen Sünders zu beten. Für den Zwischenfall, der in der Monarchie das größte Aufsehen hervorrief, hatte Otto gesorgt, als er aus dem Hotel Sacher rannte, nachdem ihn ein eifersüchtiger Ehemann in den Armen seiner Frau im hoteleigenen Séparée erwischt hatte. Otto soll auf seiner Flucht nur mit sei-

Der Lebemann und seine Geliebte: Erzherzog Otto, Marie Schleinzer

nem Säbel »bekleidet« – ansonsten aber splitternackt – gewesen sein.

Neben zahllosen anderen Liebschaften hatte er eine langjährige Verbindung mit der Balletttänzerin Marie Schleinzer, die ihm einen Sohn und eine Tochter schenkte, sowie mit der Schauspielerin Louise Robinson, die eine weitere Tochter gebar. Alle Kinder wurden von ihm anerkannt.

Als sein älterer Bruder Franz Ferdinand 1893 an Tuberkulose erkrankte, sah man Otto, der in der Thronfolge an zweiter Stelle stand, schon als künftigen Kaiser. Doch Franz Ferdinand erholte sich wieder und galt bis zu seiner Ermordung – die Otto nicht mehr erleben sollte – als Kaiser Franz Josephs Nachfolger.

Erzherzog Otto starb 1906 im Alter von nur 41 Jahren. Nicht an einem Kehlkopfleiden, wie es offiziell hieß, sondern an den Folgen der Syphilis.

Noch »peinlicher« muteten für den Hof die Affären von Kaiser Franz Josephs homosexuellem Bruder Ludwig Viktor an, den man – um jedes Aufsehen zu vermeiden – ins Salzburger Exil verbannt hatte. »Im Schloss Kleßheim herrschte seit eh und je, wenn der

Erzherzog Residenz hielt, reges gesellschaftliches Leben, an dem auch die Offiziere meines Regiments Anteil hatten«, erinnerte sich General Edmund Glaise von Horstenau in seinen Memoiren an die Zeit, als er als junger Soldat in Salzburg stationiert war. »Die erste Offiziersversammlung, die ich mitmachte, bot eine seltsame Überraschung. Der Oberst verkündete, Einladungen nach Kleßheim seien in Hinkunft unter dem Vorwand einer Übung oder dergleichen abzulehnen«, zumal es »auch in Bädern zu unangenehmen Zwischenfällen gekommen war«.

Dennoch gab es weiterhin »immer wieder Einladungen beim Erzherzog. Ich war sehr bald unter den Ausgezeichneten …

Aber ich möchte nicht behaupten, dass die Situation für zwei junge Offiziere, wenn sie zufällig allein beim Erzherzog geladen waren, angenehm gewesen ist. Man dachte nach, wie man sich gegen des Kaisers Bruder verhalten sollte, wenn …«

Am besten eine Ballerina: des Kaisers jüngster Bruder Ludwig Viktor

Thronfolger Franz Ferdinand erteilte Offizieren, die in Kleßheim verkehrten, einen strengen Verweis. »In Hinkunft«, warnte er, »würde die Annahme einer solchen Einladung unbedingt eine ehrenrätliche Untersuchung nach sich ziehen.«

Franz Joseph reagierte auf seine Weise. Als immer neue Nachrichten über die Affären seines in der Monarchie spöttisch »Lutziwutzi« genannten Bruders an des Kaisers Ohr drangen, soll er gesagt haben: »Man müsste ihm als Adjutanten eine Ballerina geben, dann könnt nix passieren.«

Nichts konnte dem Ansehen der Monarchie allerdings so großen Schaden zufügen wie die Eskapaden des Kronprinzen Rudolf und die Folgen seines Lebenswandels. Der Sohn des Kaisers zählte bis zu seiner Heirat zu den begehrtesten Junggesellen Europas. »Er war außerordentlich attraktiv«, wird er von Prinzessin Catherine Radziwill beschrieben, »das jugendliche Gesicht war ernst, wodurch er älter aussah, die Augen hatten einen träumerischen Ausdruck, voll von Geheimnis und Eifer.«

Rudolf wusste die ihm entgegengebrachte Verehrung weidlich zu nützen. Von frühester Jugend an hatte er zahlreiche Affären. Die erste – mit der um etliche Jahre älteren Burgschauspielerin Johanna Buska – war symptomatisch für einen Aristokraten des

19. Jahrhunderts: Junger Mann aus reichem Haus und eine in sexuellen Praktiken erfahrene Frau gingen eine Beziehung ein, die den zukünftigen Galan auf sein weiteres Liebesleben vorbereiten sollte.

Für die diesbezügliche »Erziehung« war Rudolfs Obersthofmeister Charles Graf Bombelles zuständig, der für möglichst abwechslungsreiche Gespielinnen, oft auch aus dem Prostituiertenmilieu, zu sorgen hatte. Rudolfs Ehe mit Prinzessin Stephanie – der Tochter des belgischen Königs Leopold II. – war von vornherein zum Scheitern verurteilt. Schon als der Kronprinz nach Brüssel fuhr, um um ihre Hand anzuhalten, gehörte eine Mätresse zum Stab der Begleiter des Kaisersohnes. Dabei soll es zu einer peinlichen Szene gekommen sein: Als Königin Marie Henriette, die Mutter der Braut, dem künftigen Schwiegersohn in seinem Brüsseler Quartier einen unerwarteten Höflichkeitsbesuch abstatten wollte, traf sie ihn in den Armen seiner aus Wien mitgereisten Geliebten an. Die Hochzeit wäre aus diesem Grund beinahe geplatzt.

Stephanie war weder schön noch gebildet und entsprach daher auch keineswegs dem Typ des Kronprinzen. Das »Kennenlernen« dauerte fünf Minuten, und die Verlobung war eine Farce. Stephanie erinnert sich in ihren Memoiren daran: »Der Kronprinz trat ein, mein Herz schlug zum Zerspringen, er küsste mir die Hand, sagte einige schmeichelhafte Worte, und schon nach wenigen Minuten stellte er die große Frage, die über unsere Zukunft entscheiden sollte. Hierauf reichte er mir den Arm, und so näherten wir uns meinen Eltern und baten sie, unsere Verlobung zu segnen. Hocherfreut küssten sie ihren zukünftigen Schwiegersohn und erlaubten uns, fortan Du zu sagen.«

Rudolf und Stephanie heirateten am 10. Mai 1881 in Wien. Sein leises, resignierendes »Ja«, konstatierten Beobachter, stand in krassem Gegensatz zur lauten, kräftigen Antwort der Braut. Schon die Hochzeitsnacht in Schloss Laxenburg war ein Fiasko. Man hatte die 17-jährige Stephanie unaufgeklärt in die Ehe geschickt, und der um sechs Jahre ältere Rudolf fiel in brutaler Eroberermanier, wie er es von seinen zahllosen Liebschaften gewohnt war, über sie her.

Schon seine Verlobung mit Stephanie war eine Farce: Kronprinz Rudolf

Noch fünfzig Jahre später schrieb sie über das schreckliche Erlebnis: »Welche Nacht! Welche Qual, welche Abscheu! Ich hatte nichts gewusst, man hatte mich als ahnungsloses Kind zum Altar geführt. Meine Illusionen, meine jugendlichen Träumereien waren vernichtet. Ich glaubte, an meiner Enttäuschung sterben zu müssen.«

Rudolf sollte sein hemmungsloses Liebesleben in den acht Jahren seiner Ehe noch weiter intensivieren. »Der Kronprinz war gewohnt, dass ihm kein weibliches Wesen widerstand«, notierte Stephanie, und seine Cousine Marie Larisch brachte das Dilemma in ihren Lebenserinnerungen auf den Punkt: »Bei dieser Braut bestand keine Gefahr, dass Rudolf ein Mustergatte werden würde.«

Er wär's vermutlich auch sonst nicht geworden.

Nach einigen Jahren seiner vehementen Untreue blieb auch sie ihrem Mann nichts schuldig. Erwiesen ist ihr langjähriges Verhältnis mit dem Grafen Arthur Potocki, den sie als die große Liebe ihres Lebens bezeichnete und regelmäßig in Abbazia traf. Die Beziehung zu dem polnischen Aristokraten dürfte nicht die einzige in ihrer Ehe gewesen sein.

Mizzy Caspar (links) stand dem Kronprinzen weitaus näher als Mary Vetsera

Im Frühjahr 1888 lernte Rudolf beim Pferderennen in der Freudenau das Mädchen kennen, dem er zum Schicksal werden sollte. Schwärmerisch verliebte sich die kleine Baronesse in den Kronprinzen, doch für ihn war die 16-Jährige alles andere als die große Liebe seines Lebens, als die sie oft beschrieben wird. Mary war nicht einmal die einzige Vetsera, mit der er ein Verhältnis hatte. Zwölf Jahre davor verband Rudolf auch mit ihrer Mutter eine stürmische Affäre: Helene Freifrau von Vetsera, deren Mann als Berufsdiplomat selten in Wien weilte, war elf Jahre älter als der Kronprinz und soll – sehr vehement – die Initiative zu dieser Beziehung ergriffen haben. Sie wird als »kleine, zierliche Person mit unvergesslich blaugrauen Augen und schönen langen Wimpern« beschrieben. Die südländische Schönheit mit der seidigweichen Haut, ihren dunklen Augen und dem dunklen Haar gehörte jenem Frauentyp an, den der Kronprinz auch später bevorzugte.

Mary war auch nicht die erste Frau, mit der Rudolf sterben wollte. »Wer war schon die Vetsera?«, erinnerte sich die Kronprinzessin Stephanie verächtlich, »eine von vielen, noch die letzte Nacht verbrachte er bei seiner Freundin, der Grande Cocotte von Wien.«

Die letzte Nacht bei der Grande Cocotte von Wien

Damit meinte die Frau des Thronfolgers seine Geliebte Mizzy Caspar, die ihm immerhin so nahe stand, dass er in seinem Testament vermerkte, »was an Geld sich findet, bitte ich alles Mizzy Caspar zu übergeben. Mein Kammerdiener Loschek weiß ihre Adresse genau.« Der Kronprinz hatte sich zuvor schon Mizzy Caspar zuliebe in Schulden gestürzt, ihr wertvollen Schmuck und ein Haus auf der Wieden geschenkt, in dem er so manche Nacht verbrachte. Auch die letzte, ehe er nach Mayerling fuhr. Maria Caspar gab sich in amtlichen Papieren als »Soubrette« oder als »Tänzerin« aus, war aber in Wahrheit Prostituierte. 1886 hatte ihre Affäre mit dem Kronprinzen begonnen, dem sie durch Vermittlung der stadtbekannten Kupplerin Wolf begegnet war.

Rudolf hatte Mizzy Caspar ein halbes Jahr vor dem tatsächlichen Selbstmord den Vorschlag gemacht, sich mit ihr vor dem Husarentempel in Mödling zu erschießen. Als die Geliebte daraufhin entsetzt zum Polizeipräsidenten Baron Krauss ging, um ihm das mit-

Das Ende der Tragödie: Rudolfs Jagdschloss in Mayerling bei Wien

zuteilen, ließ dieser den Kronprinzen bei Tag und Nacht von Polizeidetektiven bewachen. Die Polizei wusste also seit Längerem von der für den Thronfolger lebensbedrohlichen Situation. Und war unfähig, ihn zu retten. Zweifellos stand Mizzy Caspar dem Kronprinzen wesentlich näher als die unglückliche Mary, die mehr oder weniger zufällig ins Verderben schlitterte.

Man schrieb den 30. Jänner 1889, als der Sohn des Kaisers in seinem Jagdschloss in Mayerling bei Wien zur Waffe griff. Er schoss zuerst auf Mary und dann auf sich selbst. Alle anderen, seither immer wiederkehrenden Theorien bleiben jeden Beweis schuldig.

»Ein elendes Machwerk«

Maler, Architekten und was sie schufen

Es gibt keine typisch österreichische Baukunst. Eher ein Konglomerat aus vorwiegend italienischen, deutschen und französischen Elementen. Das aber eine so charakteristische Eigenständigkeit erlangte, dass es letztlich doch wieder zu einer sehr österreichischen wurde.

Wien ist zwar keine barocke Stadt, aber der Barockstil spielt eine vorrangige Rolle. Das liegt an der einzigartigen Situation, dass finanzkräftige Bauherren wie die Schwarzenbergs, die Kinskys, die Harrachs oder die Schönborns gerade in dieser Epoche auf begnadete Architekten stießen, allen voran Lukas von Hildebrandt und Fischer von Erlach. Zum ersten Mal wurden Baumeister zu Berühmtheiten, die von ihren Auftraggebern fürstlich entlohnt, in den Adelsstand gehoben und in deren Freundeskreis aufgenommen wurden.

Der Baumeister bekommt einen Wutanfall

Solche Freundschaften konnten aber auch schnell wieder auseinander gehen, wie im Fall des Fürsten Johann Adam Liechtenstein und seines italienischen Baumeisters Domenico Martinelli, der sich 1690 aus Lucca kommend, in Wien angesiedelt und hier die beiden Liechtensteinpaläste geschaffen hatte. Während der Bauarbeiten des Palais am Alsergrund* kam es zum Bruch zwischen dem Bauherrn und seinem Architekten, weil der Fürst die Zeit einer Abwesenheit Martinellis von Wien nützte, um die Struktur des Stiegenhauses zu verändern. Martinelli – berühmt nicht nur als Baumeister, sondern auch für seinen Jähzorn – bekam nach seiner Rückkehr einen seiner gefürchteten Wutanfälle und bestand darauf, dass die »falsche« Freitreppe abgetragen würde. Da das der Fürst zurückwies, trennte sich Martinelli gegen seine eigenen

---

* Das Palais Liechtenstein an der Fürstengasse, errichtet 1692 bis 1709, beherbergt das Liechtenstein Museum.

materiellen Interessen von dem Projekt und ließ an allen Ecken des halbfertigen Schlosses ein Manifest plakatieren, auf dem er sich »auf das Entschiedenste gegen dieses elende Machwerk« verwahrte.

Ausgangspunkt für die beispiellose Bauleidenschaft im Barock, die prachtvolle Residenzen, Stadtpalais, Lustschlösser und Gartenpaläste hervorbrachte, war der Sieg über die Türken im Jahre 1683 gewesen. Einerseits zwangen die kriegsbedingten Zerstörungen zu Neu- und Wiederaufbau, andererseits war die Wirtschaftsstruktur des Landes – im Gegensatz zu England und Frankreich – so rückständig, dass die Feudalherren nur in Immobilien investieren wollten.

Wie zu allen Zeiten orientierte sich die Aristokratie in ihrem Geschmack am kaiserlichen Hof. Von den bedeutenden Barockkaisern Leopold I., Karl VI. und Maria Theresia bleiben der Leopoldinische Trakt der Hofburg, die Geheime Hofkanzlei (heute Bundeskanzleramt), die Böhmische Hofkanzlei, die Favorita (heute Theresianische Akademie), Laxenburg und – Schönbrunn.

Die Hofkanzlei am Ballhausplatz, errichtet von Lukas von Hildebrandt

Es war Leopold I., der das kaiserliche Schloss 1687 auf den Gründen seines ehemaligen Jagdreviers in Auftrag gegeben hatte. Fischer von Erlach schlug eine pompöse Anlage vor, die Versailles übertreffen sollte, doch das Projekt war nicht finanzierbar. Es folgten die Bauarbeiten zu einem bescheideneren Komplex, doch auch die wurden bei Ausbruch des Spanischen Erbfolgekriegs wegen Geldmangels eingestellt und erst 1705 wieder aufgenommen. Leopolds Sohn, Karl VI., zeigte – weil er sein Schloss Favorita über alles liebte – kein Interesse an Schönbrunn, weshalb er das inzwischen fertig gestellte Schloss kaum besuchte. Karls Tochter Maria Theresia wiederum wollte nach ihrer Thronbesteigung die Favorita nicht mehr betreten, da ihr Vater dort verstorben war.

Das war der Grund, warum sie Schönbrunn durch ihren Hofarchitekten Nicolaus von Pacassi umbauen und zur kaiserlichen Sommerresidenz erheben ließ – die das Barockschloss dann auch bis zum Ende der Donaumonarchie blieb. Kaiser Franz Joseph wurde darin geboren und ist darin gestorben.

Innerhalb weniger Jahrzehnte entstanden Hunderte Barockpalais und Bürgerhäuser, bald auch außerhalb des Glacis, zumal 1763 eine zwanzigjährige Steuerfreiheit verfügt wurde, die für Neubauten auf bisher ungenützten Acker- und Grünflächen galt. Neben der Baukunst schlug sich der Barock als Zeitalter überschäumender Lebensfreude und einer geradezu wollüstigen Hingabe an das Morbide auch in der Musik, der Malerei, in der Kleidung und im höflichen Umgang miteinander nieder. Die großen Architekten planten nicht nur die repräsentativen Häuser ihrer Herren, sondern inszenierten auch deren Hochzeitsfeiern, Gartenfeste und Begräbnisse.

Die beiden Größten bauen das Palais Auersperg

Vereint sind die beiden bedeutendsten von ihnen, Lukas von Hildebrandt und Johann Bernhard Fischer von Erlach – die in erbitterter Konkurrenz zueinander standen –, in der Planung des Palais Auersperg. Auf dem großen Gelände in der heutigen Auerspergstraße hatte sich bis 1529 der »Rottenhof« befunden, der während der Ersten Türkenbelagerung von den Wienern niedergebrannt wurde, um dem anrückenden Feind jede Versorgungsmöglichkeit zu nehmen. Es vergingen 180 Jahre, bis die Türkengefahr gebannt war und Hieronymus de Rofrano, der neue Besitzer der Herrschaft, ein Gartenpalais planen ließ.

Abergläubisch durfte man nicht sein, wenn man zu den Eigentümern des Anwesens zählen wollte: Peter von Rofrano starb, nachdem er den Palast 1724 von seinem Vater geerbt hatte, im Alter von 19 Jahren*. Auch dem einst erfolgreichen Feldmarschall Friedrich Wilhelm von Sachsen, der das Palais 1760 bezog, war wenig Glück beschieden, verlor er doch als Oberbefehlshaber der österreichischen Reichsarmee sämtliche Schlachten, die er von da an befehligte. 1781 erhielt das Gebäude seinen heutigen Namen, als es in den Besitz des Fürsten Johann Adam Auersperg überging. Doch auch für ihn brachen schwere Zeiten an, da alle seine (vier) Kinder vor ihm starben und er das Palais samt Wintergarten, Orangerie und riesigem Park einem seiner Neffen vermachen musste.

Man hat im Auersperg aber auch erfreulichere Stunden erlebt: Das Gebäude stand im Mittelpunkt des kulturellen Lebens der Stadt, hier traten Haydn, Gluck und Mozart auf und zur Zeit des »Wiener Kongresses« war es eines der Zentren des Diplomatenlebens. Eine politische Rolle kam dem Palais gegen Ende des Zweiten Weltkriegs zu, als es Prinzessin Christiane Croÿ, die den Besitz von ihrem Bruder Ferdinand Auersperg geerbt hatte, dem österreichischen Widerstand als Treffpunkt und Versteck zur Verfügung stellte. Hier wurde das »Provisorische österreichische Nationalkomitee« gegründet, dessen Symbol »05« (= »Oesterreich«) zum Zeichen der Auflehnung gegen das Naziregime wurde.

Eine »standesgemäße Wohnung« für den Prinzen Eugen

Der bei weitem reichste und wichtigste barocke Bauherr war jedoch Prinz Eugen von Savoyen, der eine ganze Reihe prunkvoller Paläste erstehen ließ, darunter Schloss Belvedere, das Winterpalais in der Himmelpfortgasse, Schloss Niederweiden, Schloss Hof und Schloss Obersiebenbrunn im Marchfeld. Eugen erhielt vom Haus Habsburg in Anerkennung seiner Leistungen als Feldherr – der wesentlich dazu beigetragen hatte, dass Österreich zur europäischen Großmacht wurde – wertvolle Ländereien und

---

* Hugo von Hofmannsthal und Richard Strauss haben Peter von Rofrano in der Figur des Octavian im »Rosenkavalier« ein Denkmal gesetzt.

Prinz Eugen ließ das Obere Belvedere als Repräsentationsbau errichten

Zuwendungen, sodass er über das stattliche Vermögen von zwei Millionen Gulden* verfügte.

Mit denen er nach Herzenslust Pläne schmieden konnte. Die Bautätigkeit des als unhübsch und verschlossen beschriebenen Prinzen, der gesellschaftliche Auftritte liebte, begann im Jahre 1695, als er bei Bernhard Fischer von Erlach »eine standesgemäße Wohnung« in Auftrag gab, aus der das Winterpalais entstand. Auch in diesem Fall zerstritten sich Bauherr und Architekt, was zur Folge hatte, dass das Gebäude durch den Genuesen Lukas von Hildebrandt vollendet wurde. Leicht hatte es auch der nicht, da sich der Prinz Eugen die oberste Bauinstanz vorbehalten hatte und mit seinen Baumeistern mindestens so autoritär umging wie mit seinen Soldaten.

Der riesige Baugrund setzte sich aus vier kleineren Anwesen zusammen, deren Häuser Eugen nach und nach kaufen und abtragen ließ. Erstaunlich ist, dass der Prinz nicht nur in Friedensjahren Zeit fand, sich mit Entwürfen und Einrichtungen seiner Schlösser zu beschäftigen, sondern seinen Baumeistern oft sogar von blutigen Kriegsschauplätzen detaillierte Anweisungen erteilte. Auch informierte er vom Feldlager aus seine Mittelsmänner, welche Kunstwerke, Bücher und Möbel sie anzuschaffen hätten.

---

* Entspricht laut »Statistik Austria« im Jahre 2009 einem Betrag von rund 100 Millionen Euro.

Als Prinz Eugen zwischen Spanischem Erbfolgekrieg und dem Türkenfeldzug eine kurze »Erholungspause« von den Schlachtfeldern hatte, stürzte er sich mit Lukas von Hildebrandt auf die Planung des nächsten Palasts, des Belvedere, das in den Jahren 1714 bis 1716 entstand. Während er das Untere Belvedere im Sommer bewohnte, diente das Obere der Repräsentation.

Der Löwe brüllte, als sein Herr gestorben war

Im Belvedere unterhielt Eugen eine Menagerie mit Affen, Hirschen, Gazellen, Antilopen und einem afrikanischen Löwen. Als der Löwe, so wird erzählt, seinen Herrn im April 1736 drei Tage lang nicht mehr sah, verweigerte er alles Fressen und lief unruhig im Käfig auf und ab. »Gegen drei Uhr morgens«, schreibt Hugo von Hofmannsthal in seiner Prinz-Eugen-Biografie, »stieß der Löwe ein solches Gebrüll aus, dass der Tierwärter in die Menagerie hinauslief, um nachzusehen. Da sah er Lichter in allen Zimmern des Schlosses, zugleich hörte er in der Kapelle das Sterbeglöcklein und so wußte er, dass sein Herr, der große Prinz Eugen, zu eben dieser Stunde gestorben war.«

Dies geschah in der Nacht zum 21. April 1736. Da »der edle Ritter« kinderlos geblieben war und kein Testament vorlag, wurde seine Nichte Victoria zur Universalerbin. Habgierig und verständnislos, machte sie alles zu Geld, was Eugen mit Liebe, Ausdauer und großer Sachkenntnis zusammengetragen hatte.

Abraham a Sancta Clara, dem großen Mahner des Barock, blieb es vorbehalten, die Bauwut seiner Zeitgenossen anzuprangern. Einem reichen »Baunarren« legte er die Worte in den Mund:

Weil ich zuviel dem Geld vertraut,
Hab ich mein Hab und Gut verbaut.
Und da nun fertig ist das Haus,
So trieben mich die Schulden aus.
Bau'n ist eine schöne Lust,
Dass soviel kost, hab ich nicht g'wusst!

Seit den Tagen der Gegenreformation war es auch der römisch-katholischen Kirche wichtig, ihre Machtentfaltung zur Schau zu stellen und durch pompöse Architektur den Sieg über die Protestanten zu dokumentieren. So wurden die barocken Klöster und Gotteshäuser zu Symbolbauten, die das Erscheinungsbild der Städte und Dörfer maßgeblich veränderten. Im Gegensatz zur Düsternis früherer Epochen drangen nun durch die mächtige Kuppel und den freskengeschmückten Himmel die ersten Sonnenstrahlen auf die Häupter der Gläubigen. Viel dazu beigetragen hat Jakob Prandtauer, der »große Maurermeister« aus St. Pölten und Schöpfer des sich majestätisch über die Donau erhebenden Benediktinerstiftes Melk, von dem der Kulturhistoriker Richard Benz schreibt: »Gäbe es nur dieses eine Werk des deutschen Barocks, dieser Stil wäre mit ihm schon für ewig gerechtfertigt als eine der großen, unbegreiflichen Schöpfungen der Menschheit.«

Aber es gibt nicht nur dieses eine, auch der Sakralbau erfuhr eine nie da gewesene Blüte. Fischer von Erlach schuf die Karlskirche in Wien, Lukas von Hildebrandt Peters- und Deutschordenskirche sowie Stift Göttweig, es entstanden Dürnstein, Zwettl und Stift Altenburg. Einen besonderen Platz nimmt die Stadt Salzburg ein, deren Fürsterzbischöfe barocke Architekturjuwele in Auftrag gaben, eindrucksvoll erhalten im Dom, in der Felsenreitschule und in den Schlössern Mirabell, Hellbrunn, Kleßheim und Leopoldskron. »Mit seinen Kirchen und Kapellen, seinen Schlössern und Palästen, Marktplätzen und Bürgerhäusern, Pestsäulen und Bildstöcken«, zog der Historiker Heinrich Benedikt Bilanz, »hat der Barock den vielfältigen und grundverschiedenen Landschaftsbildern der Donaumonarchie erst die Einheit des Stils gegeben.«

Nicht nur im Barock, auch in den Jahrhunderten davor wurde notgedrungen weit mehr gebaut als heute. Alten Ortschroniken entnimmt man, dass in früheren Zeiten jeder Bauer damit rechnen musste, seinen Besitz mindestens einmal im Leben durch Feuer zu verlieren. Aber auch die Städte fielen im Verlauf ihrer Geschichte mit gespenstischer Regelmäßigkeit den Flammen zum Opfer, einerseits wegen der damals verwendeten, leicht brennbaren Baumaterialien, andererseits, weil es keine organisierten Feuerwehren gab. Selbst Österreichs Wahrzeichen wurde von etlichen Katastrophen heimgesucht. Der erste Großbrand zerstörte den noch unfertigen Stephansdom im August 1258, worauf er noch einmal aufge-

Der Stephansdom wird noch einmal aufgebaut

baut werden musste. Ein Erdbeben brachte die Kirche im 16. Jahrhundert wieder in akute Gefahr. Der schlimmste Schaden aber entstand in den letzten Tagen des Zweiten Weltkriegs, als der Dom drei Tage lang brannte.

Die ersten großen Burgen, Klöster und Kirchen des Landes stammen aus dem 11. Jahrhundert, als Babenberger und Klerus die wachsende Bedeutung der Region durch repräsentative Bauten demonstrieren wollten. Der zwischen 1140 und 1200 erbaute Dom zu Gurk zählt aufgrund der geringen baulichen Veränderungen zu den bedeutenden hochromanischen Bauwerken Europas. Im 13. Jahrhundert setzte die Gotik zögernd ein, wie heute noch in den Zisterzienserstiften Heiligenkreuz und Lilienfeld erkennbar. Gleichzeitig machte sich der steigende Einfluss der Bauhütten bemerkbar – das waren eigenständige Vereinigungen, denen Baumeister, Bildhauer und Handwerker angehörten. Da Planung und Errichtung großer Sakralbauten oft Jahrzehnte dauerten, entwickelten sie sich zu eingeschworenen Gemeinschaften, deren Bräuche und Symbole später vielfach von den Freimaurern übernommen wurden. Die bedeutendste Bauhütte im 14. und 15. Jahrhundert war die des Doms zu St. Stephan.

Der Dombaumeister stürzt in den Tod

Dessen Baugeschichte zog sich über Jahrhunderte hin. Als im Jahre 1137 der Grundstein der romanischen Kirche gelegt wurde, war Wien eine mittelalterliche Stadt mit nur zehntausend Einwohnern. Viele Straßennamen erinnern noch daran, dass Handel und Gewerbe in dieser Zeit blühten: Am Fleischmarkt und in der Bäckerstraße, auf der Tuchlauben und auf der Wollzeile boten die Kaufleute die entsprechenden Waren an.

Bis zur Fertigstellung des Doms sollten fast vier Jahrhunderte vergehen, aber auch dann war er nicht fertig – ist es bis heute nicht. Die berühmteste Legende des »Steffl« wird vom Dombaumeister Puchsbaum* erzählt. Er soll geschworen haben, den Namen seiner Verlobten so lange nicht auszusprechen, bis der von ihm entworfene Nordturm fertig sein würde. Als er einmal in schwindelnder Höhe auf dem Kirchengerüst stand, ging seine Braut über den Ste-

---

* Hans Puchsbaum (ca. 1390–1454) Gotikbaumeister, Leiter der Dombauhütte St. Stephan.

phansplatz; er vergaß seinen Schwur, rief ihr »Maria« nach und stürzte in den Tod.

Der Nordturm aber ist – wenn auch aus ganz anderem Grund – bis heute unvollendet: Als Wien am Beginn des 16. Jahrhunderts wegen der drohenden Türkeninvasion das Geld ausging, wurden die Bauarbeiten abgebrochen, der Turm ist nur halb so hoch wie Puchsbaum ihn geplant hatte. Somit bleibt es dem Südturm allein vorbehalten, mit seinen 137 Metern die Stadt zu überragen.

Das Erstarken des Bürgertums ist in der gotischen Bausubstanz mancher Städte erkennbar, etwa in Steyr, in Krems, Innsbruck, Bruck an der Mur, Feldkirch. Danach drangen aus Italien die architektonischen Ideen der Renaissance in die südlichen Landesteile ein – bis heute sichtbar am Schloss Porcia in Spittal an der Drau und am Grazer Landhaus. Säulen und Arkaden zieren Festungs-, Burgen- und Schlösserbauten. *Wien verliert an Wohlstand und Bedeutung*

In der Renaissance verloren die Bürger von Wien immer mehr an Wohlstand und die Stadt an politischer Bedeutung. Als dann Kaiser Rudolf II.* 1583 auch noch die Residenz nach Prag verlegte, verödete die kaiserliche Burg und mit ihr ganz Wien. Gerade dieser Umstand rettete Teile des gotischen Stadtbildes, wie dies in glücklicheren Zeiten nicht der Fall gewesen wäre.

Auf Barock und das in Wien nicht besonders bedeutsame Rokoko folgten die klassizistischen Bauten des Biedermeier, dessen wichtigster Architekt Joseph Kornhäusel war, von dem das Theater in der Josefstadt und eine Reihe von Bürgerhäusern in Wien und Baden erhalten blieben.

Kornhäusels Zeitgenosse, der Maler Ferdinand Georg Waldmüller, war mit 15 Jahren von zu Hause durchgebrannt, als sein Vater, der ein Bierhaus betrieb, ihn ins Priesterseminar stecken wollte. Von da an auf sich selbst gestellt, besuchte Waldmüller tagsüber die Kunstakademie und malte nachts Miniaturbilder, die er Zuckerbäckern als Aufkleber für ihre Süßwaren verkaufte. Waldmüllers große Stunde schlug 1819, als bei ihm ein Offizier das Por-

---

* Kaiser Rudolf II. (1552–1612)

Malte den Kaiser und die armen Leute: Ferdinand Georg Waldmüller

trät seiner Mutter bestellte, »aber so wie sie wirklich ist«. Dieses Bild sollte dank seines genialen Strichs Waldmüllers Ruf als Porträtmaler begründen. Jetzt ging's Schlag auf Schlag, der Auftrag, Kaiser Franz I. zu malen, brachte neue Bestellungen aus adeligen Kreisen, Waldmüller entdeckte aber auch die Welt der armen Leute, er ging in den Wienerwald, schuf eine völlig neue Form naturalistischer Landschaftsbilder und wurde zum beliebtesten Maler des Vormärz.

Mit 35 Jahren Akademieprofessor, lehnten ihn Kollegen ab, die das Kopieren im Atelier dem Malen in der Natur vorzogen. Sie intrigierten so lange gegen ihn, bis dieser 1857 vom Dienst suspendiert wurde. Der Kaiser rehabilitierte ihn später.

Mit dem Bau der Ringstraße startete das größte städtebauliche Projekt der Monarchie. »Es ist Mein Wille«, verfügte Kaiser Franz Joseph am 20. Dezember 1857, »dass die Erweiterung der inneren Stadt mit Rücksicht auf eine Verbindung mit den Vorstädten ehemöglichst in Angriff genommen werde.« Zu diesem Zeitpunkt lebten hier, zusammengepfercht auf das Gebiet des heutigen ersten Bezirks, 500 000 Menschen. Die Erweiterung war dringend notwendig, aber unpopulär, da das begrünte Glacis an der Stadtmauer ein beliebter Spazierweg war. Dabei hatte der aus dem 16. Jahrhundert stammende Schutzwall längst seine militärische Bedeutung verloren: Zwei Mal hatte die Mauer Wien vor den Türken beschützt, den Einzug der Truppen Napoleons aber nicht mehr verhindern können.

Der Umbau zur Weltstadt kostete ein Vermögen – und das war natürlich nicht da. Also wurde der vier Kilometer lange und 57 Meter breite »Ring« durch den Verkauf der frei werdenden Baugründe an Privatpersonen finanziert. Mit diesem Geld – angeblich rund 220 Millionen Gulden* – wurde ein Baufonds zur Schaffung der öffentlichen Gebäude wie Parlament, Museen und Theater, aber auch der Parks und Denkmäler gegründet.

---

* Entspricht laut »Statistik Austria« im Jahre 2009 einem Betrag von rund 2,5 Milliarden Euro.

Zu den Gegnern des Projekts Ringstraße, dessen geistiger Vater der Wiener Architekt Ludwig Förster war, zählten von Anfang an auch viele Künstler – natürlich nur solche, die selbst nicht mit der Ausgestaltung neuer Bauten beschäftigt waren. So wandte sich der berühmte Hof- und Porträtmaler Friedrich Amerling im Namen einer Reihe von Kollegen mit einer Bittschrift an den Kaiser: »Ew. Majestät beabsichtigen, die Glacis zu verbauen zwecks Errichtung von Wohngebäuden und um eine Einnahme zu erzielen. Dadurch aber werden der Spekulation und Gewinnsucht die Tore geöffnet! Die Gegenwart ist in ihren Anforderungen zu materiell, als dass ein Architekt ein schönes Werk schaffen könnte.«

Der Kaiser ließ sich durch derlei Ratschläge keineswegs beeinflussen, und so begann man im Frühjahr 1858 mit der Abtragung der Wälle und Gräben, und im Jahr darauf wurden bereits die ersten Hausfassaden erkennbar. Der Maler Amerling gab nicht auf und protestierte gegen den neuen, aus mehreren Kunstrichtungen zusammengesetzten Historismusstil. Selbst als er 1879 aus Anlass seiner Erhebung in den erblichen Adelsstand vom Kaiser empfangen wurde, erklärte der nunmehrige Ritter von Amerling: »Majestät, jetzt wird viel gebaut in Wien. Aber die vielen Baustile auf der Ringstraße gefallen mir nicht. Es ist wie eine steinerne Speisenkarte.«

Wenn ein Architekt zu viele Bauten plant ...

»Ich habe darauf keinen Einfluss geübt«, versuchte sich der Kaiser aus der Affäre zu ziehen. »Das müssen die Künstler besser verstehen.«

»Die Künstler« verfolgten vor allem wirtschaftliche Interessen, manche Architekten arbeiteten wie am Fließband: Johann Romano errichtete allein im Sektor zwischen Wollzeile und Babenbergerstraße 22 Häuser, übertroffen wurde er nur von seinem Kollegen Karl Tietz, der neben dem Grand Hotel am Kärntner Ring allein im Jahre 1869 nicht weniger als 36 Ringstraßenbauten plante. Die Folgen solchen Raubbaues blieben nicht aus: Tietz wurde 1871 in die Privatirrenanstalt Döbling eingeliefert, weil er an der fixen Idee litt, die ganze Ringstraße kaufen und aus eigenen Mitteln finanzieren zu müssen. Er starb nach vierjähriger Internierung im Alter von nur 42 Jahren.

171

Wiens alteingesessene Aristokratie blickte verächtlich auf die »Ringstraßenbarone« herab, die als Fabrikanten und Bankiers in ein, zwei Generationen zu immens viel Geld gekommen waren und jetzt ihre »neureichen Protzburgen« bezogen. Eine davon war das von Ludwig Förster und seinem Schwiegersohn Theophil Hansen für die Brüder Moritz und Eduard Todesco errichtete Palais beim Opernring, das bald zum Treffpunkt der Wiener Gesellschaft werden sollte.

Der Walzer-könig verliebt sich im Palais Todesco

Dem Großhändler und Bankier Moritz Todesco sollte sein eigener Salon zum Verhängnis werden, war doch auch Johann Strauß einer der gern gesehenen Gäste dort. Bei einer Soiree im neuen Palast lernte der »Walzerkönig« die Geliebte des Barons Todesco, die gefeierte Opernsängerin Henriette »Jetty« Treffz, kennen. Die beiden verliebten sich ineinander und »Jetty« verließ Todesco, zwei uneheliche Kinder, die sie von ihm hatte, und das prunkvolle Palais. Bis zu einem gewissen Grad verdankt die Welt dem Liebeskarussell die Entstehung der »Fledermaus«. Als die Treffz nämlich aus dem Palais auszog, überließ ihr der Baron eine großzügige Abfindungssumme, die sie in die Ehe mit dem »Walzerkönig« einbrachte. Um die »Fledermaus« komponieren zu können, musste Strauß seine Konzertauftritte absagen, was ihm erst durch die noble »Mitgift« möglich war. So stand der Reichtum der Todescos hinter dem größten Operettenerfolg der Musikgeschichte.

Das Palais Todesco liegt direkt neben der Hofoper, deren feierliche Eröffnung am 25. Mai 1869 durch den Kaiser vorgenommen wurde. Doch niemand war in Festtagslaune, zumal Eduard van der Nüll und August Sicard von Sicardsburg, die Schöpfer des Prachtbaues, dessen Fertigstellung nicht erlebt hatten. Sie waren an der Errichtung des Opernhauses buchstäblich zugrunde gegangen.

Aufsehen hatte das Gebäude schon während der Bauarbeiten erregt, als die Wiener beim ersten Hinschauen über die verschiedenen, hier zusammengefassten Architekturepochen spöttelten:

Sicardsburg und van der Nüll,
Die haben beide ihren Styl,
Griechisch, Gotisch, Renaissance,
Das is denen alles ans.

172

Lästermäuler nannten das Haus ein »Königgrätz der Baukunst«, was damals, wenige Jahre nach der bislang folgenschwersten Niederlage der Monarchie, einer Katastrophe gleichkam. Noch schlimmer für die beiden Erbauer war wohl der Kommentar des Kaisers, der die Oper als »versunkene Kiste« bezeichnete. Tatsächlich war – allerdings durch eine Fehlplanung des Obersten Hofbauamtes – das Niveau der Fahrbahn des Opernrings um einen Meter höher als die Torbögen des noch nicht fertigen Bauwerks.

Jedermann dachte, dass die beiden Architekten an allem Schuld wären. Van der Nüll war den Anfeindungen nicht gewachsen, der 55-jährige Melancholiker erhängte sich im Schlafzimmer seiner Wohnung. Knapp zwei Monate später brach der gleichaltrige Sicardsburg, vom Herzschlag getroffen, über seinem Zeichentisch tot zusammen. Er hatte den Tod des Freundes nicht verwinden können.

Kaiser Franz Joseph war von den tragischen Ereignissen erschüttert und vermied es fortan, seine persönliche Meinung öffentlich kundzutun. Seine ab diesem Zeitpunkt gern verwendete

Anfangs heftig kritisiert, wurde die Oper zum Treffpunkt an der Ringstraße

Floskel »Es war sehr schön, es hat mich sehr gefreut«, war die direkte Folge des Dramas der beiden Hofopernarchitekten.

Wien ist ein halbes Jahrhundert Großbaustelle

Man muss sich vorstellen, dass Wien fast ein halbes Jahrhundert Großbaustelle war, denn kaum sah die Ringstraße ihrer Fertigstellung entgegen, wurden Stadtbahn, Wienfluss-Regulierung und die Verlegung neuer Gasrohre in allen Teilen der Stadt angegangen. Nicht genug damit, erfolgte bald auch die Elektrifizierung der bisherigen Pferdetramway, was zu neuerlichen Umbauarbeiten führte. Wirklich aufgebracht waren die Wiener aber von dem Umstand, dass in der Innenstadt wie in den Vorstädten eben erst fertig gestellte Straßenzüge wieder und wieder aufgerissen wurden. Dies inspirierte den Lokaldichter Karl Wilhelm zur Abfassung des »Pflasterer-Liedes«.

> *Die Straße, die sie fertig haben,*
> *Die wird nun wieder aufgegraben,*
> *Denn der Kanal im Boden drin,*
> *Der g'hört ja ganz woanders hin.*
> *Und so geht's immer weiter,*
> *das ganze Jahr recht heiter.*

Wien versank im Dreck! Schlamm und riesige Staubwolken, überall mächtige Sand-, Stein- und Ziegelhaufen, machten das Leben in der Residenzstadt zur Qual. Zur Jahrhundertwende schickte Bürgermeister Lueger endlich einen Brief an Magistratsvizedirektor Preyer: »In der letzten Zeit haben sich die Fälle gemehrt, dass Straßen wiederholt nacheinander aufgerissen wurden, obwohl sie kurz vorher erst instand gesetzt worden sind. Ich ersuche Sie daher, darauf hinzuwirken, dass alle Arbeiten, die in einer Straße oder Gasse notwendig sind, gleichzeitig oder unmittelbar aufeinander folgend aufgenommen werden, um einerseits den Verkehr nicht mehr als unbedingt notwendig zu unterbinden, andererseits die Geschäftsleute, welche durch das Aufreißen der Straßen ohnehin in Mitleidenschaft gezogen sind, vor größerem Schaden zu bewahren.«

Es ist zu bezweifeln, ob diesem Auftrag des Wiener Bürgermeisters Karl Lueger je Folge geleistet wurde!

Ein gewaltiges Problem war auch, dass während des Ausbaues der Inneren Stadt mit dem »Schwarzen Freitag« am 9. Mai 1873 die Konjunkturwelle der Gründerzeit abrupt unterbrochen wurde und zahlreiche »Ringstraßenbarone« in den Konkurs stürzten. Gustav Ritter von Epstein etwa war es nur zwei Jahre vergönnt, die Beletage seines von Theophil Hansen neben dem Parlament erbauten Palais zu bewohnen, ehe er mit dem Zusammenbruch der Wiener Börse sein gesamtes Vermögen verlor. Durch väterliche Baumwollfabriken wohlhabend geworden, wurde der jüdische Großbürger zu einem der einflussreichsten Bankiers der Stadt. Bekannt dafür, dass er die Bedürftigen stets großzügig unterstützte, endete er selbst als Bettler und war zuletzt auf Almosen jener karitativen Organisationen angewiesen, denen er einst große Geldmengen zukommen hatte lassen.

Vor allem zählten Zehntausende Arbeiter, die die Ringstraße tatsächlich mit ihren bloßen Händen gebaut haben, zu deren großen Verlierern. Die meist aus Böhmen zugewanderten Bau- und Ziegeleiarbeiter schufteten bei geringster Bezahlung förmlich bis zum Umfallen, sei es auf der Großbaustelle selbst, sei es in der Wienerberger Ziegelfabrik, aus der die Baumaterialien für dieses Jahrhundertprojekt kamen. Victor Adler erkannte die unhaltbare Situation der »Ziegelböhm« und gründete die Sozialdemokratische Partei, die nach den ersten freien Wahlen im Jahre 1907 als stärkste Partei in den Reichsrat zog.

Der Maler Hans Makart war in jenen Tagen eine solche Berühmtheit, dass die »Ringstraßenzeit« oft auch »Makartzeit« genannt wird. Seine überladenen Monumentalgemälde eroberten die Salons der neuen Paläste. 1840 in Salzburg geboren, wurde der exaltierte Künstler so verehrt, dass sich vor dem Fenster seines Wiener Stammcafés Trauben gaffender Bewunderer bildeten, die dem Meister zusahen, wenn er dort Hof hielt oder Schach spielte.

Die Frauen lagen dem blassen kleinen Mann, der gern in operettenhafter Kleidung mit Pumphosen und Röhrenstiefeln auftrat, zu Füßen – und das, obwohl nicht nur sein Aussehen, sondern auch sein Benehmen mitunter bizarr anmutete. Einmal verkroch er sich bei einem seiner opulenten Feste im Dachfirst, von wo aus man ihn

Die Frauen liegen Hans Makart zu Füßen

175

nur mit sanfter Gewalt und mithilfe einer Leiter herunterholen konnte. Ein andermal sprang er, ohne schwimmen zu können, voll bekleidet ins tiefe Wasser des Grundlsees, aus dem man ihn nur mit Mühe retten konnte. Und für seine Schwägerin ließ er zwei Dutzend Glacéhandschuhe anfertigen, die keinen Daumen hatten. Wiens letzter Malerfürst wurde immer seltsamer und war, als er im Oktober 1884 starb, nur 44 Jahre alt.

Seine Gemälde eroberten die Salons der Ringstraßenwelt: Hans Makart

Makart hatte anfangs auch Gustav Klimt beeinflusst, der sich jedoch von ihm befreite und mit seinem zart fließenden Linienspiel und der dekorativen Farbenpracht die konträre Richtung einschlug. 1862 in Baumgarten bei Wien als Sohn eines Graveurs zur Welt gekommen, hat Klimt zwar sehr früh seine künstlerische Neigung, nicht jedoch sein wahres Genie erkannt – wollte er doch ursprünglich Mittelschullehrer für Zeichnen werden. Er studierte an der Kunstgewerbeschule und gründete gemeinsam mit seinem Bruder Ernst und dem Maler Franz Matsch eine Ateliergemeinschaft, in der monumentale Gemälde für das in Bau befindliche Burgtheater, die Hermesvilla im Lainzer Tiergarten und das Kunsthistorische Museum entstanden. 1902 schuf Klimt – nun schon als Hauptvertreter des Wiener Jugendstils – das »Beethovenfries«, 1907 das Porträt der Adele Bloch-Bauer und 1911 eines der berühmtesten und wertvollsten Bilder aller Zeiten, den »Kuss«.

Der vom Makartstil in seinem Geschmack geprägte Kaiser Franz Joseph tat sich schwer, die neuen Kunstrichtungen zu akzeptieren. Als er bei einer Ausstellung zum ersten Mal mit Klimts und Kolo Mosers Werken konfrontiert wurde, lautete sein Urteil: »Eigentlich hab ich's mir ärger vorgestellt!«

Klimt, Moser, aber auch Josef Hoffmann und Joseph Maria Olbrich hatten 1897 als Opposition zum protzigen Historismus die Wiener Secession gegründet und Rudolf von Alt zu ihrem Ehrenpräsidenten ernannt. Alt stammte aus einer Malerdynastie, sein Vater Jakob hatte sich ebenso auf Historien- und Landschaftsbilder spezialisiert wie er selbst und sein jüngerer Bruder Franz. Als Rudolf von Alt gefragt wurde, ob er sich mit seinen 85 Jahren nicht schon ein wenig zu alt für die Funktion des Secessions-Präsidenten fühlte, sagte er: »Alt war ich schon bei meiner Geburt. Ich bin immer noch jung genug, um in jeder Stunde neu zu beginnen.«

Klimt war ein Rebell, er stritt mit seinen Mäzenen und legte Aufträge zurück – selbst dann, wenn er für die Retournierung des Vorschusses einen Kredit aufnehmen musste. Einen Sturm der Entrüstung rief er mit drei Bildern hervor, die er für das neue Universitätsgebäude geschaffen hatte – je eines für die medizinische, die philosophische und die juridische Fakultät. Als das Professorenkollegium die Entwürfe als »hässlich, pornografisch und dem Auftrag nicht entsprechend« bezeichnete, kaufte Klimt die Gemälde zurück, was für seine Kritiker blamabel war, weil die »Philosophie« kurz danach mit der Goldenen Medaille der Pariser Weltausstellung ausgezeichnet wurde.

Klimts Bilder für die Universität Wien lösten einen Sturm der Entrüstung aus

In seinen Ateliers porträtierte Klimt Hunderte Mädchen, von denen sich viele seiner charismatischen Persönlichkeit nicht entziehen konnten. So kam es, dass nach seinem Tod die Mütter von 14 Kindern im Verlassenschaftsakt angaben, dass Klimt der Vater sei – in sechs Fällen wurde das vom Gericht anerkannt.

Die für die Universität geschaffenen Allegorien sind ebenso verloren wie Klimts Gemälde »Schubert am Klavier«, das im Auftrag des Industriellen Nicolaus Dumba entstand und von dem Hermann Bahr sagte, es sei »das schönste Bild, das jemals ein Österreicher gemalt hat«. Diese Klimt-Bilder landeten während des Zweiten Weltkriegs zum Schutz vor Bombenangriffen im niederösterreichischen Schloss Immendorf, das 1945 mitsamt der unwiederbringlichen Kunstwerke, »um nicht den Russen in die Hände zu fallen«, auf Befehl eines SS-Offiziers in die Luft gesprengt wurde.

177

Das Palais Dumba, für das Klimt seinen »Schubert« gemalt hatte, war ein weiterer der hervorstechenden Repräsentativbauten auf der Ringstraße. Der aus Mazedonien stammende Industrielle Nicolaus Dumba, der den Salon seines von den Architekten Johann Romano und August Schwendenwein erbauten Palais am Parkring zum Treffpunkt der Kunst- und Musikwelt werden ließ, schrieb als einer der bedeutendsten Mäzene des Fin de Siècle Geschichte. Seinem Einsatz ist die Errichtung des Wiener Konzerthauses, des Musikvereinsgebäudes und des Künstlerhauses zu danken, die er als Organisator großer Spendenaktionen ermöglichte. Dumba unterstützte den Bau des Parlaments, der Votivkirche, des Rathauses und der Universität. In seinem Palais am Parkring hingen neben den Klimt-Bildern auch Werke von Makart, Gauermann, Amerling, Kupelwieser, Defregger, Schwind und Rudolf von Alt.

Dumba war der einzige Patrizier, der die Erhebung in den Adelsstand nicht annahm und begründete dies dem Kaiser gegenüber mit den Worten: »Lieber bin ich Euer Majestät erster Bürger als Sein letzter Aristokrat.«

Die »Ringstraßenzeit« fand mit dem Tod des alten Kaisers ihr Ende. Franz Josephs sterbliche Überreste wurden am 30. November 1916 in einem gigantischen Leichenzug über jenen Prachtboulevard geführt, den es ohne ihn in dieser Form wohl nicht geben würde.

Schieles erste Ausstellungen sind eine Sensation

Gustav Klimt zog auch die ihm folgende Malergeneration in seinen Bann, allen voran Schiele und Kokoschka. Egon Schiele suchte als 17-Jähriger den bereits berühmten Klimt in dessen Atelier auf, um ihm einige Zeichnungen zu zeigen und sein Idol zu fragen, ob er Talent hätte. »Ja, viel zu viel«, antwortete der Meister. Klimt, der gerne junge Künstler förderte, behielt die Begabung des um 28 Jahre jüngeren Mannes im Auge. Er kaufte ihm Zeichnungen ab oder bot ihm an, sie gegen eigene zu tauschen, er stellte ihm Modelle und potenzielle Mäzene vor. Durch Klimt bekam Schiele auch Aufträge von der Wiener Werkstätte, die mit der Secession zusammenarbeitete.

Schiele, 1890 als Sohn des dortigen Bahnhofsvorstands in Tulln zur Welt gekommen, trat mit 16 Jahren in die Wiener Kunstakade-

mie ein, in der immer noch das Diktat konservativer Historienma-
ler herrschte, die die Zeichen der Zeit nicht erfasst hatten. Schiele
lernte die handwerklichen Grundbegriffe bei Professor Christian
Griepenkerl, der – als er die ersten Zeichnungen seines Schülers
sah – entsetzt ausrief: »Schiele, sagen Sie um Gottes willen
keinem, dass Sie bei mir gelernt haben.«

Er sagte es keinem – und verließ die Kunstakademie nach
zwei Jahren. Doch schon seine ersten Ausstellungen waren
eine Sensation und stellten ihn in den Mittelpunkt des Interesses. Da ihn jeglicher Rummel irritierte, zog er sich zurück,
lebte mit seinem Modell Wally Neuzil in Krumau und Neu-
lengbach. Dort wurde er am 13. April 1912 wegen »Entführung, Verführung einer Minderjährigen und Gefährdung der
öffentlichen Moral« verhaftet, doch die gegen ihn gerichteten
Vorwürfe sollten sich als haltlos erweisen. Schiele wurde
lediglich für die »Verbreitung unsittlicher Zeichnungen« zu
drei Tagen Arrest verurteilt. Durch den Gefängnisaufenthalt

*»Sagen Sie keinem,
dass Sie bei mir
gelernt haben«:
Egon Schiele*

schwer traumatisiert, kehrte er nach Wien zurück, wo er seine
Freundin Edith Harms heiratete und mit Klimts Hilfe wieder Fuß
fassen konnte. Schiele hat der Welt in den wenigen Jahren seines
Lebens mehrere tausend Bilder hinterlassen.

Die beiden Malergenies des Jugendstils starben knapp hintereinander, Klimt am 6. Februar 1918 an den Folgen eines Gehirn-
schlags in seinem 56. Lebensjahr, Schiele am 31. Oktober, drei Tage
nach seiner Frau Edith, an der Spanischen Grippe. Es ergab sich,
dass das Leben des nur 28 Jahre alt gewordenen Malers und der
Erste Weltkrieg zeitgleich zu Ende gingen. »Der Krieg ist aus und
ich muss gehen«, sagte Schiele an seinem Sterbebett. »Meine
Gemälde sollen in allen Museen der Welt gezeigt werden.«

Dieser Wunsch jedenfalls ist in Erfüllung gegangen.

Oskar Kokoschka hatte da noch alles vor sich, obwohl er vier
Jahre älter war als Schiele – das Schicksal wollte es, dass Kokoschka
das 94. Lebensjahr erreichte. 1886 in Pöchlarn zur Welt gekommen, war er als Kind mit seinen Eltern nach Wien übersiedelt, wo
er als Student an der Kunstgewerbeschule gleich aneckte: Seine
expressionistischen Bilder lösten so heftige Kontroversen aus, dass
er die Schule verlassen musste. Dennoch zu internationalem Anse-

hen gelangt, rissen ihm Kunsthändler die Bilder aus der Hand, doch er brach auch mit ihnen, weil sie ihn, wie er meinte, »nur vermarkten« wollten.

Hatte sich Kaiser Franz Joseph Klimt »ärger vorgestellt«, so erging es Kokoschka noch schlimmer. Als Erzherzog Franz Ferdinand dessen Bilder sah, rief er demonstrativ »Schweinerei« und verließ grußlos die Ausstellung.

Dabei hatte Kokoschka die wirklich großen Kämpfe seines Lebens noch vor sich. Obwohl die Nationalsozialisten sein Werk als »entartet« bezeichneten, schlug er 1937 das Angebot der österreichischen Regierung aus, die Leitung der Wiener Kunstgewerbeschule zu übernehmen, da er auch den Austrofaschismus ablehnte. Kokoschka emigrierte über Prag nach London, wo er und seine Frau Olda zeitweise vom Verkauf von Backwaren leben mussten. Erst nach dem Zweiten Weltkrieg konnte er die Früchte seines Schaffens ernten. Zahlreiche Ausstellungen brachten im hohen Alter jene weltweite Anerkennung, die ihm lange versagt geblieben war.

Die Neuen: Otto Wagner und Adolf Loos

Die Architekten der Gründerzeit fanden einen Weg, die behördliche Vorgabe zu umgehen, dass ein Haus nicht höher als vier Stockwerke sein durfte: Sie planten zusätzliche Etagen ein, die sie Souterrain, Erdgeschoss, Parterre, Hochparterre, Mezzanin und Dachgeschoss nannten. Nach Theophil Hansen, Heinrich Ferstel, Gottfried Semper und Friedrich von Schmidt führte Otto Wagner die Ringstraße mit dem Bau der Postsparkasse und seinen klaren Formen und Materialien in eine neue Zeit und sagte damit seinen Vorgängern den Kampf an. In Otto Wagner fand der Jugendstil den bedeutendsten Architekten, seine Kirche am Steinhof, seine Stadtbahnstationen und die Häuser entlang der Wienzeile haben Wiens Stadtbild nachhaltig geprägt. Otto Wagner führte ein reges Privatleben, das ihm sieben Kinder von drei Frauen bescherte.

Von Otto Wagner beeinflusst, wandte sich Adolf Loos gegen Jugendstil und Secession, um völlig neue Wege zu gehen. In seiner Streitschrift »Ornament und Verbrechen« bezeichnete er jede Art von Verzierung für »unangemessen und überflüssig« und »die bar-

Mit der Postsparkasse führte Otto Wagner den »Ring« in eine neue Zeit

barischen Zeiten, in denen Kunstwerke mit Gebrauchsgegenständen verquickt wurden«, waren für ihn »endgültig vorbei«.

1910 stand Loos im Mittelpunkt eines unvergleichlichen Architektur-Skandals. Sein »Loos-Haus« am Michaelerplatz wurde wegen der ornamentlosen Fassade als »Haus ohne Augenbrauen« verunglimpft. Gegenüber der Hofburg gelegen, soll Kaiser Franz Joseph sich geweigert haben, von seinen Fenstern aus je wieder einen Blick zum Michaelerplatz zu werfen. Heute gilt Loos als Wegbereiter der Moderne in der Architektur.

Turbulent ging es auch in seinem Privatleben zu. Als Loos 1902 im Café Löwenbräu hinterm Burgtheater saß, fiel ihm eine am Nebentisch sitzende zwanzigjährige Schauspielerin auf, die auf den Namen Lina Obertimpfler hörte. Er war von der bildschönen Frau begeistert, bat sie an seinen Tisch und zeigte ihr eine Zigarettendose. Lina versuchte sie zu öffnen und brach durch eine Ungeschicklichkeit den Deckel ab. Erschrocken fragte sie: »Wie kann ich das wiedergutmachen?«

Loos sah sie an und erwiderte: »Heiraten Sie mich!«

Tatsächlich traten die beiden vor den Standesbeamten. Der Heiratsantrag war fünf Minuten nach dem Kennenlernen erfolgt.

181

Leider gab's kein Happy End. Drei Jahre nach der Hochzeit ging die Ehe in die Brüche, da Lina ihren Mann mit einem Studenten betrog, der sich später das Leben nahm, weil sie sich weigerte, mit ihm nach England zu gehen. Auch nach dem Bruch mit Lina blieb Adolf Loos das Glück versagt. Seine zweite Ehe mit Elsie Altmann hielt sieben Jahre, die dritte mit Claire Beck drei. Der Nachweis, ob er mit der Tänzerin Bessie Bruce verheiratet war, konnte nie erbracht werden.

Die letzten Lebensjahre des bahnbrechenden Architekten waren durch einen Sittlichkeits-Prozess überschattet, der ihn, ähnlich wie Schiele, seelisch zermürbte. Fast vollständig taub, soll der 58-jährige Loos im Sommer 1928 im Prater kleine Mädchen belästigt haben. Er wurde vorübergehend festgenommen, vor Gericht jedoch vom Vorwurf des Missbrauchs freigesprochen. Die Verurteilung zu einer bedingten Haftstrafe erfolgte, wie auch bei Schiele, weil er Modelle in obszönen Stellungen gezeichnet hatte. Einsam und ob der gesellschaftlichen Ächtung verzweifelt, starb Loos 1933 im Sanatorium Wien-Kalksburg.

Das erste Hochhaus entsteht in der Herrengasse

Als Antwort auf Wohnungsnot und Arbeitslosigkeit nach dem Ersten Weltkrieg machte es sich das »Rote Wien« zum Ziel, gegen beides anzukämpfen. So entstanden 60 000 Kleinwohnungen für 220 000 Menschen. Sie waren im Durchschnitt nur 38 Quadratmeter groß und bestanden aus Zimmer, Küche, WC und Vorzimmer, stellten aber einen gewaltigen Fortschritt gegenüber den bisherigen Substandardwohnungen dar. Die Eröffnung des Karl-Marx-Hofs mit seinen 1400 Wohnungen wurde durch die flammende Rede des Schulreformers Otto Glöckel auch zum politischen Manifest: »Früher wurden Schlösser und Burgen gebaut für die Unterdrücker des Volkes, es waren Adels- und Ritterburgen; heute entstehen Burgen des Volkes, auch das ist ein Zeichen der Demokratie, ein Zeichen des Erwachens.«

Nichts mit dem »Roten Wien« hat das Hochhaus in der Herrengasse zu tun, das aber doch die architektonische Pranke der Zeit trägt. Der Stahlskelettbau mit siebzehn Stockwerken gehört als erstes Wiener Hochhaus zu den interessantesten Bauten der Stadt. Als es 1932 fertig gestellt wurde, war es *die* städtebauliche Sensation.

Die Kabarettisten Hugo Wiener und Armin Berg schlenderten in jenen Tagen durch die Herrengasse. Beim Hochhaus angelangt, erkannten sie eine Tänzerin, die mit ihnen in der »Femina«-Bar engagiert war und nun aus dem Fenster ihrer ebenerdig gelegenen Wohnung blickte. Armin Berg blieb kurz stehen, sah die junge Kollegin verwundert an und sagte: »Und *dazu* wohnt man im Hochhaus?«

Typisch »Rotes Wien« ist wieder die von Josef Frank, Clemens Holzmeister und Oskar Strnad geschaffene Werkbundsiedlung in Ober St. Veit, ehe »der Selbstauflösung des Parlaments prompt die Selbstaufgabe der Architektur folgte«, wie es der Architekturkritiker Friedrich Achleitner formulierte. Josef Hoffmann, dessen Wiener Villen ebenfalls zur Klassik der Baukunst zählen, begrüßte 1938 den »Anschluss« an das Deutsche Reich, weil er sich durch ihn eine Belebung der Architektur versprach.

»Es folgt die Selbstauflösung der Architektur«

Allein in Wien waren am Ende des Zweiten Weltkriegs 47 000 Häuser oder 28 Prozent der Bausubstanz von Kriegsschäden betroffen, 87 000 Wohnungen konnten nicht mehr benutzt werden. Oper, »Burg« und Kunsthistorisches Museum waren schwer beschädigt, die Stephanskirche fast zerstört.

Der Dom lag noch in Schutt und Asche, da baute der Dompfarrer Otto Mauer in der »Galerie nächst St. Stephan« eine Kunstsammlung mit Werken von Alfred Kubin, Herbert Boeckl, Arnulf Rainer und Christian Ludwig Attersee auf. Gleichzeitig entstand die »Wiener Schule des Phantastischen Realismus«, zu deren Hauptvertretern Arik Brauer, Ernst Fuchs, Rudolf Hausner und Anton Lehmden zählten; als »Aktionisten« schrieben Adolf Frohner und Hermann Nitsch Kunstgeschichte.

Die Maler der Zweiten Republik zeichneten sich vielfach durch das Geschick aus, sich in Szene zu setzen, wobei Friedensreich Hundertwasser alle anderen übertraf, als er nämlich im Jänner 1968 der Eröffnung einer Ausstellung seiner Werke in einem Studentenheim in der Wiener Gymnasiumstraße beiwohnte. Die Wiener Kulturstadträtin Gertrude Sandner eröffnete die Schau und hatte ihre Rede gerade beendet, als der Maler das Podium bestieg, ein paar rohe Eier gegen die Decke warf und sich im Anschluss daran entblößte. Als er dann vollkommen nackt dastand, verkündete er: »Das Gebäude ist zum Kotzen und die Studenten müssen in diesem Gefängnis studieren.« Dann zog er sich wieder an und erklärte ruhig: »Damit ist die Ausstellung eröffnet!«

Der hüllenlose Friedensreich Hundertwasser

Der hüllenlose Künstler entfachte einen Sturm der Entrüstung, Hundertwasser wurde in Zeitungskommentaren als geistesgestört und kriminell bezeichnet. Es gab eine ernsthafte Diskussion darüber, ob er wegen des Paragrafen 468 (boshafte Sachbeschädigung, bedroht mit Arrest bis zu drei Monaten) oder 516 (Erregung öffentlichen Ärgernisses, bis sechs Monate strenger Arrest) zu belangen sei.

Jedenfalls hatte er seine Kritik an der zeitgenössischen Architektur so wirksam ausgedrückt, dass ihn die Stadt Wien einlud, seine architektonischen Ideen in diversen Bauwerken umzusetzen. Die berühmtesten von ihm geplanten Wiener Gebäude sind das Hundertwasserhaus, das Kunsthaus und das Fernheizwerk Spittelau.

Zu den (wirklichen) Architekten, die der Zweiten Republik ein neues Gesicht verliehen, gehören Roland Rainer, Karl Schwanzer, Gustav Peichl, Hans Hollein und Wilhelm Holzbauer.

Ein Teil der im Krieg zerstörten historischen Bauten wurde wieder aufgebaut. Zu denen, die nicht gerettet wurden, zählte der prachtvolle, von Theophil Hansen errichtete Opernringhof. Als der an seiner Stelle erbaute Heinrichhof vis-à-vis der Staatsoper 1956 eröffnet wurde, meinte Karl Farkas im Kabarett: »Heinrichhof, mir graut vor dir!«

Und doch: Wien hat seine imperiale Pracht nicht verloren.

Es gibt sie also doch, die österreichische Baukunst.

»In den Krieg haben sie s' g'schickt!«

Berichtenswertes aus der k. k. Armee

Der alte General konnte es einfach nicht fassen. Jahrelang hatte sich die k. k. Armee auf der Schmelz, dem Parade- und Exerzierplatz in der Wiener Vorstadt, auf einen Krieg vorbereitet, bis es dann 1866 »endlich« soweit war. Doch leider wurden die kaiserlichen Truppen von den Preußen bei Königgrätz vernichtend geschlagen. Als der General die Hiobsbotschaft von der Niederlage erhielt, schüttelte er resignierend den Kopf: »Vollkommen unverständlich! Wo's doch auf der Schmelz immer so gut 'gangen is'.«

Eine ebenso berühmte wie typisch österreichische Anekdote, die eine typisch österreichische Situation schildert: Die »stolze Armee« der Donaumonarchie hat zwar manch glorreichen Triumph davongetragen, aber noch mehr Niederlagen hinnehmen müssen. Länder wurden erobert – und wieder verloren. Bis dann zum Schluss für das Haus Habsburg alles weg war.

Die Jahre 1618 und 1648 markieren Anfang und Ende eines Krieges, der zu den blutigsten aller Zeiten zählt. Während des Dreißigjährigen Krieges wurden in manchen Regionen bis zu zwei Drittel der Bevölkerung ausgerottet. Im Mittelpunkt der Kämpfe standen die dynastischen Interessenkonflikte der Habsburgischen Mächte Österreich und Spanien mit Frankreich, den Niederlan-

Des Kaisers stolze Armee erlitt auch zahlreiche Niederlagen: Kaiserjäger bei der Parade

den, Dänemark und Schweden, vor allem aber auch religiöse Auseinandersetzungen zwischen Katholiken und Protestanten.

Die herausragende Figur des Dreißigjährigen Krieges war der aus Böhmen stammende, den Habsburgern verpflichtete General Wallenstein, der die Bedeutung des »stehenden Heeres« erkannt hatte, das nicht nur im Kriegsfall, sondern auch im Frieden jederzeit einsatzbereit war. Albrecht von Wallenstein, durch Heirat mit der Witwe Lukrezia von Witschkow reich geworden, hatte während des Dreißigjährigen Krieges auf eigene Kosten ein Heer von 40 000

Schlimmes Ende: des Kaisers Feldherr Wallenstein

Mann ausgerüstet, dem Kaiser zur Verfügung gestellt und viele Schlachten erfolgreich geschlagen. Und doch nahm Wallenstein ein schreckliches Ende, als Kaiser Ferdinand II. ihn infolge eigenmächtiger Friedensbemühungen des Hochverrats bezichtigte und seine Auslieferung »tot oder lebendig« forderte. Der gefeierte Feldherr fiel einem Attentat des irischen Hauptmanns Deveroux in Eger zum Opfer.

Wallenstein, der wie viele seiner Zeitgenossen astrologiehörig war und seinen Wahrsager Seni zu allen wichtigen Schlachten mitnahm, hatte sich bereits als junger Mann vom Mathematiker und Astronomen Johannes Kepler Horoskope erstellen lassen. Keplers zweites Horoskop war insofern verblüffend, als es nicht nur Wallensteins »reiche Heirat« und seinen militärischen Aufstieg, sondern auch sein dramatisches Ende voraussagte. Und zwar für »Anfang des Jahres 1634«. Der Feldherr wurde am 25. Februar 1634 ermordet.

Zu den wenigen Kapiteln der österreichischen Heeresgeschichte, die man als »glorreich« bezeichnen könnte, zählen die beiden Türkenkriege, in denen es dem Prinzen Eugen gelang, die Militärmacht des Osmanischen Reichs entscheidend zu schlagen. Es war ein folgenschwerer Fehler König Ludwigs XIV., den Prinzen Eugen für Österreich ins Feld ziehen zu lassen. Der »Sonnenkönig« hatte ihn wegen zu geringer Körpergröße aus der französischen Armee entlassen, worauf dieser erklärte: »Nun gut! Dann werde ich künftig einem anderen Herrn dienen und Frankreich nicht anders betreten als mit dem Degen in der Faust.« Eugen stand dem Haus Habsburg treu zu Diensten und blieb in fast dreißig Schlachten siegreich. Als wichtigste Triumphe des »edlen Ritters« gelten neben den Türkenkriegen und dem Sieg von Zenta auch die zweifache Eroberung von Belgrad.

Der Prinz war schon zu Lebzeiten beliebt – vor allem, weil er seine Soldaten einigermaßen menschlich behandelte und sie im Namen höherer Ideale zu mobilisieren verstand. Er führte sie meist persönlich in die Schlacht und wurde dreizehn Mal verwundet. Ab 1703 Präsident des Hofkriegsrates, setzte Eugen eine komplette Neugestaltung des kaiserlichen Heeres durch, dem er zu effizienteren Machtstrukturen, einer modernen Bewaffnung und zu zweckmäßigen Uniformen verhalf. Die durch ihn reformierte Armee bewährte sich dann auch noch im Spanischen Erbfolgekrieg.

Neben vielen Verehrern hatte Eugen mächtige Neider und Gegner. Einer von ihnen war der Günstling und Freund Kaiser Karls VI., Michael Graf Althann, dem der Ruhm des Prinzen ein Dorn im Auge war. Unter anderem behauptete der Graf, dass der homosexuell veranlagte Feldherr seiner platonischen Freundin, der Gräfin Batthyány, dermaßen hörig gewesen sei, dass Eugens Ratschläge in Wahrheit die der Gräfin wären. Noch schlimmer trieben es die Grafen Tedeschi und Nimptsch, die angaben, Eugen schmiedete »dunkle Pläne« gegen den Kaiser. Dem in Wahrheit überaus loyalen Prinzen wurde diese Verleumdung durch den Kammerdiener eines der Grafen zugetragen, worauf Eugen zu Kaiser Karl VI. ging und Genugtuung forderte. Dem Monarchen blieb nichts anderes übrig, als die beiden Intriganten vor Gericht zu stellen. Die Urteile wurden am 7. Dezember 1719 gefällt: Tedeschi – der, wie sich nebenbei herausstellte, widerrechtlich den Grafentitel führte – wurde auf dem Neuen Markt ausgepeitscht und dann nach Piemont abgeschoben. Nimptsch verlor seinen Posten als Hofrat und kaiserlicher Kämmerer und musste eine zweijährige Festungshaft antreten. Der französische Marschall Villars hatte wohl richtig erkannt, dass sich »Eugens erbit-

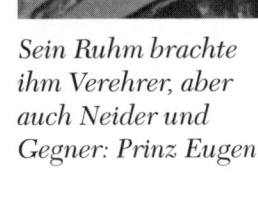

Sein Ruhm brachte ihm Verehrer, aber auch Neider und Gegner: Prinz Eugen

tertste Gegner nicht im Lager des Feindes, sondern zu Wien befänden.«

Zu den großen Demütigungen der österreichischen Armee zählte die zweimalige Einnahme Wiens durch die Truppen Napoleons. Als sie am 13. November 1805 zum ersten Mal einzogen, eilten zahllose Schaulustige nach Mariahilf, um den feschen Soldaten zuzujubeln. Nicht wenige Wiener freuten sich auch deshalb über den Einzug der Franzosen, weil sie diese als Vertreter der Revolution und der Freiheit sahen.

Napoleon kassiert den Inhalt der Wiener Stadtkasse

Am Tag nach dem Einmarsch bezog Napoleon die Residenz des Hals über Kopf nach Olmütz geflüchteten Kaisers Franz. »Schloss Schönbrunn ist prächtig«, schwärmte ein Adjutant Bonapartes, »es kamen Karossen von Wien und man machte Napoleon den Hof, damit er die Stadt verschont.« Das tat er auch, keinem Wiener wurde ein Haar gekrümmt, allerdings streifte Napoleon den Inhalt der Stadtkasse ein und beauftragte den Magistratsbeamten Ignaz Heyß, ein Silberservice ins Schloss zu bringen, um standesgemäß dinieren zu können.

Ein früherer »Fan« des Korsen zog sich in diesen Tagen in seine Wohnung auf der Mölkerbastei zurück: Ludwig van Beethoven konnte dem einst verehrten Ersten Konsul nie verzeihen, dass er sich im Jahr davor zum Kaiser der Franzosen hatte krönen lassen.

Zu einer besonderen Schmach kam es drei Wochen nach der Besetzung Wiens, als Napoleon bei Austerlitz die mit Russland verbündeten kaiserlichen Truppen schlug. Österreich musste bei den anschließenden Friedensverhandlungen auf Venetien, Istrien, Dalmatien, Tirol und Vorarlberg verzichten und Bonaparte als König von Italien anerkennen. Ehe er nach sechswöchiger Belagerung Wiens abzog, zwang Napoleon Kaiser Franz jedoch, auf die deutsche Kaiserkrone zu verzichten. Was das Ende des Heiligen Römischen Reichs Deutscher Nation zur Folge hatte.

Vier Jahre später stand Napoleon schon wieder vor den Toren der Stadt. Zwar hatte Österreich unter der Führung Erzherzog Karls den Korsen eben erst bei Aspern besiegt, doch die Freude darüber währte nur kurz, da die Schlacht bei Wagram wieder zu Österreichs Nachteil ausging.

Obwohl Napoleon auch bei seiner zweiten Eroberung Wiens, im Mai 1809, den ausdrücklichen Befehl gab, »das gute Volk zu schonen«, waren die Wiener nun von seiner Anwesenheit weit weniger angetan als beim ersten Mal. Vor allem, weil 80 000 französische Besatzungssoldaten verpflegt werden mussten, was zu einer empfindlichen Hungersnot in der Bevölkerung führte. Dennoch faszinierte der charismatische Korse so sehr, dass es sich selbst Franz Grillparzer nicht nehmen ließ, »Napoleon zu schauen«. Der noch junge Dichter beobachtete, wie er »die Treppe des Schönbrunner Schlosses mehr herab lief als ging und mit auf dem Rücken gefalteten Händen eisern dastand. Er bezauberte mich wie die Schlange den Vogel.«

Am 12. Oktober 1809 stürzt sich der Student Friedrich Staps während der Parade in Schönbrunn mit einem Messer auf Napoleon und versucht ihn zu töten. Als der Attentäter von Bonapartes Bewachern überwältigt wird, lässt es sich Napoleon nicht nehmen, ihn persönlich zu vernehmen. »Wenn ich Sie begnadige«, fragt er Staps, »werden Sie mir dann Dank leisten?«

»Nein, ich werde Sie dennoch töten«, antwortet der Student und erklärt, seine Ermordung geplant zu haben, »um Österreich vor den Franzosen zu befreien«. Der Mann wurde hingerichtet, aber der Zwischenfall gab Napoleon zu denken und soll dazu beigetragen haben, den österreichisch-französischen Krieg zu beenden.

Joseph Wenzel Graf Radetzky, der einer verarmten Adelsfamilie entstammte, scheiterte in seiner Jugend beim Versuch, in die Theresianische Militärakademie aufgenommen zu werden. Laut ärztlichem Befund, weil er »zu schwach ist, um die Beschwerden des Militärdienstes auch nur einige Jahre ertragen zu können«.

Radetzky ist zu schwach für den Militärdienst

Damit hatten sich die Armeeärzte aber gründlich geirrt. Radetzky ertrug die Beschwerden des Militärdienstes länger als irgendein anderer Soldat, nämlich 72 Jahre – so lange währte die Dienstzeit des Offiziers. Selbst im hohen Alter noch ein glänzender Reiter, führte Radetzky das kaiserliche Heer mit mehr als achtzig Jahren noch siegreich in die Schlachten bei Santa Lucia, Vicenza, Custoza und Novara.

Übrigens war es Radetzky noch vergönnt, die Uraufführung des von Johann Strauß Vater komponierten und ihm gewidmeten Musikstücks zu erleben. Der »Radetzkymarsch« wurde in Anwesenheit Radetzkys am 31. August 1848 beim »Siegesfest zur Rückkehr der tapferen k. k. Armee in Italien« auf dem Wiener Wasserglacis uraufgeführt. Auch damals war Radetzky noch nicht »zu schwach für den Militärdienst«, er blieb bis Februar 1857 Armeekommandant und Generalgouverneur von Lombardei-Venetien,

Radetzky war Ehrengast bei der Uraufführung des Radetzkymarschs

um mit neunzig Jahren endlich um die Versetzung in den dauernden Ruhestand zu bitten. Kaiser Franz Joseph gewährte ihm diesen nur unter der Bedingung, dass er sich auch weiterhin seines Rates erfreuen dürfte. Der Feldmarschall starb am 5. Jänner 1858 in seinem 92. Lebensjahr in Mailand.

Radetzky hatte sich so große Verdienste um die Armee erworben, dass Kaiser Franz Joseph den Entschluss fasste, ihn als zweite Person, die mit dem Haus Habsburg in keinem verwandtschaftlichen Verhältnis stand, in der Kapuzinergruft bestatten zu lassen. Der Monarch war maßlos enttäuscht, als er erfahren musste, dass Radetzky seinen Leichnam schon zu Lebzeiten »verkauft« hatte: Der Armeelieferant Joseph Gottfried Pargfrieder war jahrzehntelang für die Schulden des Generals aufgekommen, wofür dieser die Verpflichtung übernommen hatte, die letzte Ruhe auf dem »Heldenberg« im niederösterreichischen Kleinwetzdorf an Pargfrieders Seite zu finden.*

Radetzky hatte trotz sattsam bekannt niedriger Entlohnung der österreichischen Militärs immer auf großem Fuß gelebt. Schon Prinz Eugen hatte im Jahre 1703 Kaiser Leopold I. von der Mittellosigkeit der Offiziere berichtet, »welche so groß ist, dass viele Bettler in der Welt sein werden, die kein so mühseliges Leben führen«. Arm wie ein Stabsoffizier zu sein, war eine stehende Redewendung. Es galt zwar als Ehre, des »Kaisers Rock« zu tragen, aber die Nachteile waren gewaltig. In jeder Nummer der »Muskete«, dem

---

* Neben 146 Mitgliedern des Hauses Habsburg ist in der Kapuzinergruft nur Gräfin Karoline Fuchs-Mollard (1681–1754), die Erzieherin der Kaiserin Maria Theresia, begraben.

bekannten Witzblatt im alten Österreich, fanden sich die so genannten »Gagen-Witze«, über die man nicht nur in Armeekreisen schmunzelte: Deutsche Offiziere waren wesentlich besser dotiert, also stellte sich einer von ihnen seinem österreichischen Kameraden mit den Worten vor: »Jestatten, Oberleutnant Prinz von und zu Prinzenstein, Kammerherr, Flügeladjutant …«

»Is scho gut, Oberleutnant Müller, fünfhundert Kronen Uniformierungsschulden.«

Goethe trifft einen österreichischen General

Dem schlechten Verdienst stand die Verpflichtung nach »standesgemäßer Lebensführung« und Beteiligung am gesellschaftlichen Leben gegenüber. Oft auch als »glänzendes Elend in Uniform« bezeichnet, waren Offiziere kaum in der Lage, eine Familie zu gründen, meist schon deshalb, weil sie die für die »Heiratserlaubnis« erforderliche Summe nicht aufbringen konnten.

Die bescheidenen Lebensumstände der jungen Leutnants verhinderten vielfach, dass Männer mit höheren intellektuellen Fähigkeiten Militärkarrieren anstrebten, was wiederum zu einem Graf-Bobby-Image führte. Johann Wolfgang von Goethe bestätigt das in seinen »Karlsbader Gesprächen«, in denen er eine wahre Begegnung schildert, die er 1786 mit einem österreichischen General hatte. Während eines Spaziergangs sprach der Offizier, »etwa 78 bis 80 Jahre alt und aus einem sehr vornehmen Geschlechte«, den auf Kur befindlichen Dichter an.

»Nicht wahr, Sie nennen sich Goethe?«, eröffnete der General das Gespräch.

»Schon recht«, antwortete der Geheimrat.

»Nicht wahr, Sie haben Verse gemacht?«

»Auch.«

»Haben Sie denn viel geschrieben?«

»Es mag so angehen.«

»Ist das Versemachen schwer?«

»So, so.«

»Es kommt wohl auf die Laune an: ob man gut gegessen und getrunken hat?«

»Es ist mir fast so vorgekommen.«

»Schaun S'! Da sollten S' nach Wien kommen.«

»Hab' auch schon daran gedacht.«

191

»In Wien wird gut gegessen und getrunken. Und man hält was auf Leute, die Verse machen können. Dergleichen Leute finden in den vornehmsten Häusern Aufnahme. Kommen S' nur, melden S' sich bei mir, ich habe Bekanntschaft, Verwandtschaft, Einfluss. Schreiben S' nur: ›Goethe aus Weimar, bekannt von Karlsbad her.‹ Das letzte ist notwendig zu meiner Erinnerung, weil ich viel im Kopf habe.«

»Werde nicht verfehlen.«

»Aber sagen S' mir doch, was haben Sie denn g'schrieben?«

»Mancherlei von Adam bis Napoleon, vom Arat bis zum Blocksberg …«

»Es soll berühmt sein.«

»Hm! Leidlich!«

»Schade, dass ich nichts von Ihnen gelesen und nichts von Ihnen gehört habe. Schaun S', ich kauf Ihre Werke nicht; sonst hat man immer den Ärger, ein schlechtes Buch zu besitzen. Darum warte ich, um sicher zu gehen, immer den Tod der Autoren ab, ehe ich ihre Werke kaufe. Das ist Grundsatz bei mir, und von diesem Grundsatz kann ich halt auch bei Ihnen nicht abgehen.«

Goethe bedankte sich für die Einladung und zog seinen Hut. Nach Wien ist er nie gekommen.

Das österreichische Heer ist heillos überaltert

Das Haus Habsburg hätte im 19. Jahrhundert erkennen müssen, dass es neben der Armut weiter Teile der Bevölkerung und den ungelösten Nationalitätenproblemen vor allem die blutigen Feldzüge waren, die den Untergang des Reichs beschleunigten. Kriege waren ein Anachronismus und hätten fast immer vermieden werden können. Ganz abgesehen von der moralischen Verantwortung, Hunderttausende Menschenleben aufs Spiel zu setzen, war es für ein aufstrebendes Industrieland auch wirtschaftlich unklug, so viel Geld in sinnlose Gemetzel zu stecken.

Verlorene Schlachten wie die von Solferino und Königgrätz brachten Österreich nicht nur den Verlust wichtiger Gebiete, sondern auch den Ausschluss aus dem Deutschen Bund. Darüber hinaus hat Solferino Franz Josephs Position als Oberster Kriegsherr schwer beschädigt. Der Kaiser war Soldat mit Leib und Seele, aber »ein leitender Militär, ein Organisator war er nicht, dazu fehlten ihm die tiefgreifenden Fachkenntnisse, vielleicht auch der instinktive Blick zur richtigen Beurteilung einschlägiger Fragen«, urteilte sein Flügeladjutant Albert von Margutti. Franz Joseph, der fast immer Uniform trug, und seine Berater hatten es verabsäumt, das Heer auf jenen technischen Stand zu bringen, das dem 19. und beginnenden 20. Jahrhundert entsprochen hätte. Die Armeen der künftigen Feindstaaten rüsteten mit modernen Waffen auf, während die kaiserlich-königlichen Streitkräfte um Jahrzehnte hinterherhinkten.

Und doch sollten sie die eine oder andere glorreiche Stunde erleben – eine davon in der legendären Schlacht von Lissa.

Der 20. Juli 1866 war ein nebliger, regnerischer Morgen mit stürmischem Seegang, an dem italienische Geschwader vor der Insel Lissa nahe der dalmatinischen Hafenstadt Split das Feuer auf die österreichischen Verteidiger eröffneten. Das Königreich Italien hatte Österreich den Krieg erklärt, um die Vormachtstellung an der Adria wiederzuerlangen. Letztendlich ging es um Venedig, das im 19. Jahrhundert laufend im Mittelpunkt von Auseinandersetzungen zwischen Österreich und Italien stand.

Admiral Tegetthoff und die Seeschlacht von Lissa

Für die wesentlich stärkere italienische Armada waren die k. k. Truppen vor Lissa ein »Jausengegner«: Während der österreichische Konteradmiral Wilhelm von Tegetthoff über 6000 Mann und 27 Kriegsschiffe verfügte, war die feindliche Flotte unter Admiral Persano fast drei Mal so groß.

Doch der 38-jährige Tegetthoff hatte erkannt, dass er sich mit seinen überalterten »Hinterlader«-Geschossen auf keinen artilleristischen Seekrieg einlassen konnte. Also sah er die einzige Möglichkeit, Lissa in österreichischer Hand zu halten, darin, die gegnerischen Schiffe zu rammen. Und Tegetthoff war auf diese »Rammstoßtechnik« bestens vorbereitet, zumal er seine Schiffe mit Ankerketten und Eisenbahnschienen hatte panzern lassen. Bei der Ausführung seines Manövers kam ihm dann allerdings auch die Unzulänglichkeit seines Gegenspielers Persano entgegen, der den Angriffen der Österreicher hilflos gegenüberstand.

Als das k. k. Flaggschiff »Erzherzog Ferdinand Max« die »Re d'Italia« an der Breitseite vernichtend getroffen hatte, verhielt sich Tegetthoff ritterlich und ließ die Beiboote herunter, um die 400 Mann des untergehenden Gegners zu retten. Admiral Persano verfiel jedoch in dieser Situation in den Wahnsinn, das Feuer auf die österreichischen Boote zu eröffnen, worauf Tegetthoff sein Rettungsmanöver einstellen musste und fast die gesamte italienische Mannschaft ums Leben kam.

Persano war nun so verunsichert, dass Tegetthoff mit seiner veralteten Artillerie leichtes Spiel hatte, den Gegner in die Flucht zu schlagen. Nicht weniger als fünf italienische Panzerschiffe stießen zusammen und setzten sich selbst außer Gefecht.

Durch die Schlacht von Lissa hatte die Monarchie – nur zwei Wochen nach dem Debakel von Königgrätz – eine wichtige moralische Stärkung erfahren. Venedig freilich ging dennoch verloren, weil Tegetthoffs glanzvolle militärische Leistung durch denkbar ungeschickt agierende Politiker zunichte gemacht wurde. Im Friedensvertrag mit den verbündeten Nationen Italien und Preußen wurde vereinbart, dass Österreich zugunsten Italiens auf Venetien verzichtete. Es war damit die unglaubliche Situation eingetreten, dass Österreich Lissa gewonnen und damit Venedig verloren hatte.

»Mein lieber General, alt sind wir geworden!« Als Original im Graf Bobby'schen Sinne galt der alte General Anton Galgótzy, der seinen Dienst für den Kaiser viele Jahre lang als Kommandant der Festungsstadt Przemyśl versah und noch in seiner aktiven Zeit als lebende Legende galt. Galgótzy hatte sein Pensionsalter längst schon erreicht, als er den wohlverdienten Ruhestand antreten sollte. Doch keiner seiner Vorgesetzten brachte den Mut auf, dies dem General beizubringen, weshalb Kaiser Franz Joseph persönlich einschreiten musste. Er ließ Galgótzy nach Schönbrunn kommen, doch selbst dem Monarchen fiel es nicht leicht, ihn von der bevorstehenden Pensionierung zu informieren. So bat er den General vorerst, Platz zu nehmen, dann rauchte er mit ihm eine Zigarre. Um Galgótzy die Nachricht möglichst schonend zu überbringen, eröffnete Franz Joseph das Gespräch mit den Worten: »Also, mein lieber General, alt sind wir geworden!«

Worauf Galgótzy erwiderte: »Ja, Majestät. Und blöd!«

194

Auch Franz Joseph brachte es nicht übers Herz, Galgótzy in Pension zu schicken. Der General blieb bis in sein 72. Lebensjahr aktiv.

Zu den Besonderheiten des Offiziersstandes zählte das Duell. Tatsächlich mussten oft lächerliche Meinungsverschiedenheiten innerhalb der Armee mit Waffengewalt ausgetragen werden. Welche Bedeutung der Zweikampf hatte, zeigt eine Untersuchung aus dem Jahre 1895, der zufolge sich zwischen 1880 und 1893 rund 2500 Österreicher* im Zuge eines »Ehrenhandels« gegenüberstanden. Fast ein Drittel der Duellfälle endete tödlich!

Das Duell und die österreichische Armee

Die Beweggründe, die dazu führten, sich im Morgengrauen gegenseitig niederzuschießen, muten geradezu unglaublich an: Ein Reserveoffizier forderte 1893 den Advokaten Dr. Kalman in Wien zum Pistolenduell, da dieser als Herausgeber einer Zeitung »eine abfällige Kritik über eine Sängerin abdrucken ließ«. Kalman verstarb an den Folgen der Duellverletzung. In Innsbruck erlaubte sich der Sanitäts-Oberleutnant Franz Teuchler, den Diener des Regimentsarztes Dr. Wagner zu maßregeln. Der Arzt protestierte, es kam zum Streit, der mit einem Pistolenduell und dem Ableben des Dr. Wagner endete.

Obwohl das Duell nach dem Strafgesetz geahndet wurde – bei Tötung des Gegners drohte schwerer Kerker bis zu zwanzig Jahren –, blieb Offizieren keine andere Wahl, da man sie im Falle einer Duell-Verweigerung mit Schimpf und Schande aus der Armee verstieß. Zur Umgehung der strafrechtlichen Folgen versuchte man die Zweikämpfe geheim zu halten – was bei verwundeten Duellanten meist gelang, da man sie durch Vertrauensärzte versorgen ließ. Duelle mit tödlichem Ausgang konnten freilich nicht vertuscht werden.

Arthur Schnitzler, der das Duell in etlichen Stücke thematisierte, war als 27-jähriger Arzt und Reserveoffizier erstmals selbst hautnah mit der Problematik konfrontiert worden, als er sich weigerte, einen Kollegen von der Wiener Poliklinik »nach einem Streit über ein Tanzkränzchen« (!) zur Rechenschaft zu ziehen. Einige Jahre

---

* Neben Offizieren waren auch Aristokraten, Studenten und Akademiker »satisfaktionsfähig«.

später schrieb Schnitzler das Schauspiel »Freiwild«, in dem er »die törichten Offiziers- und Ritterlichkeitsbegriffe« anprangerte.

Schließlich beendete eine Duellaffäre im Jahre 1900 Schnitzlers Militärkarriere. Der k. u. k. Offizier Anton Graf Tacoli hatte damals für Aufsehen gesorgt, als er es aus religiösen Gründen ablehnte, von einem Kameraden, der ihn beleidigt hatte, mit Waffengewalt Genugtuung zu verlangen. Tacoli wurde aus der Armee entlassen. Als Arthur Schnitzler aufgrund dieses Vorfalles seine Novelle »Leutnant Gustl« veröffentlichte, verlor auch er seine Offizierscharge – nicht so sehr des Inhalts wegen, sondern weil er nicht bereit war, einen Journalisten, der ihn und sein Werk verunglimpft hatte, zum Duell zu fordern.

Nach lange anhaltenden Kirchenprotesten gegen das Unwesen des bewaffneten Zweikampfs, erfolgte bei Ausbruch des Ersten Weltkriegs endlich ein allgemeines Duellverbot, da die Armee auf keinen Mann im Feld verzichten wollte. Nachdem das Verbot wiederholt durchbrochen wurde, sah sich Kaiser Karl am 4. November 1917 veranlasst, das Duell durch einen neuerlichen Befehl unter Androhung schwerster Bestrafung zu untersagen. 1936 sorgte dann der aus dem nationalsozialistischen Lager stammende General Alfred Krauss für Schlagzeilen, als er Kurt Schuschnigg öffentlich zum Duell forderte. Doch die Zeit des Zweikampfs war vorbei, Österreichs Bundeskanzler hat auf das anachronistische »Angebot« nicht einmal geantwortet.

Die Sexualität in der österreichischen Armee

Die Sexualität spielt in der Geschichte aller Armeen eine nicht unbedeutende Rolle. Offiziere und Soldaten waren im Feld oft monatelang von ihren Frauen und Geliebten getrennt, was die Kampfmoral nicht gerade förderte. Deshalb war schon im Mittelalter ein Heereszug ohne großen Tross von »Hübschlerinnen« undenkbar, also wurden innerhalb der Lager bordellartige Einrichtungen mit etwas abseits gelegenen Schlafstätten geduldet. Die Aufsicht über die Liebesdienerinnen hatte der so genannte »Hurenweibel«, ein Offizier, der die »Lustmädchen und Buben« befehligte.

In Friedenszeiten galten die feschen Leutnants der k. u. k. Armee als begehrte Liebhaber. So war das Grazer Offizierskasino bis 1914 bekannt für seine ausgelassenen Feste, an denen die schönsten Mädchen der steirischen Metropole teilnahmen. Auf einer – vorgedruckten – Einladungskarte fand sich bezeichnenderweise die (tatsächliche) Adresse des Etablissements: »Offizierskasino Graz, Eingang Jungferngasse, Ausgang Frauengasse.«

Während der Name Franz Lehár unsterblich bleibt, ist der des Freiherrn Anton von Lehár längst in Vergessenheit geraten. Dabei hatte es der Bruder des Komponisten zum General und im Ersten Weltkrieg zum Regimentskommandanten am Isonzo gebracht. Aufgrund seiner militärischen Verdienste von Kaiser Karl mit dem Militär-Mariatheresien-Orden ausgezeichnet, wurde er damit automatisch in den Adelsstand aufgenommen.

Anton stand in sehr gutem Verhältnis zu seinem Bruder Franz Lehár, der ihm 1918 sogar einen Marsch widmete. »Lieber Toni«, schrieb ihm der Komponist an die Front, »noch nie bin ich mit solch einer Begeisterung an die Arbeit gegangen wie beim ›Baron Lehár Marsch‹. Dir damit eine Freude bereitet zu haben, ist mein schönster Lohn. Wenn es einmal, so Gott will, wieder ein Zusammensein gibt, dann will ich ihn Dir vorspielen, und die Nachwelt wird sich bereits ein sicheres Urteil gebildet haben, was Ihr Braven im Weltkrieg geleistet habt. Innigst Dein Franz.«

So gut das Einvernehmen der beiden Brüder war, half der reiche Komponist seinem nach dem Untergang der Monarchie verarmten Bruder kaum. In seinen von Peter Broucek herausgegebenen Erinnerungen schreibt General Anton Lehár: »Die Unterstützungen seitens meines Bruders waren gering. Seine Frau überwachte seine Ausgaben, und wenn er mir (1922) tausend Kronen zusteckte, so fiel der Wert des Geldes rapide.« Die tausend Kronen kamen in der Inflationszeit ein paar Groschen gleich!

General Lehár hielt Kaiser Karl über dessen Sturz hinaus die Treue und beteiligte sich 1921 am zweiten Restaurationsversuch, worauf er in die Tschechoslowakei und dann nach Deutschland flüchtete. Nach Hitlers Machtergreifung in Berlin gründete er in Wien einen Musikverlag, den er später seinem berühmten Bruder übergab. Nach dessen Tod im Jahre 1948 betreute Anton den künstlerischen Nachlass Franz Lehárs und bewohnte fortan dessen

Palais in der Nußdorfer Hackhofergasse. Anton Lehár starb 1962 im Alter von 95 Jahren.

Es waren zwei Affären, die die k. u. k. Armee in den letzten Jahren ihres Bestehens in ihren Grundfesten erschütterten. Am 17. November 1909 wurde Hauptmann Richard Mader in seiner Wohnung in Wien tot aufgefunden. Laut Obduktion war er an den Folgen einer Vergiftung gestorben. Der junge Offizier hatte davor einen Brief erhalten, in dem eine Schachtel mit Zyankalitabletten lag, die als »Potenzmittel mit verblüffender Wirkung« angepriesen wurden.

Oberleutnant Hofrichter stand von Anfang an unter dringendem Tatverdacht

Schon nach den ersten Erhebungen der Polizei stand Maders Offizierskamerad Adolf Hofrichter unter dringendem Tatverdacht. Oberleutnant Hofrichter war einer von 128 Kriegsschul-Absolventen, die sich einen Aufstieg in den Generalstab erhofften. Allerdings konnten in diesem Jahr nur die 25 besten Offiziere in das Elitekorps der Armee gelangen.

Da eine ganze Reihe von Kameraden vor Hofrichter gereiht war, entwickelte dieser den teuflischen Plan, ein Dutzend der besser benoteten Kriegsschul-Absolventen »zu beseitigen«, um so Einlass in den ersehnten Generalstab zu finden. Wie sich bei den Untersuchungen herausstellte, hatten neben Mader elf weitere Offiziere Packungen des gleichen Inhalts erhalten, die Tabletten aber nicht eingenommen.

Der Täter wurde im Mai 1910 zu einer zwanzigjährigen Haftstrafe verurteilt, worauf sich seine schwangere Frau von ihm scheiden ließ. Hofrichter wurde unmittelbar nach dem Zusammenbruch der Monarchie begnadigt und aus der Militärstrafanstalt Möllersdorf entlassen. Er nahm den Namen Adolf Richter an, arbeitete als Kanzleikraft, heiratete ein zweites Mal und starb am 29. Dezember 1945 in Wien.

Die zweite Affäre innerhalb der k. u. k. Armee betraf Österreich-Ungarns größten Spionageskandal. Alfred Redl, einer der bestinformierten Geheimdienstoffiziere Österreichs, lebte jahrelang auf großem Fuß, ohne dass dies einem seiner Vorgesetzten aufgefallen wäre. Der Oberst pflegte, obwohl er aus einfachen Verhältnissen stammte und über ein eher bescheidenes Salär verfügte, einen aufwendigen Lebensstil, er bewohnte ein luxuriöses Appartement, unternahm ausgedehnte Reisen, besaß ein eigenes Reitgut und teure Automobile samt Privatchauffeur.

Redls Verrat hatte 1901 begonnen, nachdem er vom zaristischen Geheimdienst »Ochrana« wegen seiner Homosexualität erpresst worden war. Wären seine Vorgesetzten von dieser Neigung informiert gewesen, hätte dies zu seiner sofortigen Entlassung aus der Armee, zur gesellschaftlichen Ächtung und zur Verurteilung zu einer Haftstrafe geführt. Redl ging daher auf die Forderungen der »Ochrana« ein und übergab von da an dem russischen und bald auch dem französischen und dem italienischen Geheimdienst alle ihm zugänglichen militärischen und politischen Informationen. Anfangs, um dem Auffliegen seiner sexuellen Vorlieben zu entgehen, später auch, um sein Luxusleben und das seiner Liebhaber zu finanzieren.

Redl war 1864 in Lemberg, der Hauptstadt des österreichischen Kronlandes Galizien, zur Welt gekommen. Sein Vater war ein kleiner Bahnbeamter, der seinen sieben Kindern eine gute Ausbildung ermöglichte. Alfred besuchte die Kadettenschule in Brünn, wurde in den Generalstab aufgenommen und im Jahre 1900 aufgrund besonderer Fähigkeiten ins Evidenzbüro, der Spionagezentrale des Generalstabs, nach Wien geholt, wo er schnell Karriere machte. 1907 übernahm er die Leitung des Kundschaftsbüros, wodurch er ein enger Vertrauter des Generalstabschefs wurde. Fünf Jahre später ging Oberst Redl als Chef des Generalstabs im VIII. Armeekorps nach Prag. Seine »nebenberufliche« Tätigkeit im Auftrag fremder Mächte verschaffte ihm ein Jahreseinkommen von bis zu 50 000 Kronen*.

Der Krieg war schon durch Redl nicht zu gewinnen

Redl wurde nach Auffliegen der Affäre im Jahre 1913 auf Befehl des Generalstabschefs Franz Conrad von Hötzendorf gezwungen, Selbstmord zu begehen. Doch die Folgen seines Verrats waren nicht aufzuhalten: Da er als Spionagechef Einblick in die alles entscheidenden Aufmarschpläne der k. u. k. Armee hatte und diese an seine Auftraggeber weiterleitete, wussten Russland und die ande-

---

* Die Summe entspricht laut »Statistik Austria« im Jahre 2009 einem Betrag von rund 130 000 Euro.

Zum Selbstmord gezwungen: der Spion Oberst Redl

ren künftigen Feindmächte unmittelbar vor Ausbruch des Ersten Weltkriegs über sämtliche relevanten militärischen Details Österreich-Ungarns Bescheid. Der Krieg war schon infolge dieses Verrats nicht zu gewinnen!

Die Bilanz wurde in den ersten Friedenstagen des Jahres 1918 bekannt gegeben: Zehn Millionen Menschen starben im Ersten Weltkrieg, vier Millionen Soldaten wurden verwundet, gefangen genommen oder blieben vermisst.

Nun war sie also untergegangen, die einst so stolze Armee. In den ersten Tagen der jungen Republik, so erzählt man sich, stand ein Mann auf der Triester Straße in Wien und beobachtete einen traurigen Haufen zerlumpter und völlig heruntergekommener Rekruten, die humpelnd und niedergedrückt von den Schlachten am Isonzo heimkehrten. »So schön war sie«, jammerte der Mann fassungslos, »so schön war unsere kaiserlich-königliche Armee mit ihren bunten Uniformen, den blitzenden Säbeln und der herrlichen Militärmusik. Was für eine Augenweide! Es war die schönste Armee der Welt. Und was haben die Idioten g'macht mit ihr? In den Krieg haben sie s' g'schickt!«

»Erschiessen, vergiften oder erwürgen?«

Das österreichische Kino und seine Stars

T reten Sie ein, Damen und Herren, erleben Sie Sensationelles, Spannendes, noch nie da Gewesenes!« Nur wenige Passanten konnten sich den Werbetexten der »Ausrufer« entziehen, die vor den Kinos standen, um das p. t. Publikum anzulocken. »Heute sehen Sie bei uns, Damen und Herren, ›Das Cabinet des Doktor Caligari‹, einen Gruselfilm der Sonderklasse! Betrachten Sie die Untaten eines irrsinnigen Mörders, Eintritt drei Kronen.«

Kinos gab es, als der »Doktor Caligari« im Jahre 1920 anlief, schon seit mehr als zwei Jahrzehnten, und doch waren die Filme nach wie vor stumm, da es keine zufriedenstellenden technischen Möglichkeiten gab, Bild und Ton synchron abzuspielen. Die Geschichte des »Kintopps« hatte in Österreich am 27. März 1896 begonnen, als ein Monsieur Dupont aus Paris im Mezzanin des Hauses Krugerstraße 2 an der Ecke zur Kärntner Straße sein Etab-

Dreharbeiten sorgten in den Kindertagen des Films für immenses Aufsehen

lissement »mit eigenem Cinematographen« eröffnete. Besagtes Gerät war die Erfindung der französischen Glühlampenfabrikanten Auguste und Louis Lumière.

Den Besuchern, die sich in Wiens erstem Lichtspieltheater einfanden, stand der Angstschweiß im Nacken. Und das, obwohl der Film den wenig beunruhigenden Titel »Ankunft eines Eisenbahnzuges im Bahnhof« trug. Doch die Zuschauer liefen schon während der ersten Szene fluchtartig aus dem Kino, weil sie eine über die Leinwand brausende Lokomotive in Panik versetzte. »Täglich von 10 bis 20 Uhr« konnte man in den ersten Jahren nonstop die Ergebnisse der »lebenden Photographie« bewundern, Spielfilme gab's da noch keine.

Kaiser Franz Joseph geht ins Kino

Drei Wochen nach der Eröffnung stellte sich Allerhöchster Besuch ein. Am 17. April 1896 wohnte, wie der Tagespresse zu entnehmen ist, »Seine Majestät der Kaiser einer Vorführung des Cinematographen bei, die dem Publicum in der Krugerstraße seit einiger Zeit dargeboten werden. Der Kaiser wurde von Monsieur Dupont in den Productionssaal geleitet, der gleich verfinstert wurde, worauf die Bilder auf eine weiße Fläche projiziert wurden. Der Kaiser zeigte sein lebhaftes Interesse für den sinnhaften Apparat.«

Das Publikum hatte bald erfasst, dass man nicht wirklich Gefahr lief, von einer über die Leinwand brausenden Lokomotive überfahren zu werden. Und so entwickelte sich die neue Kunstform in atemberaubendem Tempo. Gab es 1903 in Wien drei Lichtspieltheater, so waren's 1907 bereits zehn und 1918 gar 155 – vom »Kristallkino« in Erdberg bis zum »Aichinger Kino« auf dem Lerchenfelder Gürtel. Und in den ländlichen Regionen gastierten Wanderkinos, die mit ihren unhandlichen Abspiel-Apparaturen von Ort zu Ort pilgerten.

Der Vorführapparat wurde per Handkurbel bedient, der Strom fürs Licht von einer Dampfmaschine erzeugt. Anfangs gab es noch keine Zwischentitel, weshalb eigene »Erklärer« engagiert wurden, die das stumme Geschehen auf der Leinwand in blumenreicher Sprache kommentierten.

Nach einiger Zeit erkannten die Kinobetreiber, dass das alles zu wenig war. Da immer mehr Kinobesucher während der Vorstel-

202

lungen einschliefen, begann man Musikkapellen zu engagieren. »Die ersten Pianisten und Geiger dienten eigentlich dazu, die Zuschauer wach zu halten«, erinnerte sich der Regisseur Géza von Cziffra an die Kindertage des Films. Darüber hinaus bemühten sich die Musiker, Stimmung zu erzeugen. Bei dramatischer Handlung: drohende Klavierakkorde; bei Liebesszenen: schluchzende Geigen.

Die Kinomusiker waren selten große Virtuosen. Als einmal der Stummfilmstar Asta Nielsen wie so oft am Ende eines Films »ins Wasser ging«, rief ein Zuschauer in den Kinosaal: »Asta, nimm den Geiger mit!«

Während in fast allen Großstädten Europas die ersten Filmproduktionen längst ihren Betrieb aufgenommen hatten, wurden in Österreich-Ungarn erst ab 1908 eigene Studios gegründet. Schauspieler, die dort engagiert waren, wurden verachtet: Der große Werner Krauß genierte sich dermaßen, dass er sich in seinem ersten Film einen Bart anklebte, »damit mich der Max Reinhardt nicht erkennt, wenn er ins Kino geht«. Das war mehr als verständlich, hatte der große Regisseur doch mehrmals schon geklagt, dass infolge der vielen neuen Kinos ein Theater nach dem anderen zusperren müsste. »Die Schauspieler«, sagte Reinhardt, »verkaufen ihre Seele und haben nicht einmal Zeit, den Besitz zu genießen. Sie weisen die größten Rollen zurück, sie verlassen die Proben und kommen abends vollkommen erschöpft und übermüdet zu den Vorstellungen, wenn sie überhaupt kommen.« Einige Jahre nach seiner vernichtenden Kritik an der Institution des Kinos gründete Max Reinhardt freilich seine eigene Filmproduktion.

Der Film war nicht aufzuhalten. Schon deshalb, weil die Gagen wesentlich höher waren und sind als am Theater. Der erste Kinostar hieß Henny Porten. Sie hatte erkannt, dass man sich vor der Kamera anders bewegen muss als auf der Bühne. In dem 1921 entstandenen Stummfilm »Hintertreppe« gab die in Magdeburg geborene Schauspielerin ein Dienstmädchen, dessen Liebhaber von einem eifersüchtigen Briefträger erschlagen wurde. Am Schluss waren alle drei tot, was daran lag, dass Filme damals umso besser ankamen, je blutrünstiger sie waren. Man erzählt von einem Produzenten, der seinem Drehbuchautor für jede auf unnatürliche

»Pauschalhonorar falls Schiff untergeht«

Weise verstorbene Person ein Sonderhonorar zahlte. Als der Autor dann aber ankündigte, dass in seinem nächsten Film ein Schnelldampfer mit dreitausend Passagieren in See stechen würde, drahtete der Produzent vorsorglich: »Falls Schiff untergeht, zahle ich nur Pauschalhonorar.«

Folgerichtig obsiegten in den Pioniertagen des Kinos die Horror-, Grusel- und monumentalen Kostümschinken. Allein in Österreich wurden mehr als tausend Stummfilme produziert, meist von der »Sascha«-Film des legendären Grafen Alexander Kolowrat, der 1927 mit »Café Electric« die noch unbekannte Marlene Dietrich fürs Kino entdeckte; und der Wiener G. W. Pabst brachte die »göttliche« Greta Garbo in »Die freudlose Gasse« zum Film, womit das Zeitalter der Leinwandschönen eingeleitet war.

Nun aber war's an der Zeit, den Ton ins Kino zu bringen. Während man in den USA bereits 1927 mit »Der Jazzsänger« den ersten Musikfilm gedreht hatte, hinkte Europa hinterher, weil die Filmindustrie aus wirtschaftlichen Gründen weiterhin stumm drehen wollte: Stars wie Asta Nielsen und Harry Liedtke ließen sich ohne Ton weltweit vermarkten, mit Ton jedoch nur in ihrem Sprachraum, zumal die Synchronisation noch nicht erfunden war.

Neue Probleme für alte Stummfilmstars
Als die Entwicklung dann aber nicht mehr aufzuhalten war, wurde der Tonfilm für die bisherigen Stummfilmlieblinge, die meist über keinerlei Sprechausbildung verfügten, zur Katastrophe. Einer von ihnen war der aus Salzburg stammende Anton Pointner. Im Stummfilm ein Star, konnte er sich, als der Ton kam, nur schwer zurechtfinden, weil er Schwierigkeiten mit der Aussprache gewisser Vokale hatte. So spielte er einmal in einem Napoleon-Tonfilm einen Feldherrn, der dem Korsen zu sagen hat: »Majestät, ganz Europa liegt zu Ihren Füßen.«

Kamera läuft, Pointner betritt großmächtig die Szene, salutiert, schwingt seinen Säbel durch die Luft und brüllt: »Majestät, ganz *Eiropa* liegt …«

Der Regisseur unterbricht ihn. »Herr Pointner, nicht *Eiropa* – Europa! Noch einmal, bitte!«

»Majestät, ganz *Eiropa* …«

»Nicht aufregen, Herr Pointner, ruhig bleiben, lassen Sie sich Zeit, Sie brauchen keine Angst zu haben: Europa, Europa!«

Anton Pointner versucht es noch einmal. Und sagt: »Majestät, ganz *Ei*- ... Entschuldigung, Herr Regisseur, kann i net Asien sagen?«

Im Stummfilm genügte es, einigermaßen gut auszusehen, um Beschäftigung zu finden, doch im Tonfilm war das zu wenig. Mehrere Schauspieler begingen Selbstmord, weil die Aufträge plötzlich ausblieben.

In den Zwanzigerjahren wurde Wien vom pulsierenden Berlin als europäische Filmmetropole der Rang abgelaufen – allerdings mithilfe vieler Schauspieler aus Österreich. Einer von ihnen war der 1904 als László Loewenstein geborene Peter Lorre, der in der Hauptrolle des Films »M – eine Stadt sucht einen Mörder« Filmgeschichte schrieb. Regie führte Fritz Lang, ebenfalls ein Wiener.

Lorres Darstellung eines Kindermörders war so eindrucksvoll, dass man ihm nach »M« fortan nur noch ähnlich dämonische Filmrollen, in denen er Ausgestoßene, Asoziale und Verbrecher spielen sollte, anbot. Wann immer ihm ein Drehbuch vorgelegt wurde, fragte er: »Was habe ich diesmal zu tun? Erschießen, vergiften oder erwürgen?«

Peter Lorre ging, als Hitler an die Macht kam, nach Hollywood, wo er in einem weiteren Welterfolg, »Casablanca«, mitwirkte. Auch hier führte mit Michael Curtiz ein Alt-Österreicher Regie und ein anderer, Paul Henreid, zählte – neben Humphrey Bogart und Ingrid Bergman – zu den Hauptdarstellern. Kurz vor seinem Tod im Jahre 1992 erklärte der Freiherr von Hernried, wie er in der Donaumonarchie noch geheißen hatte, dass die Österreicher den amerikanischen Film enorm beeinflusst hätten: »Gestik und Mimik waren in der Frühzeit von Hollywood schrecklich übertrieben, erst Fritz Lang und Billy Wilder verhalfen dem amerikanischen Film zu realistischen Szenen, zu Witz und Erotik. Dabei haben ihre europäische Herkunft und Erziehung eine große Rolle gespielt.«

Insgesamt waren rund vierhundert österreichische Filmschaffende in die USA emigriert, von denen nicht allen die große Karriere gelang, aber immerhin gingen 33 von 35 »österreichischen« Oscars an vertriebene Filmschaffende.

Fest steht, dass Regisseure wie Billy Wilder mit »Manche mögen's heiß«, Otto Preminger mit »Exodus« und Fred Zinnemann mit »High Noon« Hollywood mitgeprägt haben.

Der Zustrom der Österreicher erfolgte im Wesentlichen in drei Abschnitten:

- Zur Jahrhundertwende kamen die Wiener Filmpioniere Erich von Stroheim und Josef von Sternberg, die das amerikanische Kino revolutionierten. Zu den Einwanderern in dieser Zeit zählte auch der spätere Filmmogul William Fox (»20th Century Fox«).
- In den Zwanzigerjahren folgten der Regisseur Fred Zinnemann und der Produzent Joe Pasternak, der Filmerfolge mit Frank Sinatra, Gene Kelly und Doris Day drehte.
- Auf der Flucht vor Hitler gelangten dann die Regisseure Fritz Lang, Billy Wilder und Otto Preminger, die Produzenten Sam Spiegel und Eric Pleskow, der Drehbuchautor Walter Reisch in die USA. Und die Komponisten Max Steiner, der die Musik zu »Casablanca« und »Vom Winde verweht« schuf, sowie Erich Wolfgang Korngold, dessen Melodien in »Robin Hood« zu hören sind. Steiner erhielt drei Oscars, Korngold zwei. Als man Korngold fragte, wie es ihm in Amerika gefiele, antwortete er: »Es wäre alles wunderbar. Wenn ich mir meine Filme nicht anschauen müsste!«

Hedwig Kiesler zeigt sich, wie Gott sie schuf

Während es nach dem Krieg um Korngold ruhiger wurde, setzte Steiner seine Karriere mit immer neuen Erfolgen fort. Noch aus ihren Wiener Tagen miteinander befreundet, hielt Steiner 1957 zu Korngolds sechzigstem Geburtstag die Laudatio. Nach ein paar launigen Worten der Erinnerung gelangte Max Steiner zu dem liebevoll-bissig-ironischen Schluss: »Ich kann es gar nicht verstehen, mein lieber Korngold, dass ich in Hollywood nach wie vor gefragt bin, aber nach dir kein Hahn mehr kräht!«

Korngold stand auf, ging ans Rednerpult und erwiderte: »Schau, lieber Max, das mit dem Erfolg ist doch ganz einfach. Seit zwanzig Jahren schreibst du von mir ab, und seit zwanzig Jahren schreib ich von dir ab. Da darfst du dich nicht wundern, dass du erfolgreicher bist als ich.«

Zu den Wiener Schauspielern in der Traumfabrik zählte auch Hedy Lamarr, die 1914 als Tochter eines Bankdirektors in Pötzleinsdorf zur Welt gekommen war. Hedwig Kiesler, wie sie damals noch hieß, wurde ans Theater in der Josefstadt geholt, arbeitete nebenbei als Script-Girl im Film und fiel einem Regisseur auf, der sie als Hauptdarstellerin für seinen nächsten Kinostreifen »Ekstase« engagierte. Der Film wurde ihr Schicksal.

Denn als das Trikot der 18-jährigen Schönheit in einer Badeszene verrutschte und den Blick auf ihren Busen freigab, blieb die Kamera auf sie gerichtet. So wurde Hedwig Kiesler, ohne es gewollt zu haben, zum ersten Nacktstar der Filmgeschichte.

Einer der reichsten Österreicher dieser Zeit, der Patronenfabrikant Fritz Mandl, sah sie im Kino und machte ihr einen Heiratsantrag. Als sie ja sagte, kaufte er alle »Ekstase«-Kopien auf, um zu verhindern, dass sie je wieder von einem anderen Mann nackt gesehen würde. Hedwig Kiesler musste ihren Beruf aufgeben und wurde in Mandls Jagdschloss im niederösterreichischen Schwarzau wie eine Gefangene gehalten. 1937 brach sie aus ihrem goldenen Käfig aus und floh nach Amerika.

Als Hedy Lamarr wird sie zur Hollywoodlegende

Auf der Reise schlug das Schicksal wieder zu: Hedwig lernte auf dem Schiffsdeck den mächtigen MGM-Studioboss Louis B. Mayer kennen, der ihr einen Siebenjahresvertrag anbot. Ihr Name wurde auf Hedy Lamarr geändert, sie wurde zum Sexsymbol und galt fortan als »schönste Frau des 20. Jahrhunderts«.

Hedy Lamarr drehte mit Spencer Tracy, James Stewart, Clark Gable und Judy Garland; die Männer liebten sie, und die Frauen wollten so aussehen wie sie. Die Wienerin ging auf Partys, hatte zahllose Affären, lebte in einer Prachtvilla und genoss ihren Starkult.

Doch als sie 35 war und den Film »Samson and Delilah« abgedreht hatte, wurde sie von einem Tag zum anderen gefeuert. Bei MGM war man der Meinung, dass die Schauspielerin nunmehr »zu alt« für Hollywood wäre. Die Lamarr zog sich zurück und erfand eine »Funksteuerung für Torpedos«, die Jahrzehnte später den störungsfreien Betrieb von Schnurlos- und Handytelefonen ermöglichte. Die Patentrechte waren freilich, als ihre bahnbrechenden Erkenntnisse umgesetzt wurden, abgelaufen, und sie bekam keinen Cent.

Galt als schönste Frau des 20. Jahrhunderts: die Wienerin Hedy Lamarr

Ihr Privatleben endete im totalen Chaos. Die sechs Ehen der Hedy Lamarr hielten jeweils nur ein bis zwei Jahre, und in ihren letzten Jahren stand sie zweimal als Ladendiebin vor Gericht. Die Diva starb am 19. Jänner 2000 im Alter von 86 Jahren in Florida. Allein, verarmt und vergessen. Als mahnende Legende der Traumfabrik.

In der Nazizeit war auch der Wiener Film ein »deutscher Film«. Man produzierte vor allem Unterhaltung, um von Krieg und Terror abzulenken. »Die gute Laune muss erhalten bleiben«, verkündete Propagandaminister Goebbels und ließ in den »Wien-Film«-Studios in Grinzing und Sievering leichte Kost drehen, als wäre die Welt rundherum heil geblieben. Die Filme hießen »Der Kongress tanzt«, »Schrammeln« oder »Operette« und zeigten Lieblinge wie Hans Moser, Theo Lingen, Marte Harell und Paul Hörbiger. Willi Forst, der auch Regie führte, bezeichnete seine Arbeit als »stillen Protest gegen die Machthaber«, wie er später sagte: »Es klingt grotesk, entspricht aber der Wahrheit, meine österreichischesten Filme machte ich zu einer Zeit, als Österreich zu existieren aufgehört hatte.« Gleichzeitig wurde von der »Wien-Film« aber auch üble Propaganda produziert, wobei »Leinen aus Irland« und »Heimkehr« mit Paula Wessely die traurigen Höhepunkte bildeten.

Nach 1945 glaubte Österreich die historischen Zusammenhänge des Dritten Reichs schon deshalb nicht ernsthaft aufarbeiten zu müssen, weil es sich als dessen erstes Opfer sah. Also befasste sich der Nachkriegsfilm mit anderen Perioden der Geschichte, vor allem mit der jetzt wieder »guten alten Zeit«. Und das mit großem Erfolg, vor allem durch die »Sissi«-Filme, die den Lebensweg der Kaiserin Elisabeth verklärt darstellen: Ihre Katastrophen wurden einfach ausgeblendet, die Kaiserin wird als glückliche Person, verliebt und viel auf Reisen, gezeigt: Regisseur Ernst Marischka drehte drei hervorragende Filme – deren einziger Fehler darin liegt, dass sie sehr wenig mit dem Leben der Kaiserin Elisabeth zu tun haben.

Nie zuvor wurde eine Schauspielerin dermaßen mit einer Filmfigur identifiziert wie Romy Schneider mit der jungen Monarchin. Sie spielte »Sissi« so glaubhaft, dass die Nachwelt das Gesicht der Romy Schneider vor sich hat, wenn von Elisabeth die Rede ist. Wie die wirkliche Kaiserin aussah – das wissen die wenigsten.

»Sissi« wurde zum Kassenschlager im Kino der Fünfzigerjahre und ihre Darstellerin zum Idol. Doch Romy Schneider erkannte mit ihren 18 Jahren sehr schnell, dass der Ruhm teuer erkauft ist: »Sissi hing wie ein Klotz an meinem Bein«, vertraute sie ihrem Tagebuch an, »Sissi lächelte selig, wenn ich Lust hatte zu weinen und zu leiden. In Wien, Paris, Rom, wenn ich ein großes Kaufhaus betrat, ja sogar im Hotel, zeigte man mit dem Finger auf mich: ‚Schau, Sissi! Mir hing diese Person zum Halse raus.«

Wie die Kaiserin aussah, wissen die wenigsten: Romy Schneider ist »Sissi«

Die Filme liefen in aller Welt. »Ich war nicht mehr Romy«, hielt die Schauspielerin fest, »nur noch Sissi, die jungfräuliche Königin des deutschen Films.« Ihr war klar, dass sie das ändern musste. Romy Schneider ließ Sissi und Österreich hinter sich, um anspruchsvolle Filme zu drehen, mit internationalen Regisseuren wie Luchino Visconti, Otto Preminger und Orson Welles.

Ein Vierteljahrhundert nach Beginn der »Sissi«-Dreharbeiten wird Romy Schneider vom Schicksal der Kaiserin Elisabeth eingeholt. Wie diese verliert auch sie ihren Sohn auf tragische Weise.

Kaiserin Elisabeth hat den Kronprinzen Rudolf um neun Jahre überlebt, Romy Schneider ihren Sohn Daniel Biasini um nur elf Monate. Eine fatale Mischung aus Alkohol und Tabletten führte am 29. Mai 1982 zu ihrem Tod.

Paula Wessely, Oskar Werner, Maria Schell ...

Zu den großen Nachkriegserfolgen des österreichischen Films zählt auch der 1948 gedrehte »Engel mit der Posaune«. Der von Ernst Lothar verfasste Schicksalsroman um die Klavierbauerdynastie Alt – unschwer als Familie Bösendorfer zu erkennen – handelt in den Jahren 1888 bis 1945. Paula Wessely gab die Hauptrolle der Henriette Stein, die nach einer unerfüllten Liebe zu Kronprinz Rudolf den Klaviermacher Franz Alt, gespielt von Attila Hörbiger, heiratet und sich als »Halbjüdin« nach Hitlers Einmarsch das Leben nimmt. Maria Schell und Oskar Werner standen für den »Engel mit der Posaune« zum ersten Mal vor der Kamera und wurden später auch für die englischsprachige Version engagiert. »The Angel with the Trumpet« entstand in London und begründete den Ruhm der beiden Schauspieler. Oskar Werner wurde allerdings, da er ohne Urlaubsgenehmigung nach England gereist war, vom Burgtheater entlassen.

Die Wessely war bereits 1934 für den Film entdeckt worden, als Willi Forst ihr die Rolle der Leopoldine Dur in »Maskerade« anvertraute. Als Laurence Olivier gefragt wurde, wen er für die bedeutendste Filmschauspielerin der Welt hielt, antwortete er: »Paula Wessely, seit ich sie zum ersten Mal in ›Maskerade‹ sah.«

Während der Film, meinte Hans Weigel, zu Unrecht darauf verzichtete, Attila Hörbiger adäquat zu beschäftigen, konnte sich dessen um zwei Jahre älterer Bruder Paul nicht beklagen – er spielte in mehr Filmen als jeder andere deutschsprachige Schauspieler, insgesamt waren es fast dreihundert.

Unvergessen sind vor allem jene, die ihn an der Seite von Hans Moser zeigen. Die beiden waren das komödiantische Traumpaar des Wiener Films, perfekt aufeinander eingespielt, mit jedem Wort und jeder Geste. Sie hätten unterschiedlicher nicht sein können:

Moser, der Kleinbürger, der in ärmlichen Verhältnissen aufgewachsen und vierzig Jahre alt werden musste, ehe sein einzigarti-
ges Talent entdeckt wurde. Auf der anderen Seite Paul Hörbiger,
Sohn aus gutbürgerlichem Haus, der geborene Lebemann, dem
die Herzen schnell zuflogen. Schon in seinen ersten Theaterstatio-
nen ein Liebling, kam er 1926 nach Berlin, wo ihn der Film fast
selbstverständlich entdeckte.

Am Deutschen Theater in Berlin traf er zum ersten Mal mit
Hans Moser zusammen, wo sie in der Varietékomödie »Artisten«
gemeinsam auftraten. Ein Duo war geboren, das das österreichische Wesen in all seinen Facetten verkörperte. Sie waren für
den Humor auf der Leinwand zuständig, Hörbiger als Charmeur,
Moser als liebenswerter Raunzer – wobei sich diese Rollenzutei-
lung kurzfristig auch umkehren konnte.

Franz Antel, unter dessen Regie viele
Moser-Hörbiger-Filme entstanden, be-
zeichnete die beiden als »unschlagbares
Duo, als Volksschauspieler im besten
Sinn des Wortes. Curd Jürgens und Oskar
Werner, mit denen ich auch viel gedreht
habe, waren hinreißende Schauspieler.
Aber sie haben mit dem Hirn gespielt.
Der Moser und der Hörbiger hingegen,
die haben mit dem Herzen gespielt«.

Zur österreichischen Filmindustrie
gehören natürlich auch Peter Alexander,
Gunther Philipp, Maria Andergast, Oskar
Sima, Waltraut Haas … – und doch war
der Niedergang des Kinos in den Sechzigerjahren, wohl durch die Konkurrenz
des Fernsehens, nicht aufzuhalten.

Seine Wiederauferstehung feierte der
österreichische Film erst nach der Jahrtausendwende mit Stefan Ruzowitzkys
Oscar-gekröntem Film »Die Fälscher«, in
dem Karl Markovics die Hauptrolle
spielt.

*Unschlagbares Film-Duo: Paul Hörbiger,
Hans Moser in »Hallo Dienstmann«*

211

WIE GROSS IST DER KLEINE MANN?

Vom Leben der einfachen Menschen

Der »kleine Mann« ist 1,83 Meter groß, achtzig Kilo schwer, er hat schütteres Haar und trägt einen Trachtenanzug. Mag sein, dass er auch ganz anders aussieht, jedenfalls wird er ununterbrochen zitiert, ohne je gefragt worden zu sein. Der kleine Mann spielt in der Weltgeschichte eine große Rolle. Er war immer derjenige, der all das ausbaden musste, was die »großen Männer« – Frauen kamen selten in eine solche Situation – angestellt hatten. Fest steht, dass kaum ein kleiner Mann von sich aus auf die Idee gekommen wäre, gegen irgendjemanden, der ihm persönlich nichts getan hat, in den Krieg zu ziehen.

Kaiser Leopold verteilt Geld unter den Armen

Werfen wir einen Blick in die zweite Hälfte des 17. Jahrhunderts. »Ein Elend hat dem anderen die Schnallen in die Hand gedrückt«, beschreibt Abraham a Sancta Clara die Zeit, in der die Menschen unter Seuchen, Naturkatastrophen und den Folgen des Dreißigjährigen Krieges litten. Neben einer Unzahl ausgedienter Kriegskrüppel und gekündigter alter Dienstboten gab es noch die »durch Unmäßigkeit, Verschwendung und Hurerei« selbst verschuldete Armut. Obwohl man 1671 in der Wiener Leopoldstadt ein »Zuchthaus für arbeitsscheues Gesindel« errichtet hatte, ging die Zahl der Bittsteller und Hausierer nicht zurück. »Bei den Pforten und Türen der Paläste stehen sie, umlagern mit Vorliebe die Burg und erhoffen sich Gaben von Hofleuten und Adeligen.«

Kaiser Leopold I. hatte, wenn er privat ausfuhr, immer einen Sack voll Geld bei sich, dessen Inhalt er zu verteilen pflegte. Dabei traf er mitunter auf so viele Bettler, dass seine Karosse nicht mehr weiterkonnte. Als man dem Kaiser die Freigiebigkeit zum Vorwurf machte, reagierte er mit den Worten: »Wenn ich das Geld auf Mätressen und Frauenzimmer ausgeben würde, so würde kein Mensch davon reden. Also störe man mich darin nicht.«

Die Wiener, so sie nicht zu den Ärmsten der Armen zählten, verfügten damals schon über ein gewisses Talent zur Genusssucht, berichtet der Engländer Edward Brown, der zwischen 1668 und 1673 den Kontinent bereiste: »Die meisten Leute in Wien leben sehr wohl und reichlich, sie bekommen auch köstliche Weine aus Ungarn und Italien, und zwar mehr als dreißig besondere Sorten. Viel Schwein und Wildbret wird in Wien gegessen, auch an Fischen herrscht großer Überfluss. Alle Feiertage lauft das Volk in den Wirtshäusern haufenweise zusammen.«

Jeder Groschen war hart verdient, von einer 40-Stunden-Woche konnte natürlich keine Rede sein – es gab die 80-, 90-, 100-Stunden-Woche. Worte wie Freizeit und Urlaub kannte niemand, man lebte fast ausschließlich für Beruf und Schlaf. Bedienstete in herrschaftlichen Haushalten arbeiteten für Kost und Quartier, es gab weder Renten noch Krankenkassen oder sonstige soziale Absicherungen, Kinderarbeit war eine Selbstverständlichkeit.

Katastrophal auch die hygienischen Zustände: Man kannte keine Müllabfuhr, neben den Wohnhäusern waren Sickergruben angelegt, in denen die menschlichen Fäkalien landeten. Der Gestank in den Straßen war unerträglich, Plumpsklo und Waschschüssel galten schon als Luxus. Die Jauche floss ins Trinkwasser der nahen Schöpfbrunnen, tödliche Epidemien waren die Folge, denn die Senkgruben wurden nur alle fünfzehn bis zwanzig Jahre entleert.

»Körperpflege« im heutigen Sinn war unbekannt, schmutzige Körperstellen wurden bestenfalls mit Puder oder wohlriechenden Essenzen übergossen, die Menschen wuschen sich ein- bis zweimal im Jahr. Ein Durchschnittsbürger verfügte über ein Paar Wams und Hosen, die zehn bis fünfzehn Jahre getragen wurden, bis sie in Lumpen auseinanderfielen.

Man wäscht sich nur ein- bis zweimal im Jahr

Dreht man das Rad der Zeit um mehrere Generationen weiter, wird man feststellen, dass sich die Situation nicht wesentlich verbessert hat. Die eindrucksvollste Alltagsbeschreibung des industriellen Zeitalters stammt von Adelheid Popp, die 1869 als fünfzehntes Kind einer Weberfamilie in Inzersdorf bei Wien geboren wurde. Zehn ihrer Geschwister starben früh, als dann auch ihr Vater krank wurde, verschlangen ärztliche Hilfe und Medikamente die ohnehin kargen Einkünfte der Familie. »So oft ich mit einem

213

Rezept in die Apotheke geschickt wurde«, schreibt Adelheid Popp in ihren Jugenderinnerungen, »klagte meine Mutter, wie lange das noch dauern würde«. Kranksein war mit so großen wirtschaftlichen Opfern verbunden, dass der Tod des Angehörigen geradezu herbeigesehnt wurde.

Als Vater Popp starb, konnte die Mutter ihre fünf Kinder, die überlebt hatten, nicht mehr ernähren, da es natürlich keinen Pensionsanspruch gab. Also mussten Adelheid und ihre Geschwister arbeiten gehen. Das Mädchen war zehn Jahre alt, als es seinen ersten Dienst als Näherin in einer Fabrik antrat und aus diesem Grund die Schule abbrach. Die Mutter hatte keine andere Wahl, als die gesetzliche Schulpflicht ihrer Kinder zu missachten und dafür von Zeit zu Zeit in den Arrest zu gehen.

In einer Wohnung leben 32 Personen
Zu den dringlichsten Problemen der kleinen Leute zählte die Wohnsituation. Die Miete einer Einzimmerwohnung kostete meist mehr als das Gehalt eines Arbeiters betrug, sodass die Menschen im 19. Jahrhundert noch gezwungen waren, sich mit anderen ein Zimmer zu teilen. 1815 lebten durchschnittlich 32 Personen in einer Wohnung, 1830 sogar 38. Am schlimmsten erging es den »Bettgehern«, die in jenen Stunden ein Bett mieteten, in denen es gerade frei war. Oft teilten sich auf diese Weise drei bis vier Personen eine Schlafstatt. Andere übersiedelten in entlegene Vororte, in denen die Mieten erschwinglicher waren als in Wien, sodass mit der Zeit auch außerhalb der Stadtmauern Elendsviertel entstanden.

Eine Wohnung oder gar ein Haus blieb wohlhabenden Familien vorbehalten. Doch selbst die hatten Probleme, den zweimal im Jahr – zu »Georgi« (24. April) und »Michaeli« (29. September) – fälligen Zins zu zahlen. Der Chronist Johann Pezzl notierte, dass »zu Georgi und Michaeli die halbe Stadt ihre Quartiere wechselte«, weil viele das Geld für die Mieten nicht aufbringen konnten (Nestroy nannte den Hausherrn seines Stücks »Zu ebener Erde und erster Stock« Georg Michael Zins).

Die Wohnungsnot in und um Wien war vor allem deswegen so groß, weil Menschenmassen aus der Provinz in die Haupt- und Residenzstadt drängten, die hier ihr Glück suchten. Immerhin verdiente ein Arbeiter in Wien drei Mal so viel wie in Böhmen oder

Mähren, woher ein Großteil der Zuwanderer kam. Im Jahre 1910 stammte bereits jeder vierte Wiener aus der Provinz. Die scheinbar so viel höheren Löhne täuschten aber darüber hinweg, dass das Wohnen und die Grundnahrungsmittel in Wien wesentlich teurer waren als in anderen Teilen der Monarchie, sodass vom erhofften Mehrverdienst nicht allzu viel übrig blieb.

Die meisten Bewohner der Elendsviertel schienen sich mit ihrem Schicksal abgefunden zu haben – sie kannten nichts anderes. Dass Diener auch am Beginn des 20. Jahrhunderts nicht viel anders als Sklaven behandelt wurden, entnimmt man der »Dienstbotenordnung« aus dieser Zeit: »Der aufgenommene Dienstbote hat ordnungsgemäß am verabredeten Tag einzutreten. Wenn er dies ohne gesetzlichen Grund unterlässt, so kann der Dienstgeber vom Polizeikommissariat die zwangsweise Zuführung des Dienstboten verlangen. Der Dienstbote, der ohne gesetzmäßigen Grund den Dienst eigenmächtig verlässt, ist auf Verlangen des Dienstgebers zwangsweise in den Dienst zurückzubringen.«

Es gab aber auch »fortschrittliche« Neuerungen: »Ein Recht der körperlichen Züchtigung besteht in Wien nicht mehr.« Weiters: »Mädchen unter 14 Jahren dürfen nicht in den Dienst genommen werden.« Ein »einmaliger Rausch« gilt nicht mehr als fristloser Entlassungsgrund.

Dienstboten, Wäscherinnen, Fuhrleute oder die gern »Frau Sopherl« genannten Naschmarktweiber waren oft »Typen«, deren originelle Aussprüche heute noch zitiert werden. Zu ihnen zählte auch jener Fiaker, der während der Revolutionstage des Jahres 1848 einem eleganten Herrn, der an seinem »Stand« vorbeiging, nicht wie sonst immer zurief: »Fahr' ma, Euer Gnaden!« Sondern: »Fahr' ma zur Revolution, Euer Gnaden!«

Bankbeamter und Komponist: Gustav Pick, der Schöpfer des »Fiakerlieds«

Der Bankbeamte Gustav Pick hatte den Wiener Lohnkutschern ein Wienerlied gewidmet – *das* Wienerlied schlechthin: Alexander Girardi sang es, als Fiaker verkleidet, am 24. Mai 1885 zum ersten Mal auf einer Wohltätigkeitsveranstaltung der Fürstin Pauline Metternich vor der Wiener Rotunde: »I hab zwa harbe Rappen, mei Zeug'l steht am Grab'n.«

215

Entgegen der »Fiakerlied«-Zeile »I bin halt an echt's Weana Kind« war Gustav Pick 1832 als Sohn eines Kaufmanns im jüdischen Ghetto des damals ungarischen und heute burgenländischen Marktes Rechnitz zur Welt gekommen. Pick war von aristokratischem Äußeren und zählte zum Freundeskreis des Grafen Hans Wilczek, dem Gründer der Wiener Rettungsgesellschaft. Als er diesen eines Tages auf seinem Gut in Seebarn besuchte, wurde Pick durch den Jagdmeister des Grafen vom nahe gelegenen Bahnhof abgeholt und mit den Worten empfangen: »Sind Euer Durchlaucht gut gereist?«

»Ich bin keine Durchlaucht.«

»Verzeihen, Euer Erlaucht!«

»Ich bin kein Graf, ich bin ein Jud.«

Darauf der Jagdmeister: »Oh, entschuldigen Sie, Herr Baron.«

Nach Gustav Picks Tod im Jahre 1921 gaben ihm Hunderte Fiaker in einer kilometerlangen Kolonne das letzte Geleit zum Zentralfriedhof.

Die Wiener Fiaker wurden zwar viel besungen, erhielten aber von den Fuhrwerksunternehmern so wenig Lohn, dass sie im Jahre 1889 einen Streik organisierten. Victor Adler schrieb damals: »Die einen arbeiten vier Stunden und werden reichlich ernährt: die Pferde. Die anderen arbeiten 16 bis 21 Stunden und haben Hungerlöhne: die Kutscher.«

Wenn der Hausmeister an der »Bassena« lehnt

Zu den Wiener »Typen« zählte auch der Hausmeister, in jenen Tagen *die* Autorität jedes Mietshauses. Wenn er an der Bassena lehnte und mit strengem Blick »die Parteien« inspizierte, wagte es niemand, sich seinem Urteil zu widersetzen. So ein Hauswart hatte kein Gehalt, durfte aber in einer winzig kleinen, ebenerdig gelegenen und meist feuchten Wohnung leben, ohne Miete zu zahlen. Vor allem aber verfügte er über eine von den Mietern gefürchtete Einnahmequelle: Wer es wagte, nach 22 Uhr das Haus von der Straße aus betreten zu wollen, der musste dafür zahlen. Das so genannte »Sperrgeld« wurde auch »Sperrsechserl« genannt, weil dem Hausmeister für die nächtliche Unannehmlichkeit sechs Kreuzer zu entrichten waren.

Nicht wenige Wohnungsmieter versäumten – so sie sich einen Theaterbesuch überhaupt leisten konnten – den letzten Akt der

Vorstellung, um das Haustor noch vor Fälligwerden des »Sperr-sechserls« zu erreichen. In einzelnen Fällen mussten die Mieter die Nacht im Freien verbringen, weil der Hausmeister so tief schlief, dass er die Klingel nicht hörte. Und wehe dem Hausbe-wohner, der darob Beschwerde geführt hätte. Alfred Polgar, selbst Mieter eines Wohnhauses in der Stallburggasse, war irgendwann zu Ohren gekommen, dass »neuerungssüchtige Wie-ner die Zuteilung eines Hausschlüssels an jede Mietspartei gefor-dert haben. Solche umstürzlerische Gesinnung hatte aber wenig Aussicht, sich durchzusetzen, da Krieg und Revolution die Posi-tion des Hausmeisters nicht erschüttern konnten. An seinen ›Schlapfen‹ – so heißen die Nachtpantoffeln des Wiener Haus-meisters – flutete die Brandung des Weltgeschehens gebrochen zurück.«

Und so war die Monarchie schon lange verblichen, als die Wie-ner immer noch ihr »Sperrsechserl« zahlen mussten, ehe ihnen, lange nach Ausrufung der Republik und als große Sensation, ein eigener Haustorschlüssel zugesprochen wurde.

»Mei Zeug'l steht am Grab'n«: Wiener Fiaker zur Jahrhunderwende

Als zur Mitte des 19. Jahrhunderts die ersten freiwilligen Krankenkassen entstanden, war das zwar ein gewaltiger Fortschritt, doch gerade diejenigen, die der Hilfe am dringendsten bedurft hätten, konnten sich die Beitragszahlungen nicht leisten. Erst 1889 kam es zur Einführung der ersten Pflichtversicherung. Gleichzeitig wurde gesetzlich geregelt, dass Erwachsene nicht länger als elf Stunden, Jugendliche zwischen zwölf und sechzehn Jahren nicht mehr als acht Stunden pro Tag arbeiten durften. Kinderarbeit unter zwölf Jahren wurde endlich verboten und die gesetzliche Sonn- und Feiertagsruhe eingeführt. Immerhin war Österreich mit der Schaffung dieser Bestimmungen in Europa führend.

Franz Kafka hilft Unfälle zu vermeiden — Ein Mann, der in ganz anderem Zusammenhang berühmt wurde, spielt in Österreichs sozialer Gesetzgebung eine nicht unbedeutende Rolle: Der Dichter Franz Kafka, als Konzeptbeamter in der Sozialversicherung für Unfallverhütung am Arbeitsplatz zuständig, schildert seine Tätigkeit in einem Brief an seinen Freund Max Brod: »Was ich zu tun habe?! In meinen vier Bezirkshauptmannschaften fallen die Leute von den Gerüsten herunter, in Maschinen hinein, alle Balken kippen um, die Böschungen lockern sich, alle Leitern rutschen aus ...« Dr. jur. Franz Kafka erkannte, dass die Unfallvermeidung durch entsprechende Sicherheitsmaßnahmen nicht nur aus humanitären Erwägungen notwendig war, sondern Staat und Betrieben auch Unsummen ersparte.

Doch Pensionsanspruch gab's noch immer keinen. Freilich wären ohnehin nicht allzu viele Menschen in den Genuss einer Rentenzahlung gekommen, da die durchschnittliche Lebenserwartung bei vierzig Jahren lag. Wer älter wurde und nicht mehr arbeitsfähig war, musste von seinen Kindern unterstützt werden, die dazu gesetzlich verpflichtet waren. Hatte man keine Kinder oder waren diese nicht in der Lage zu helfen, fiel man der öffentlichen Armenpflege anheim. Während die Großfamilie im ländlichen Bereich relativ gut für ihre Angehörigen sorgte, führte das fehlende Sozialnetz in den Städten zu Wohnungs- und Hungersnot, zu Massenausspeisungen und Elendsquartieren.

Die ersten Pensionen wurden im Jahre 1909 den so genannten »Kopfarbeitern«, also höheren Angestellten, gewährt, wodurch der

»kleine Mann« erst recht durch den Rost fiel. Nach den »Kopf-arbeitern« konnten 1927 die Handelsangestellten ihre Pensions-ansprüche durchsetzen. Arbeiter erhielten die Pensionen erst nach dem »Anschluss« ans Deutsche Reich, aber nicht weil die Natio-nalsozialisten so sozial waren, sondern weil die deutschen Gesetze bereits seit Anfang des Jahrhunderts einen Pensionsanspruch für alle Erwerbstätigen vorsahen. Zum vollen sozialen Schutz im heu-tigen Sinn kam es in den ersten Jahren der Zweiten Republik.

Adelheid Popp organisierte noch in den Jahren der Monarchie einen Frauenstreik und machte sich als Frauenrechtlerin einen Namen, ehe sie 1919 als sozialdemokratische Abgeordnete in den Nationalrat zog. Die »Roaring Twenties«, in denen Jazz, Quick-stepp, Charleston und Foxtrott für gute Laune sorgten, gaukelten dem »kleinen Mann« und der »kleinen Frau« vor, dass es keine Not und keinen Daseinskampf gäbe, dass das Leben eine einzige Freude ist. Doch all das überspielte nur, dass es kaum eine Fami-lie gab, die nicht Vater und Sohn im ruhmlos zu Ende gegangenen Weltkrieg gelassen hatte.

»Auf den Terrassen der Ringstraßencafés konnte es passieren«, beschreibt Otto Friedländer die Zwischenkriegszeit, »dass die Besucher innerhalb einer Viertelstunde von fünf Bettlern angere-det wurden: Junge, Alte, Gesunde, Behinderte, Frauen und Kinder – der Kellner wagte es nicht, sie von den Gästen fernzuhalten, er wollte es auch nicht recht. Die Gäste sollten es nur spüren, wie es zuging.« Arbeitslos zu sein, bedeutete damals: Sechs Monate Arbeitslosenunterstützung in Höhe von 2,50 Schilling pro Tag. Danach erhielt man sechs Monate Notstandshilfe à 50 Groschen (für die man ein Viertel Kilo Feigenkaffee bekam). Und dann war man »ausgesteuert«, vegetierte ohne jede staatliche Unterstützung.

In Marienthal, einem Ortsteil von Gramatneusiedl bei Wien, war 1830 eine Flachsspinnerei gegründet und innerhalb weniger Jahr-zehnte zu einer der größten Textilfabriken Österreich-Ungarns aus-gebaut worden. In dem kleinen Ort waren bis zu 1200 Arbeiter tätig, doch als mit dem Zusammenbruch der Monarchie die Absatzge-biete in Ungarn und auf dem Balkan einbrachen, musste der Betrieb reduziert werden, ehe man 1926 die halbe und drei Jahre

Fünf Bettler innerhalb einer Viertelstunde

später die restliche Belegschaft entließ und die Fabrik liquidierte. Nun war ganz Marienthal arbeitslos.

Es gab keine sinnvolle Beschäftigung mehr

Das Soziologen-Ehepaar Marie Jahoda und Paul Lazarsfeld nahm 1933 den Fall zum Anlass, in der Studie »Die Arbeitslosen von Marienthal« die Wirkung lang andauernder Arbeitslosigkeit zu untersuchen. Das Ergebnis erwies sich als erschreckend: Die Menschen waren bald nach der Schließung des Unternehmens mangelhaft ernährt, Kleider konnten nicht nachgeschafft werden, Kinder bei schlechtem Wetter nicht zur Schule gehen, weil sie kein Schuhwerk hatten. Zum besonderen Problem für die bis dahin fleißig arbeitenden Menschen der Arbeitersiedlung wurde das »Totschlagen der Zeit«, es gab keine sinnvolle Beschäftigung mehr, »das Nichtstun beherrschte den Tag«. Die Marienthaler lasen kaum noch, gingen nicht ins Theater, zeigten keine sonstigen Interessen.

Die Einwohner bezogen jetzt Arbeitslosen- oder Notstandsunterstützung, neun Familien hatten überhaupt keinen Anspruch auf Hilfe. Nicht wenige lebten »vom Betteln und Stehlen«, zuweilen landeten Katzen und Hunde auf dem Mittagstisch. Nicht minder dramatisch war die Erkenntnis, dass sich die Menschen »in sich selbst zurückzogen« und die Dorfgemeinschaft zu zerbröckeln begann. Die Arbeitslosen von Marienthal sahen sich nicht mehr als »nützliche Mitglieder der Gesellschaft« und empfanden den »Verlust ihrer Menschenwürde« als besonders schmerzlich.

Die Schöpfer der ersten großen soziologischen Studie verließen Österreich, noch ehe Hitler einmarschierte: Maria Jahoda emigrierte nach Großbritannien, Paul Lazarsfeld machte sich als Begründer der modernen Soziologie in den USA einen Namen. Kurz vor seinem Tod im Jahre 1976 zog er die persönliche Bilanz seines Lebens: »In Europa fürchten sich die Kinder vor den Eltern und in Amerika die Eltern vor den Kindern. Da ich das Pech gehabt habe, in Europa ein Kind und in Amerika Vater zu sein, habe ich mich eigentlich mein ganzes Leben lang gefürchtet.«

»Sie dürfen ins Kaffeehaus gehen«

Eine Wiener Institution

W ien ist zwischen 1900 und 1910 einer der geistigen Mittel-
punkte der Welt, und Wien hat keine Ahnung davon«,
beschreibt der Historiker Carl Schorske die Zeit des Fin de Siècle
und damit die Zeit der neuen Ringstraßenpracht, des Jugendstils,
die Zeit Schnitzlers, Otto Wagners, Mahlers, Egon Schieles, Sigmund Freuds. Und damit auch die Zeit des Kaffeehauses, in dem
sie alle zusammentrafen – Intellektuelle, gut situiertes Bürgertum,
aber auch »kleine Leute«, die einfach nur Heizkosten sparen wollten.

Wirklich berühmt wurde die Institution des Kaffeehauses aufgrund einiger weniger Lokale, in denen Wiens Bohemiens ihrer
literarischen Tätigkeit nachgingen. Allerdings hat nicht jeder Kaf-
feehausliterat auch wirklich im Kaffeehaus geschrieben. Anton
Kuh, Egon Friedell und Alfred Polgar zum Beispiel war's dort zu
laut, die brauchten die Ruhe und Abgeschiedenheit in ihren Wohnungen, um schöpferisch tätig sein zu können. Peter Altenberg hingegen schrieb wirklich im Café, wenn auch aus einem ganz anderen Grund, als man vermuten würde. Die von ihm bewohnten
Hotelzimmer waren zu klein, er musste seine Notizen und Gedan-
kenskizzen ausbreiten, ehe er zur Feder griff. Und da war eben auf
einem leeren Kaffeehaustisch mehr Platz als in seinem heillos
überladenen Kabinett im Grabenhotel.

Eines war das Kaffeehaus für alle, die dort ein- und ausgingen:
ein Ort der Begegnung und der Kommunikation.

Egal ob Friedell, Polgar, Kuh oder Altenberg – sie alle gingen in
dem Irrglauben dorthin, dass die Existenz des Kaffeehauses dem
legendären Georg Franz Kolschitzky zu danken sei. Fest steht
jedoch, dass der aus Galizien stammende Handelsmann keineswegs der Begründer der Kaffeehaustradition gewesen ist. Kolschitzky hatte nur sein am heutigen Stock-im-Eisen-Platz gelege-

*Wer betrieb
Wiens erstes
Kaffeehaus?*

nes Lokal »Wiens erstes Kaffeehaus« genannt und damit seinen Gästen eine aufregende Spionagegeschichte geliefert, die die Herkunft des von ihm servierten Getränks erklären sollte.

Er, Kolschitzky, hätte durch hervorragende Spitzeldienste dazu beigetragen, dass die Besatzer zur Zeit der Zweiten Türkenbelagerung Wien fluchtartig verlassen mussten. Für diese Meisterleistung hätte ihn der Wiener Bürgermeister mit dreihundert Säcken »graugrüner Bohnen« beschenkt, die die abziehenden Osmanen in der Eile vergessen hätten. Während die Kaffeebohnen von den übrigen Bewohnern der Stadt für wertloses Kamelfutter gehalten wurden, braute Kolschitzky daraus den »Türkischen«. Und gilt seither als Wiens erster Cafétier.

Neuere Forschungen weisen jedoch nach, dass die beliebte Kolschitzky-Legende mehr dem Wiener Schmäh als dem Wiener Kaffee zuzuordnen ist. Tatsächlich hatte sich Kolschitzky 1683 – als Spion in Diensten des mit Österreich verbündeten polnischen Königs Jan Sobieski – große Verdienste erworben, als er sich, als Türke verkleidet, durch die Linien der Belagerer kämpfte und mit der Meldung zurückkehrte, dass sich das sehnsüchtig erwartete Entsatzheer bald in Marsch setzen würde.

Wo Karl Kraus seine Feinde trifft

Das war zweifellos sehr mutig, ist aber ein anderer Kaffee. Wiens erster Kaffeesieder war ein gebürtiger Armenier namens Johannes Diodato, dessen Ausschank 1685 in der heutigen Rotenturmstraße 14 eröffnet wurde. Doch die Mär vom alten Kolschitzky wird sich nicht mehr aus der Welt schaffen lassen – eine Gasse und ein Denkmal erinnern heute noch an ihn.

Während das Kaffeehaus für die meisten Literaten bedeutsam war, weil sie hier ihre *Freunde* trafen, lag seine Bedeutung für Karl Kraus darin, dort seine *Feinde* zu treffen. Als das Café Griensteidl am Michaelerplatz 1897 die Pforten schloss, nahm Karl Kraus das zum Anlass, um in dem Feuilleton »Die demolirte Literatur« mit Wiens literarischer Szene abzurechnen. Er attackierte Hermann Bahr und Hugo von Hofmannsthal, von dem er behauptete, er hätte schon als Gymnasiast seine »letzten Worte« einstudiert. In Arthur Schnitzler sah er den »Dichter, der das Vorstadtmädl burgtheaterfähig gemacht« hat, und Felix Salten hielt er vor, der deutschen Grammatik nicht mächtig zu sein. Dafür bekam Kraus von

Salten anderntags im Kaffeehaus eine schallende Ohrfeige, »was allseits freudig begrüßt wurde«, wie in Schnitzlers Tagebuch nachzulesen ist.

Bei späteren Kaffeehausbesuchen war Kraus vorsichtiger. Als Alma Mahler ihren Stiefvater Carl Moll im Café Imperial auf den am Nebentisch sitzenden Karl Kraus hinwies, sagte der Maler, wohl um eine Spur zu laut: »Also, das ist der Lump!« Worauf Kraus sich erhob und das Weite suchte. »Er fürchtete die Schläge«, vermutet Alma Mahler-Werfel in ihren Memoiren, »von denen er schon mehr bei ähnlichen Anlässen bekommen hatte.«

Im Café Imperial konnte man auch Anton Bruckner, Hugo Wolf, Rilke, Roda Roda und den Dirigenten Franz Schalk treffen, der nach der Oper im Frack kam – und von manchem Gast prompt mit dem Kellner verwechselt wurde. Mit jenem Kellner Julius also, der sein ganzes Leben im Imperial tätig war – von den Tagen, in denen er als Piccolo begonnen hatte bis in die Zeit, da er als greiser Ober schweren Schritts immer noch den Kaffee servierte. Sein ausdauerndster Stammgast war der Polyhistor Eckstein, der in all den Jahrzehnten am selben Tisch im Imperial Hof hielt. Friedrich Eckstein*, von seinen Freunden »Mac Eck« genannt, wusste laut Angaben des Schriftstellers René Fülöp Miller einfach alles: »Wenn Hugo von Hofmannsthal, Werfel und Rilke über ein Gedicht in Zweifel waren, so pilgerten sie zu Mac Eck. Architekten legten ihm ihre Baupläne, Mathematiker ihre Gleichungen, Physiker ihre Formeln, Komponisten ihre Partituren zur Begutachtung vor. Juristen und Psychoanalytiker besprachen ihre Fälle mit ihm. Schauspieler befragten ihn über ihre Rollen und Historiker über ihre Geschichtstheorien. Selbst der kaiserliche Hofzeremonienmeister erschien eines Tages, um Mac Eck über eine strittige Frage der spanischen Hofetikette zu konsultieren. Mac Eck kannte sich in allen Gebieten aus. Wollte jemand die Haupt- und Nebenflüsse in Paraguay wissen, eine Auskunft über Neuthomismus, das erste romantische Gedicht oder die früheste Erwähnung der Zahnbürste, so wandte er sich an Friedrich Eckstein.«

Ein Leben vom Piccolo zum Oberkellner

---

* Friedrich Eckstein (1861–1939), Fabrikant, Philosoph, Literat, Musiker, Mäzen

Man raunte sich zu, hinterließ Friedrich Torberg, »dass der große Brockhaus, wenn er etwas nicht wusste, heimlich aufstand und im alten Eckstein nachsah«.

Es war Liebe auf den ersten Blick, als die Fleischhauertochter Josefine Danzberger und der Schustersohn Leopold Hawelka einander im Restaurant Dreierl begegneten. Sie war dort Sitzkassierin, er Kellner. Drei Jahre nach ihrer Hochzeit im Jahre 1936 kauften sie die etwas anrüchige »Je t'aime«-Bar in der Dorotheergasse und sperrten deren vormalige Séparées zu. Georg Danzer dürfte, als er sein berühmtes Lied schrieb, nicht einmal geahnt haben, dass es in grauer Vorzeit tatsächlich manch »Nackerten im Hawelka« gegeben hat.

*Das Café
Hawelka wird
zur Institution*
Als Josefine und Leopold Hawelka ihr Lokal nach 1945 wieder eröffneten, entwickelte es sich schnell zum Künstlertreff, zumal die nach der Sperre der »Adebar« heimatlos gewordenen Schriftsteller um Hans Weigel und Hilde Spiel ins Hawelka kamen. Es folgten die Maler Arik Brauer, Hundertwasser, Fuchs, Hrdlicka und Arnulf Rainer, deren Bilder heute noch an den durch Rauchschwaden vergilbten Wänden hängen. Und schließlich schneiten Helmut Qualtinger, Oskar Werner und H. C. Artmann herein. Stammgast Heimito von Doderer erklärte einmal, warum das Hawelka so einzigartig ist: »Letzten Endes nur deshalb, weil der Herr Hawelka nicht renoviert.«

So lange sie lebte, ging die Frau Hawelka tagtäglich von Tisch zu Tisch, um zu kontrollieren, ob die frischen Buchteln serviert und die Besucher im Besitz der ihnen genehmen Zeitungen sind. Dann wischte sie noch die Brösel von den Marmorplatten und nahm die leeren Kaffeehäferln mit. Das Wichtigste aber war ihr Sinn für individuelle Betreuung. Wenn jemand das Lokal verließ, weil kein Tisch frei war, konnte es passieren, dass sie ihm bis zum Graben nachrannte und zurief: »Kommen S' z'ruck, ich hab noch a Platzerl für Sie g'funden!«

Nicht wenige Ehepaare in Wien verdankten der Frau Hawelka den Partner fürs Leben, weil die Prinzipalin ihren Gästen die eng nebeneinanderstehenden Thonetstühle immer so zugewiesen hat, »wie sie dem Gefühl nach zusammenpassen«. Sie tat das zuletzt

224

»Ich hab noch a Platzerl für Sie g'funden«: Die Hawelkas vor ihrem Café

noch in der Nacht zum 22. März 2005, ehe sie einen Schwäche-
anfall erlitt und in ihrem 92. Lebensjahr verstarb. Nun übernahm
der verwitwete Leopold Hawelka, umgeben von den im Betrieb
mitarbeitenden Kindern und Kindeskindern, zu seinen eigenen
auch noch die Agenden seiner Frau.

Einige Jahre nach der Gründung des ersten Wiener Kaffeehauses durch Herrn Diodato hatte Kaiser Leopold I. vier weiteren
Gastronomen das Privileg zur Kaffeeausschank erteilt. Damit
war der Grundstein gelegt, dass sich Wien – neben Paris und
London – als Metropole europäischer Kaffeehauskultur etablieren konnte. 1737 gab es 37 derartiger Lokale, 1819 bereits 150
und in der Glanzzeit des Fin de Siècle zählte man in Wien ein-
tausend Kaffeehäuser, von denen etwa die Hälfte übrig
blieb. Ihre Beliebtheit ist vor allem in jener Zeit sprunghaft
angestiegen, als die Ausstattung luxuriöser wurde, als Rauch-
und Spielsalons mit Schach-, Billard- und Kartentischen ent-

standen und an den Zeitungsständern vermehrt Tagesblätter aus aller Welt angeboten wurden. Ab 1840 »durften« auch Frauen das bis dahin geheiligte Männerreich betreten. Allmählich entstanden die ersten »Schanigärten«, in denen die Gäste erstmals – und von vielen skeptisch betrachtet – frische Luft atmen konnten. »Schani« ist eine Wienerische Verballhornung des französischen Jean, also Johann. Dieser Name war tatsächlich unter Dienstboten und Kellnern sehr verbreitet, und durch die im Frühling vom Oberkellner an den Piccolo ergangene Aufforderung »Schani, stell den Garten auße!« soll der Begriff »Schanigarten« entstanden sein. Somit entsprach Alfred Polgars berühmter Satz, dass man sich »im Kaffeehaus zwar nicht zu Hause und doch nicht an der frischen Luft« befände, nur noch bedingt der Wahrheit.

Jede Berufs-
gruppe
bekommt ihr
Kaffeehaus

In der »Ringstraßenzeit« begann es sich durchzusetzen, dass Berufs- und Interessensgruppen dazu tendierten, die ihnen genehmen Cafés zu frequentieren. Die Schauspieler hatten ihre Stammtische im Dobner am Naschmarkt, Operette und Revue fühlten sich im Café Payer zu Hause. Während Verträge und geschäftliche Angelegenheiten im Heinrichhof geregelt wurden, trafen sich die Literaten im Griensteidl und wechselten nach dessen Schließung ins Central, dessen Glanzzeit bis zum Ende der Monarchie dauerte.

»Was politisch und erotisch revolutionär war«, stellte Anton Kuh fest, »ging ein paar hundert Meter weiter ins neu gegründete Café Herrenhof.« Eine Zeitlang pendelten wehmütige Stammgäste noch zwischen den beiden Etablissements. Befand sich ein Dichter nicht im Central, konnte man sicher sein, ihn im Herrenhof anzutreffen, und umgekehrt. Diese Gewohnheit wurde dem Schriftsteller Otto Kryzanowsky zum Verhängnis: Da er aus eben diesem Grund keinem abging, dauerte es mehrere Tage, bis sich herausstellte, dass er in beiden Lokalen fehlte. Dann erst fand man den leblosen Körper des Dichters in seiner Wohnung auf. Er war Tage zuvor verstorben, aber alle seine Freunde dachten, er wäre im »anderen Kaffeehaus«.

Auch Adel und Großbürgertum waren in den Cafés und den bald immer beliebter werdenden Café-Restaurants streng voneinander getrennt. »Ich erinnere mich«, schreibt Stefan Zweig in der »Welt von Gestern«, »dass mein Vater es sein ganzes Leben lang vermied, bei Sacher zu speisen, und zwar nicht aus Sparsamkeit – denn die Differenz gegenüber den anderen großen Hotels war lächerlich gering –, sondern aus jenem natürlichen Distanzgefühl: es wäre ihm peinlich oder ungehörig erschienen, neben einem Prinzen Schwarzenberg oder Lobkowitz Tisch an Tisch zu sitzen.«

Wurden nach 1918 aus vielen Kaffeehäusern Bankfilialen, so drehte sich der Spieß mit Beginn der Weltwirtschaftskrise um: Die Banken sperrten zu und machten den neu oder wieder gegründeten Kaffeehäusern Platz.

Zum Um und Auf des Wiener Kaffeehauses gehört neben den zahllosen Kaffeespezialitäten, die sich im Lauf der Jahrhunderte eingebürgert haben, das geschulte Personal. Es mag vorkommen – ist aber die absolute Ausnahme –, dass der Ober von Tisch zu Tisch eilt und von seinen Gästen etwa derartige Bestellungen entgegennimmt: »Eine Kaisermelange, drei Einspänner, zwei Kapuziner, eine Schale Gold, drei Große Braune, ein Türkischer …«

Um dann in die Küche hineinzurufen: »Elf Kaffee!«*

Im Herrenhof konnte einem Derartiges nicht widerfahren, hatte dessen legendärer Ober Hermann die Auswahl der Kaffeesorten doch zur Wissenschaft erhoben. Während man sich in anderen Lokalen mit der Definition »viel Milch« zufrieden gab, trug der Ober Hermann eine Lackierer-Farbskala mit zwanzig nummerierten Schattierungen von hellbraun bis dunkelschwarz mit sich und hatte den Ehrgeiz, seinen Gästen den Kaffee exakt in dem gewünschten Farbton zu servieren. Bestellt wurde nur unter Angabe einer Nummer: »Bitte einen Vierzehner mit Schlag« oder »Hermann, was soll das? Ich hab gesagt einen Achter, und Sie bringen mir einen Zwölfer!«

Der Ober Hermann verteilt eine Farbskala

---

* Kaisermelange = Kaffee mit Eidotter, Honig und Schlagobers; Einspänner = Großer Mokka im Henkelglas mit Schlagobershaube; Kapuziner = Schwarzer Kaffee mit einem Schuss Milch oder Schlagobers; Schale Gold = Kaffee mit Obers, etwas heller als ein Brauner; Türkischer = Fein gemahlener Kaffee mit Zucker, in Kupferkännchen aufgekocht und serviert.

Friedrich Torberg erzählte die vielleicht schönste Herrenhof-Geschichte, der zufolge sich Alfred Polgar dort von einem Stammgast namens Weiß belästigt fühlte, der stets mit ihm ins Gespräch kommen wollte. Als Polgar eines Tages das Herrenhof verließ, folgte ihm Weiß auf die Straße, gesellte sich devot an seine Seite und stellte die scheinbar ausweglose Frage: »In welche Richtung gehen Sie, Herr Polgar?«

Um die Antwort zu erhalten: »In die entgegengesetzte!«

Bundeskanzler Raab früh-stückt im Landtmann Wie das Herrenhof beschäftigte auch das Landtmann eine Kellner-Legende, den Herrn Hans, der 46 Jahre lang in dem Kaffeehaus neben dem Burgtheater in Diensten stand, ehe er in den Siebzigerjahren starb. Als der einstige Stammgast Otto Preminger nach langer Emigrationszeit zum ersten Mal wieder nach Wien und ins Landtmann kam, führte ihn der Herr Hans mit der größten Selbstverständlichkeit zu seinem Stammtisch und sagte: »Wie immer einen Großen Braunen, Herr Doktor Preminger?«

»Ich war fünfzehn Jahre weg gewesen«, erklärte der mittlerweile weltberühmt gewordene Regisseur damals, »aber im Landtmann hatte ich das Gefühl, als hätte ich es gestern zum letzten Mal besucht.«

Von den 29 Ringstraßencafés, die es einst gab, sind vier übrig geblieben: das Prückel, das Schwarzenberg, das Schottenring und das Landtmann. Im Landtmann traf und trifft sich die politische Prominenz der Stadt, und die Besitzer sind stolz darauf, dass es bisher keinen Bundespräsidenten und keinen Bundeskanzler gab, die hier nicht eingekehrt wäre. Julius Raab, der im Landtmann seine Regierungsbesprechungen abhielt, soll an seinem Fenstertisch sogar den Außenminister Karl Gruber abgesetzt haben.

Raab nahm hier täglich sein Frühstück ein, um im Anschluss daran seine geliebte »Virginier« zu rauchen. Nur eines duldete der Kanzler nicht: Wenn ihm der Landtmann-Chef Zauner seine politischen Ansichten darlegen wollte. Als Herr Zauner wieder einmal einen diesbezüglichen Versuch unternahm, erwiderte Raab: »I mach Ihna an Vorschlag: I versteh nix davon, wia ma an Kaffee

»Schani, stell den Garten auße«: das Wiener Kaffeehaus und die frische Luft

braut und werd Ihna auch weiterhin dabei net dreinreden. Dafür lassen Sie die Finger von der Politik. Weil die is nämlich nix für Ihna.«

Der Kaiser darf nicht ins Kaffeehaus gehen

So gerne sich die Staatsmänner der Republik im Kaffeehaus zeigen, so wenig war es früheren Herrschern möglich, ein solches Lokal zu betreten. Wir wissen das, weil Kaiser Franz Joseph einmal zum Journalisten Emanuel »Mendel« Singer im Verlauf einer Audienz die von Sehnsucht erfüllten Worte sprach: »Sie haben's gut, Sie dürfen ins Kaffeehaus gehen!«

VON ROTEN UND SCHWARZEN KLOFRAUEN

Ein kleines Land und die große Politik

Einmal war unser Vaterland so groß«, sagte Karl Heinrich Waggerl nach dem Zusammenbruch der Monarchie, »dass die Sonne darin nicht unterging. Jetzt hat sie kaum noch die Möglichkeit, darin aufzugehen.« Als der Krieg verloren, das mächtige Imperium zum Kleinstaat geworden und die Herrscherdynastie nach sechshundertjähriger Regentschaft vertrieben war, gestand der neue Staatskanzler Karl Renner: »Also, eins muss ich schon sagen, wenn der alte Kaiser Franz Joseph noch gelebt hätt', hätten wir uns das nicht getraut!«

Rot-Weiß-Rot waren jetzt, wie einst unter den Babenbergern, die offiziellen Farben des Staates, »den keiner wollte«.

Kein Wunder, dass er unbeliebt und kaum überlebensfähig war, hatte die Nationalversammlung doch im Herbst 1919 den Bedingungen des Friedensvertrags von Saint-Germain zustimmen müssen, der Österreich die Kriegsschulden der alten Monarchie aufbürdete. Es folgten Hungersnot, Kohlenmangel, Inflation, Arbeitslosigkeit. Dazu kam, dass politische Spannungen dazu führten, dass die Christlichsozialen die Regierungskoalition aufkündigten, die Sozialdemokraten in Opposition gingen und damit der Weg frei für die Deutschnationalen wurde. Die Gegensätze zwischen Bürgerlichen und Arbeiterschaft verschärften sich, beide Parteien gründeten bewaffnete Wehrverbände: die Christdemokraten die Heimwehr, die Sozialisten den Republikanischen Schutzbund.

Die politischen Gegensätze verschärfen sich

Die satirische Zeitschrift »Götz von Berlichingen« sah das Ende der jungen Republik bereits 1922 voraus:

> *Hier ruht ein Staat, ein mag'rer Hund,*
> *Noch immer knurrt sein hag'rer Mund.*
> *Er ist nicht tot, jedoch sie haben,*
> *Zur Vorsicht lebend ihn begraben.*

231

Am 4. März 1933 legten die drei Parlamentspräsidenten aus formalen Gründen ihr Amt zurück, worauf die Regierung Dollfuß erklärte, »der Nationalrat habe sich selbst ausgeschaltet« und das Ende der parlamentarischen Demokratie in Österreich einleitete. Der Februar 1934 bescherte dem Land bürgerkriegsähnliche Zustände, nachdem das Linzer Arbeiterheim »Hotel Schiff« von der Polizei umstellt und durchsucht worden war. Der Schutzbund antwortete mit Schüssen, und bald griffen die Kämpfe auf andere österreichische Städte über, doch Heimwehr, Militär und Polizei schlugen den Aufstand nieder.

Als alles vorbei war, erschien im »Prager Tagblatt« ein Leitartikel, der den sozialdemokratischen Führern Otto Bauer und Julius Deutsch vorwarf, sich in die Tschechoslowakei abgesetzt zu haben, während die von ihnen verlassenen »Schutzbündler« in aussichtslosem Kampf in Wien auf den Barrikaden gestanden und dreihundert von ihnen ums Leben gekommen waren.

Daraufhin sprach eine Abordnung der Sozialdemokratischen Partei bei Rudolf Keller, dem Herausgeber der Zeitung, vor, um sich über den Kommentar zu beschweren. Keller hörte sich die Vorwürfe des Delegationsleiters ohne Widerspruch an, holte tief Atem und brachte dann seine Entschuldigung hervor: »Meine Herren, Sie wissen doch, wie es zugeht in einer Redaktion – besonders an einem so aufregenden und hektischen Tag wie dem gestrigen. Da herrscht ein entsetzliches Durcheinander, die Meldungen überstürzen sich, man weiß gar nicht, wo man zuerst hinhören soll. Tja, meine Herren: Da kann es schon passieren, dass man einmal die Wahrheit schreibt!«

Die Ermordung des Bundeskanzlers Dollfuß

Die Bedrohung durch die Nationalsozialisten wurde immer größer, es kam zu einer Welle von Terror- und Sabotageakten, und am 25. Juli 1934 stürmten Putschisten der SS das Kanzleramt am Wiener Ballhausplatz. Bundeskanzler Engelbert Dollfuß versuchte sich in Sicherheit zu bringen, lief aber auf einer Wendeltreppe seinem Mörder Otto Planetta in die Arme, der ihn kaltblütig niederschoss.

Der schwer verletzte Regierungschef wurde von Mitarbeitern in den Roten Ecksalon gebracht und auf eine Sitzbank gebettet, auf der er drei Stunden später starb. Die Attentäter hatten ihm sowohl ärztliche Hilfe als auch den Empfang der Sterbesakramente verwehrt.

Seinem Nachfolger Kurt Schuschnigg blieb nicht viel mehr zu tun, als »auf jedes Blutvergießen zu verzichten«, während in der Nacht vom 11. auf den 12. März 1938 rund 100 000 deutsche Soldaten in Österreich einmarschierten. Damit war der »Anschluss« an Hitler-Deutschland vollzogen, der Name Österreich durch »Ostmark« ersetzt. Gegner des Nationalsozialismus wurden festgenommen oder verließen das Land.

Ein Regime der Gewalt übernahm die Macht. Bei einer Volksabstimmung stimmten 99,73 Prozent der Bevölkerung »Großdeutschlands« für den bereits vollzogenen »Anschluss«. Am 1. September 1939 brach mit Hitlers Überfall auf Polen der Zweite Weltkrieg aus: 55 Millionen Tote, 35 Millionen Verwundete, zwei Millionen Vermisste, das ist die grausame Bilanz nach sechs Jahren Krieg und zwölf Jahren nationalsozialistischer Herrschaft im »Deutschen Reich«.

In 22 Konzentrationslagern – von Auschwitz über Dachau bis Mauthausen – ermordeten die Nationalsozialisten rund sechs Millionen Juden und 500 000 Nichtjuden. Ab August 1943 wurden zahlreiche österreichische Städte durch Luftangriffe zerstört, die meisten Zivilisten starben in Wien, Graz, Linz, Wiener Neustadt, St. Pölten, Salzburg, Innsbruck und Klagenfurt.

Am 27. April 1945, wenige Tage vor dem offiziellen Ende des Krieges, wurde die Wiederherstellung der Republik Österreich proklamiert und eine Provisorische Regierung gebildet. Österreich lag in Schutt und Asche, Not und Hunger waren so groß, dass der neue Staatskanzler Karl Renner tagtäglich bei den Besatzern um Lebensmittellieferungen betteln musste.

Renner und Figl, die Männer der ersten Stunde

Die Versorgungslage verbesserte sich, der Flüchtlingsstrom wurde reguliert, ein NS-Verbotsgesetz geschaffen. Um sich in einzelnen Punkten durchzusetzen, musste Karl Renner alle möglichen Tricks anwenden. Manchmal, überlieferte Staatssekretär Karl Gruber, trug Renner im Ministerrat wichtige Gesetzesvorhaben mit so leiser Stimme vor, dass sie von weiter entfernt sitzenden Regierungsmitgliedern kaum verstanden wurden. Als er seine Vorstellungen verlesen hatte, stellte der Staatskanzler fest: »Kein Widerspruch – angenommen!«

Bei den Wahlen im Herbst 1945 gewann die ÖVP die absolute Mehrheit, Renner wurde Bundespräsident, Leopold Figl löste ihn als Kanzler ab. Der Wiederaufbau zählt zu den bleibenden Verdiensten des Niederösterreichers, der es verstand, sich manchen Schikanen der Besatzungsmächte zu widersetzen.

Obwohl Figl der populärste Politiker der Nachkriegszeit war, wurde er 1953 – gegen seinen Willen – von seinem besten Freund Julius Raab abgelöst. Die Hofübergabe wurde zur menschlichen Tragödie, doch Figl konnte nicht ahnen, dass seine große Stunde erst schlagen würde, da Raab ihm das Außenministerium anvertraute. Ohne eine einzige Fremdsprache zu beherrschen, verhalf Figl der Idee der österreichischen Neutralität zum Durchbruch, wodurch er zum Architekten des Staatsvertrags wurde.

Als er diesen am 15. Mai 1955 im Wiener Belvedere feierlich unterzeichnete, wusste kaum jemand, dass er Stunden davor seine Mutter zu Grabe getragen hatte.

Die Große Koalition, Proporz und Packelei

Unter Bundeskanzler Raab setzte die wirtschaftliche Konsolidierung ein, wobei die Achse zwischen »Schwarz« und »Rot« oft besser funktionierte als die Verständigung innerhalb der Parteien. Karl Renner konnte mit Leopold Figl besser als mit seinem Parteifreund Adolf Schärf. Und Raab war ein enger Freund des Gewerkschaftsbund-Präsidenten Johann Böhm, mit dem er die Sozialpartnerschaft schuf. Als Böhm einmal mit seinen Forderungen für die Arbeitnehmer zu weit zu gehen schien, erwiderte Raab in Anspielung an die Zustände in der Zwischenkriegszeit: »Mei liaber Freund, weil's damals allen gleich schlecht gangen is, kann's ja jetzt net allen gleich guat gehen.«

Die Große Koalition bewährte sich in der Phase des Wiederaufbaues, allerdings blühten Proporz und Packelei, zumal die Parteien bemüht waren, sich größere und kleinere Posten zuzuschanzen. Was zu folgendem Kuriosum geführt haben soll: Als in den Sechzigerjahren in den ehemals kaiserlichen WC-Anlagen von Schönbrunn eine »rote« Klofrau beschäftigt wurde, musste auch eine mit »schwarzem« Parteibuch angeheuert werden.

Nach zwanzig Jahren Großer Koalition bescherte Josef Klaus der ÖVP den größten Sieg ihrer Geschichte, als sie 1966 die absolute Mehrheit erlangte und die erste Alleinregierung der Zweiten Republik bilden konnte. Auch Klaus traf in der Stunde des Triumphs der schwerste Schicksalsschlag seines Lebens: Eine Woche nach dem Wahlsieg erlag seine 21-jährige Tochter einer Herzerkrankung.

Vier Jahre später musste Klaus das Kanzleramt an die SPÖ abgeben. Seine Maxime, keine Schulden zu machen, stattdessen aber die Steuern zu erhöhen, verhalf Bruno Kreisky zum Durchbruch. Er blieb 13 Jahre lang Regierungschef und somit längstregierender Bundeskanzler der Zweiten Republik.

Bruno Kreisky ist Österreichs »Sonnenkönig«

Kreisky faszinierte viele Menschen durch sein politisches Talent, seine charismatische Erscheinung, aber auch durch seinen Humor. Als dem Kanzler zugetragen wurde, dass Österreich bei der Fußball-WM '78 in einer Gruppe mit Holland, Schweden, Spanien und Brasilien spielen würde, überlegte er kurz und meinte dann: »Holland is a Monarchie, Schweden is a Monarchie, Spanien is a Monarchie – was macht eigentlich Brasilien in unserer Gruppe?«

Dass Österreich in seiner Zeit eine war – das stand für den »Sonnenkönig« sowieso fest.

ÖSTERREICH WIRD NARRISCH

Das Radio und seine Legenden

Die Modefrisur anno 1924 hieß Bubikopf, die neue Währung Schilling, und im September desselben Jahres wurden in Österreich die ersten »Radio-Versuchssendungen« übertragen. Und das, obwohl kaum jemand wusste, was das eigentlich ist. Auch wurde darüber gerätselt, welchen Namen das neue Ding erhalten sollte. Als »Telephoniehören« und »Drahtrundspruch« wurde die seltsame Erfindung angepriesen, ehe am 1. Oktober mit dem von Rosette Anday vorgetragenen Lied »Sieh, mein Herz erschließet sich« die Ausstrahlung des ersten offiziellen Programms erfolgte. »Technisch war's eine Katastrophe«, erinnerte sich die Kammersängerin, »ich musste mich bei jedem hohen Ton umdrehen, sonst hätte das Mikrofon gescheppert.« Dieses wurde so heiß, dass alle paar Minuten eine Sendepause erfolgen musste. Und die Hörer zu Hause hatten die Fenster weit geöffnet, weil damals die irrige Meinung herrschte, dass nur so »die Radiowellen ins Innere der Wohnungen dringen« würden.

Ingenieur Nußbaumer baut das erste Radio

Um ein Haar wäre das Radio von einem Österreicher erfunden worden, hatte doch der Tiroler Ingenieur Otto Nußbaumer bereits im Jahre 1904 an der Technischen Hochschule Graz mithilfe eines selbstgebauten Detektors die »erste drahtlose Musikübertragung« vorgeführt: Die Professoren des Physikalischen Instituts saßen in einem Zimmer und lauschten mittels Kopfhörern, was Nußbaumer da von einem anderen, durch meterdicke Mauern getrennten Raum zu ihnen sendete. Der Konstrukteur nahm einen Trichter zur Hand, in den er ein paar Töne des steirischen Volkslieds »Hoch vom Dachstein an« sang. Die Professoren zeigten sich von der technischen Leistung beeindruckt, bemängelten aber Nußbaumers dürftige Gesangsstimme.

Statt die Erfindung des Tirolers weiterzuverfolgen, überließ man das Feld jedoch dem Italiener Guglielmo Marconi sowie amerikanischen Technikern, die sie erfolgreich umsetzten.

Als es dann zwanzig Jahre nach Nußbaumers ersten Versuchen endlich so weit war, »hingen« elftausend Österreicher an den Kopfhörern ihrer Detektorgeräte und lauschten gegen Gebühr von zwei Schilling pro Monat den Sendungen der RAVAG (Radio-Verkehrs-AG), die aus einem fünf mal sechs Meter großen Zimmer im Heeresministerium am Stubenring übertragen wurden. »Radio hatte einen ungeheuren Stellenwert«, erinnerte sich Marcel Prawy, Hörer der ersten Stunde und tatsächlich Ohrenzeuge von Rosette Andays Eröffnungskonzert. Programmzeitung gab's noch keine, aber die Titel der ersten Sendungen sind überliefert: Täglich 1 bis 2 Uhr Opernkonzert, abends ernste Musik, nachts spielt das Unterhaltungsquartett Bert Silving, Sonntag um 11 Uhr das Orchester Ludwig Kaiser.

Das neue Medium formte eine Generation, die plötzlich Zugang zur Musik und durch populäre Sprachsendungen auch zu Fremdsprachen fand. »Der Gedanke, dass man mich in Scheibbs und Palermo gleichzeitig hört, macht mich erbeben«, kündigte Startenor Leo Slezak seinen ersten Radioauftritt an. »Mein Trost ist, dass mir – falls es schiefgeht – niemand was an den Kopf werfen kann.«

Kammersänger Leo Slezak als Radiostar

Slezak war nur einer der großen Namen, mit deren Hilfe das Radio populär wurde. Doch die Publikumslieblinge hatten – ähnlich wie beim Film – gar keine Lust, dabei zu sein, da sie »das Mikrofonsprechen« in den Anfängen als würdelos empfanden. Bis ihnen die Reklamewirkung des Hörfunks klar wurde: In der Volksoper liefen 24 Vorstellungen der Operette »Der gütige Antonius«, fast ohne Publikum. Die 25. wurde von der RAVAG übertragen, und von da an war das Haus fünfhundert Mal ausverkauft!

In den ersten Jahren wurde der Rundfunk als Wunder gesehen, was mitunter zu kuriosen Situationen führte. Auch in einer ernsten Stunde der Ersten Republik, wie der langjährige RAVAG-Direktor Rudolf Henz erzählte: Ein Reporterteam des jungen Radios eilte am 15. Juli 1927 zum brennenden Justizpalast, der kurz davor von sozialdemokratischen Arbeitern gestürmt worden war. Als bei der Belagerung des Ministeriums Akten angezündet und Möbelstücke aus den Fenstern geworfen wurden, schritt die Exekutive ein. 89 Menschen starben, es gab 660 Schwer- und mehr als tausend Leichtverletzte.

Vor den Toren des brennenden Justizpalasts lagen bereits die ersten Opfer, als die Rundfunkleute am Schmerlingplatz eintrafen. Ein Polizeikordon war damit befasst, die Schaulustigen davon abzuhalten, sich dem Gebäude zu nähern.

Als sich nun der Rundfunkreporter einem Beamten mit den Worten »Ich bin von der RAVAG« vorstellte – was damals einer Sensation gleichkam –, packte der Polizist den Journalisten am Kragen, beutelte ihn tüchtig durch und sprach, während rundum die Flammen loderten: »Endlich hab i an von der RAVAG. Des wollt' i euch immer scho sagen: Warum spielt's ihr immer so viel von die depperten Opern. Und kane Fußballmatch?«

Sprach's und ließ den Reporter zum Ort des grausamen Geschehens vordringen.

Im darauf folgenden Jahr wird der Polizeibeamte gejubelt haben, denn 1928 wurde dann tatsächlich das erste Fußballmatch übertragen. Und zwar von einem Reporter, der zu den Legenden des österreichischen Rundfunks zählt.

Der Sportreporter des »Wunderteams«: Professor Willy Schmieger

Er hieß Willy Schmieger, war 1887 in Wien zur Welt gekommen und hauptberuflich Latein- und Griechischprofessor am Humanistischen Gymnasium in der Klostergasse. In seiner Jugend Mittelstürmer der Wiener Sportvereinigung – dem späteren Sportklub – war er dann als Schiedsrichter einer der wenigen, die vom Publikum als unparteiisch akzeptiert und nicht ausgepfiffen wurden. Als das Radio seinen Durchbruch feierte, wurde das zweifellos größte Talent des vielseitigen Mannes entdeckt: Schmiegers Radioreportagen hatten den dramaturgischen Aufbau eines Hörspiels, er konnte so spannend vortragen, dass er unverzichtbar wurde und seine sichere Stellung als Lehrer aufgab, worüber sich in den wirtschaftlich schweren Dreißigerjahren viele wunderten. Willy Schmiegers Ruf »Schall zu Vogl, Vogl zu Schall – Tooor!« bekam Kultcharakter.

»Der Professor« hatte aber auch das Glück, dass Österreich in diesen Tagen über die beste Fußballmannschaft aller Zeiten verfügte: Das »Wunderteam«, dessen Geburtsstunde am 16. Mai 1931 geschlagen hatte, als Österreich die bis dahin als unbesiegbar geltenden Schotten mit einem fulminanten 5:0-Sieg von der Hohen Warte »fegte«. Danach ging's Schlag auf Schlag. 6:0 gegen Deutschland, 8:1 gegen die Schweiz, 6:1 gegen Belgien, 4:0 gegen Frankreich. Als Österreich auch noch den Erzrivalen Ungarn 8:2 besiegte, war das ganze Land aus dem Häuschen, und der Limonaden-Verkäufer auf der Hohen Warte offerierte seine Getränke als »Schall-Kracherl« – benannt nach dem Stürmer Toni Schall, der allein bei diesem Spiel vier Treffer landete.

Die Österreicher besiegen die Ungarn 8:2

Kein Österreicher konnte sich der Begeisterung entziehen, wer nicht im Stadion war, der saß an seinem Volksempfänger oder stand am Wiener Heldenplatz, wo man gegen eine Gebühr von 20 Groschen aus Lautsprechern Willy Schmiegers Kommentare verfolgen konnte.

Matthias Sindelar, der Größte von allen, gilt als Österreichs bester Fußballer des 20. Jahrhunderts. Aus ärmlichen Verhältnissen stammend, hatte er wie die meisten »Wunderteam«-Spieler »mit'n Fetzenlaberl« kicken gelernt. Selbst als umjubelter Mittelstürmer war er noch Verkäufer bei der Sportartikelfirma Pohl – denn leben konnten die Fußballer damals nicht von ihren Erfolgen. Für ein siegreiches Ländermatch bekam jeder Spieler 200 Schilling, für die man sich einen Anzug kaufen konnte.

Von 18 Länderspielen hat Österreich 14 gewonnen, zweimal unentschieden gespielt und nur zwei Mal verloren. Die Siegesserie dauerte bis zum 7. Dezember 1932, als Österreichs Fußballer 4:3 gegen England unterlagen. Das tatsächliche Ende des »Wunderteams« kam am 9. April 1933 mit einer 1:2-Niederlage gegen die Tschechoslowakei.

Noch in der Zeit des Sportreporters Willy Schmieger wurde Österreich durch den ersten »Radioskandal« erschüttert. Als nämlich der Nachrichtensprecher nach dem üblichen »Gute Nacht«-Gruß die Hörer mit den Worten »Und jetzt könnt's mi alle …« überraschte. Peinlicherweise hatte der Techniker das Mikrofon abzuschalten vergessen, wodurch das keineswegs zur Ausstrahlung gedachte Götz-Zitat auf Sendung ging. Der Sprecher wurde gefeuert, später allerdings nach empörten Protesten Tausender Hörer wieder eingestellt.

Neben Willy Schmiegers Sportübertragungen, den Reportagen vom Brand des Justizpalasts und des Atlantikflugs von Charles Lindbergh trugen auch die Berichte nach der Ermordung des Bundeskanzlers Engelbert Dollfuß viel zur Bedeutung des Radios als neues Informationsmedium bei.

Die legendären Worte »Gott schütze Österreich!«

Am 11. März 1938 schrieb Dollfuß' Nachfolger Kurt Schuschnigg nicht nur politische, sondern auch Radiogeschichte, als er sich via Äther von seinen Landsleuten mit den Worten »Gott schütze Österreich!« verabschiedete. Den Nationalsozialisten diente der Rundfunk dann für parteipolitische Propaganda und während des Krieges zur Verbreitung von Durchhalteparolen. Obwohl das Abhören von »Feindsendern« in dieser Zeit bei Todesstrafe verboten war, ließen sich viele Österreicher durch die von den Alliierten produzierten deutschsprachigen Radiosendungen informieren: »Wer einen Zwei-Röhren-Apparat hat«, hieß es damals, »muss täglich ›Deutschland über alles!‹ hören. Wer jedoch einen Vier-Röhren-Apparat hat, der hört – alles über Deutschland!«

Heinz Conrads fragte vierzig Jahre lang im Radio »Was gibt es Neues?«

Nach 1945 bekam das Radio neue Lieblinge. Heinz Conrads brachte es mit der Sendereihe »Was gibt es Neues?« zum Hörfunkweltmeister, zumal er sie vierzig Jahre lang moderierte. Österreich wartete in dieser Zeit Sonntag für Sonntag auf den typischen »Conrads-Sager«. Als etwa die dritte Klasse mit den Holzbänken in der Eisenbahn abgeschafft wurde, kommentierte er das mit den Worten: »Ab heute gilt der Sommerfahrplan der Bundesbahnen. Damit ist die dritte Klasse abgeschafft. Wieder ein Schritt näher zur klassenlosen Gesellschaft!«

»Eine Umfrage hat ergeben«, sagte er ein andermal, »dass in Österreich kaum einer geneigt wäre, für den Frieden sein Leben zu lassen. Das ist menschlich verständlich. Den Frieden will man ja eigentlich erleben und nicht ersterben!«

Oder: »Das Bundesheer hat neue Geheimhaltungsvorschriften. Die erste Stufe heißt: Geheim. Die zweite Stufe: Streng geheim! Die dritte: *Nach* dem Lesen vernichten. Die vierte: *Vor* dem Lesen vernichten!«

»Die große Chance« brachte den Durchbruch für Maxi Böhm, der sich selbst als »radioaktivster Österreicher« bezeichnete,

241

obwohl seine Quiz-Kandidaten damals statt Geld nur Senf und Waschpulver erhielten. Ungeschlagen in ihrer Beliebtheit war die tägliche Sendung »Autofahrer unterwegs«. Wenn Chefsprecher Walter Niesner über die Straße ging, zogen die Passanten ehrfurchtsvoll den Hut, baten um Autogramme, ließen sich mit ihm fotografieren. Ganz Österreich lauschte, wenn Niesner (oder die nicht minder beliebte Rosemarie Isopp) um 12.03 Uhr, »gleich nach dem Mittagsglocken«, auf Ö Regional die Hörer begrüßte, um vor den Gefahren des Straßenverkehrs zu warnen.

»I wer narrisch! Krankl schießt ein 3:2 für Österreich«

Willy Schmieger fand in der Zweiten Republik einen Nachfolger, der wie er Legendenstatus erlangte: Edi Finger wurde durch drei Worte zur Ikone der Sportberichterstattung. Als er zum ersten Mal in seinem Leben »I wer narrisch« rief, nahm das allerdings noch kein Mensch zur Kenntnis: Der Austria-Tormann Hubert Baumgartner hatte im Zuge eines Europacupspiels einen Elfmeter gehalten, wodurch seine Mannschaft ins Finale aufstieg und Edi Finger »narrisch« wurde. Niemand verlor ein Wort darüber, es gab keine einzige Reaktion darauf.

Nur ein Jahr später war alles anders: Das Stadion von Córdoba in Argentinien glich bei der Fußball-WM '78 einem Hexenkessel, als Hans Krankl drei Minuten vor Schluss das entscheidende Goal zum 3:2 gelang und Deutschland aus der Weltmeisterschaft flog. Und das war der Wortlaut, mit dem der Reporter Edi Finger diesen Moment im Radio festhielt:

Da kommt Krankl in den Strafraum – Schuss. Tooor, Tooor, Tooor, Tooor! Tooor! I wer narrisch! Krankl schießt ein 3:2 für Österreich. Meine Damen und Herren, wir fallen uns um den Hals, der Kollege Rippel, der Diplomingenieur Posch, wir busseln uns ab. 3:2 für Österreich durch ein großartiges Tor unseres Krankl. Er hat olles überspielt, meine Damen und Herren. Und warten S' noch a bisserl, dann können wir uns vielleicht ein Vierterl genehmigen. Jetzt hammas g'schlagen ... Und jetzt is aus! Ende! Schluss Vorbei! Aus! Deutschland geschlagen!

Dass ein Sportjournalist bei einer dermaßen spannungsgeladenen Begebenheit Zeit und Muße findet, den ihn abbusselnden Tontechniker »Diplomingenieur Posch« zu nennen, kann wohl nur mit dem sehr österreichischen Wesenszug des Reporters erklärt werden. Was diesem Spiel folgte, entbehrte jeglichen Vergleichs. Edi Finger wurde über Nacht zum Superstar, blieb aber ein extrem verletzlicher Mann, der »unter der geringsten Kritik an seiner Person gelitten hat«, erzählt sein Sohn Edi Finger jun. Der Grund: »Der Papa hatte ein schweres Leben hinter sich und fürchtete, alles noch einmal durchmachen zu müssen. Er stammte aus sehr armen Verhältnissen, wurde als Halbwaise von seiner Mutter allein aufgezogen.«

Gerade die unvergleichliche Popularität war es, die Edi Finger die Schattenseiten seines Berufs erleben ließ: »Für den Papa war's jetzt schwer, weil man von ihm nach Córdoba eine Steigerung erwartete, doch die konnte es nicht geben. Er hat sich oft Gedanken gemacht, was die Hörer beim nächsten Spiel von ihm hören wollen. Einmal hab ich zu ihm gesagt: ›Papa, das Beste wär gewesen, du hättest nach Córdoba aufgehört.‹«

Aber das konnte und wollte er nicht. Und so übertrug Edi Finger ein Sportereignis nach dem anderen, legte all seine Kraft und Emotion in seine Reportagen. »So eine Übertragung war damals Schwerstarbeit«, weiß der Sohn. »Man hört an seinen Berichten, wie er mitlebt, wie er sich aufregt. Er hat bei so einem Match neunzig Minuten, fast ohne Luft zu holen, durchgeschrieen und war am Ende schweißgebadet. Es war für ihn, als hätte er selber mitgespielt.«

»Es war für ihn, als hätte er selber mitgespielt«: Sportreporter Edi Finger

Die gesundheitlichen Folgen blieben nicht aus. Und so erlitt der 125-Kilo-Mann, nur ein halbes Jahr nach Córdoba und erst 55 Jahre alt, seinen ersten Herzinfarkt. Er erholte sich, arbeitete weiter, »aber nach dem zweiten Infarkt war er nicht mehr der Alte«.

Edi Finger starb am 12. April 1989, doch die drei Worte seines Lebens bleiben unvergessen.

»DAS WIRTSCHAFTSWUNDER IST WIRKLICH EIN WUNDER«

Vom Tauschhandel zum Überfluss

Die Geschichte des menschlichen Strebens nach Wohlstand begann, so der amerikanische Wirtschaftsforscher Peter Jay, vor etwa zehntausend Jahren. Die Erde wurde damals von sechs Millionen Menschen bewohnt, deren Lebenserwartung bei dreißig Jahren lag. Sie befriedigten ihre Grundbedürfnisse – Nahrung, Kleidung, Logis und Wärme – direkt aus der Natur, besaßen grobe Werkzeuge, Steine und die Kleidung, die sie am Leibe trugen. Die Menschen in der Mittelsteinzeit hatten kein Geld und hinterließen ihren Nachkommen kein Erbe.

Sie lebten in Gemeinschaften, die jeweils aus einem halben Dutzend Familien bestanden, nächtigten in Höhlen, Zelten oder einfachen Hütten und ernährten sich von Wildtieren, die von den Männern gejagt und von Beeren und Pilzen, die von Frauen und Kindern gesammelt wurden. Sobald die Nahrungsressourcen in ihrer Umgebung erschöpft waren, wechselten sie den Standort. Ihr Streben nach Wohlstand wird dadurch erklärt, dass sie bereits Tauschhandel mit Werkzeugen und Waffen betrieben, somit also vom Besitz ihrer Nachbarn Nutzen ziehen wollten.

Sichere Routen für reisende Kaufleute Nur fünftausend Jahre später, in der Bronzezeit, ist der Menschheit und somit auch der *Homo Austriacus* sesshaft geworden, er lebte in Dörfern und versorgte sich durch Ackerbau und Haustierhaltung. Bald verdichteten sich die Fernhandelsbeziehungen, und mit Entstehen der ersten Staaten und Hochkulturen wurden Straßen quer durch den Kontinent gebaut. Die wichtigste von ihnen – die Bernsteinstraße – reichte von St. Petersburg bis Venedig und führte auf österreichischem Gebiet übers Weinviertel durch das Marchfeld nach Carnuntum, wo sie die Donau überquerte, um dann über das Mittelburgenland den Weg Richtung Süden zu nehmen. Ihren Namen erhielt sie in der Zeit des Römischen Reichs, als der Handel mit Bernstein zur Schmuckverarbeitung stark zunahm.

Die reisenden Kaufleute wählten für ihre Transporte stets die sichersten Routen, die sich aber infolge bewaffneter Überfälle immer wieder veränderten, sodass auch die Bernsteinstraße zeitweise an Bedeutung verlor. Denn die Gefahr, der man sich im Altertum und im Mittelalter unterzog, wenn man Straßen benützte, war groß, da sich der Tauschhandel inzwischen überlebt und man vielfach das einkassierte Geld bei sich hatte.

Das erste Münzgeld gab es – von den Kelten nach Österreich gebracht – schon im ersten vorchristlichen Jahrhundert. Mit barer Münze zahlten auch die Römer, und die Babenberger prägten ab 1204 ihre »Wiener Pfennige« in Krems, dem damals führenden Handelsplatz. An der Schwelle zur Neuzeit wurde in Hall in Tirol der Taler geschaffen, der es zu so großem Renommee brachte, dass er dem amerikanischen Dollar bis heute seinen Namen gibt. Unter Maria Theresia gingen 1762 – bereits in der Gulden-Währung – die ersten Banknoten in Druck.

Die ersten Banknoten gehen in Druck

Mit dem Zusammenbruch des *Imperium Romanum* und dem Abzug der Besatzer aus der Provinz Noricum im Jahre 488 waren die in Österreich gelegenen Latifundien des römischen Adels zu autarken Landgütern geworden, die germanischen Feudalherren und Kleinbauern in die Hände fielen. Noch zur Jahrtausendwende waren rund neunzig Prozent der Weltbevölkerung in der Landwirtschaft tätig.

Gleichzeitig nahm der Handel einen enormen Aufschwung. Der Verkehr mittels Ochsenkarren und Pferdefuhrwerk rollte im Mittelalter immer noch über Staub- und Pflasterstraßen, die sich oft in jämmerlichem Zustand befanden, aber man konnte auf ihnen schon von Wien aus nach Brünn, Krakau, Kiew, Bozen, Augsburg, Mailand, Lyon und Paris reisen, und auch die Schifffstransporte über die Donau nahmen zu.

Im Jahre 903 ließ der erst zehnjährige Karolinger-König Ludwig IV., genannt »das Kind«, vierzig Adelige nach Raffelstetten bei Linz kommen, um mit ihnen eine neue Zollordnung für das Donaugebiet in Ober- und Niederösterreich zu schaffen. Darin wurde festgehalten, wie viel an Abgaben die Schiffseigner zu entrichten hatten: »So zahlen Sie von je einem Schiff drei halbe Scheffel Salz … von Honig zwei Stück Stangenwachs, deren jedes

$1^1/_2$ Pfennig wert sein soll… Wollen sie Pferde und Knechte verkaufen, so zahlen sie von einer Magd $^1/_2$ Schilling, von einem Knecht $1^1/_2$ Pfennig …«

Diesem ersten Wirtschaftsdokument Österreichs ist also zu entnehmen, dass zu den wichtigen Handelswaren nicht nur Salz, Vieh, Pferde, Honig und Wachs gehörten, sondern auch – Menschen. Es war zwar kein regelrechter Sklavenhandel mehr, aber es ist bezeichnend, dass der Wert von Mägden und Knechten durch Zolleinheiten berechnet wurden.

Ludwig IV., das Kind, der sein Leben lang kränkelte – wodurch Adel und Klerus die tatsächlichen Herrscher waren und den Sechsjährigen vermutlich aus diesem Grund zum König erhoben hatten – wurde nur 18 Jahre alt. Mit ihm ist das fränkische Geschlecht der Karolinger, das Teile Europas und auch Österreichs eineinhalb Jahrhunderte beherrscht hatte, ausgestorben.

Die ersten Kaufleute mit festem Kontor

In Unken im Salzburger Pinzgau ging im 12. Jahrhundert das erste Salzbergwerk in Betrieb, gleichzeitig setzte sich der Hopfenanbau in weiten Teilen Österreichs durch. Die Wirtschaftskraft profitierte von der Entwicklung und Anwendung einer Reihe technischer Neuerungen, von der Windmühle über den Webstuhl bis zum Spinnrad, das die Arbeitsproduktivität im Tuchgewerbe verdoppelte. Feuerrost und Kamin, die Nutzung von Kohle als Heizmaterial und die Einführung von Fensterglas erhöhten den Komfort in den Wohnhäusern, die Erfindung der Brille im 13. Jahrhundert verlängerte die Erwerbstätigkeit in so gut wie allen Berufssparten.

Aus den Wanderhändlern waren nach dem Frühmittelalter Kaufleute mit großteils festem Kontor geworden. Wo sie sich niederließen, dort entstanden die Städte, wie etwa Fürstenfeld, St. Veit an der Glan oder Klosterneuburg. Fast ein Drittel der 158 österreichischen Städte wurden im 13. Jahrhundert erhoben – ausschlaggebend dafür waren Straßen, Flussübergänge und die im Kriegsfall strategisch günstigste Lage. In den Städten entstanden Märkte, auf denen die Geschäftsleute mit ihren Waren von nah und fern zusammentrafen: Aus Flandern und Brabant kamen die Wollprodukte, aus England das feine Tuch, aus dem Norden wurden Getreide, Fisch und Pelze angekarrt, aus dem Süden Weine und

Salze. Venedig und Genua stiegen zu den wichtigsten Hafenstädten auf, von denen aus über Filialen im östlichen Mittelmeer, am Schwarzen Meer oder über arabische Zwischenhändler der Import von Gewürzen, Parfums, Sandelhölzern, Heilkräutern und Seidenstoffen aus China und Indien organisiert wurde.

Die zunehmende Bedeutung der Seefahrt führte dazu, dass Italien ab dem 14. Jahrhundert die größte Wirtschaftsmacht Europas war, gefolgt von Deutschland, Frankreich und Holland. Das bereits Habsburgische Österreich konnte da nicht mithalten, zumal die Deutschen durch reiche und einflussreiche Patrizierfamilien wie Tucher, Welser und Fugger konkurrenzlos blieben und sich in »Hansen« zusammenschlossen. Um das Jahr 1400 gab es bereits rund hundert Hansestädte, die als Genossenschaften gegründet wurden, um sich die Risiken zu teilen, denen Schiffe durch Sturm und Piraterie ausgesetzt waren.

Mit der Entdeckung Amerikas gelangten viele neue Produkte nach Europa. »Eine Art Rübe, die nach Kastanie schmeckt«, notierte Christoph Kolumbus in sein Bordbuch, als er nach seiner Ankunft zum ersten Mal eine Kartoffel gegessen hatte. In Europa irrtümlich als Aphrodisiakum verkannt, sollte sie zum wichtigsten

Die ersten Märkte in den Städten entstanden im Mittelalter, das Bild zeigt den alten Naschmarkt vor der Wiener Karlskirche, gemalt 1894 von Carl Moll

Nahrungsmittel des Industriezeitalters werden. Kolumbus schaffte auch die ersten Schiffsladungen von Bohnen, Maiskolben, Erdnüssen sowie Paprika, Kürbis, Kakao und Vanille herbei. Und auch Tomaten, die man in Europa vorerst als »Liebesäpfel« bezeichnete.

Der Entdecker Amerikas (der sich bekanntlich in Westindien wähnte) berichtete von Eingeborenen, »die den Rauch brennender Kräuter trinken«. Diese Worte gebrauchte er, als er Indianer Pfeifen und zigarrenähnliche Stengel paffen sah. Womit er uns den Tabak bescherte.

Andererseits lieferte Kolumbus den Ureinwohnern Amerikas Produkte, von denen sie noch nie gehört hatten, darunter Zuckerrohr, Gerste, Weizen, Reis, Kohl, Zwiebel, Kopfsalat, Apfel, Pfirsich, Orange, Zitrone und Olive. Er brachte auch Pferde, Kühe, Schafe, Hühner und Bienen in die Neue Welt, die sich dort in Windeseile vermehrten: Hatten die Eroberer bei ihrer dritten Amerika-Reise 1498 auf Kuba zwanzig Schweine ausgesetzt, so schätzte man deren Bestand 16 Jahre später bereits auf 30 000.

Doch die Indianer hätten liebend gern auf all die Segnungen verzichtet, denn neben der bald folgenden systematischen Ausrottung durch die Schergen der Inquisition, »verdanken« die Ureinwohner ihren Eroberern auch zahlreiche Krankheiten, deren Existenz ihnen bislang unbekannt war, darunter Malaria, Pocken, Masern und Diphtherie. Bis zu neunzig Prozent der Indianer starben in den Dörfern und Städten an den aus Europa eingeschleppten Infektionen. Geradezu als »Rache« musste den Europäern die Syphilis erscheinen, die kurz nach Kolumbus' Rückkehr in der Alten Welt ausbrach. Die tödliche Lustseuche hatte in Europa eine ähnlich verheerende Wirkung wie die Pocken in Amerika. Angesteckt hatten sich die Eroberer vor allem durch Vergewaltigungen der weiblichen Ureinwohner.

Die Handwerker gründen ihre Zünfte

So blutig und grausam die Entdeckung des neuen Kontinents auch verlief, trug sie zu einer enormen Vervielfachung der Handelsmöglichkeiten bei – insbesondere für die von den Habsburgern beherrschten Staaten: Spaniens und Portugals Konquistadoren begannen in den Jahren nach Kolumbus, die reichen Bodenschätze Amerikas systematisch auszubeuten. Die Indianer wurden versklavt und in rücksichtsloser Fronarbeit auf Plantagen und in Goldminen eingesetzt. Die neuen Geschäftsfelder der »Herren« aus Europa basierten somit mehr auf Raub als auf Handel. Die Weltbevölkerung betrug mittlerweile bereits 500 Millionen Menschen – 80 Millionen von ihnen lebten in Europa.

Im 15. Jahrhundert schlossen sich die Handwerker in den österreichischen Städten zu Zünften zusammen, die die Qualitätsrichtlinien garantieren und den Unternehmern organisatorische Erleichterungen bieten sollten. Wer einer Zunft angehörte, musste qualifiziert sein und über einen guten Leumund verfügen. Das Aufblühen der städtischen Wirtschaft führte zur Spezialisierung der Gewerbezweige und auch dazu, dass das Handwerk den sprichwörtlichen goldenen Boden erlebte.

Die Industrialisierung nahm in der ersten Hälfte des 18. Jahrhunderts in England ihren Ausgang, ehe sie in Etappen Kontinentaleuropa erfasste. Wichtigster Impulsgeber des neuen Zeitalters war die von James Watt vollendete Dampfmaschine. Was sie auslöste, war ungeheuerlich, denn der Mensch hatte sich, seit er die ersten Schritte tat, immer in der gleichen Geschwindigkeit fortbewegt – Aristoteles war ebenso gemächlich unterwegs wie Kaiser Josef II., der 2000 Jahre später lebte. Im Laufe einer Generation entstand dann mehr als in all den Jahrtausenden davor, das Tempo steigerte sich auf das Zwei-, Drei-, Fünf-, Zehnfache, die Maschine begann den Ablauf des Lebens zu bestimmen. Nachdem in Österreich vorerst die Textilbetriebe auf maschinelle Produktion umstiegen, gab es bald kaum einen Gewerbezweig, der nicht vom »Manufakturzeitalter« erfasst wurde.

Das industrielle Zeitalter steigert das Tempo

Am deutlichsten zeigte sich das neue Tempo im Verkehrswesen. Der rasche Transport mittels Schiff, Eisenbahn und später per Automobil und Flugzeug bescherte dem Handel eine nie da gewesene Blüte. Hatte man 1832 noch die erste Pferdeeisenbahn von Budweis nach Linz-Urfahr eröffnet, so wurde die Strecke wenige Jahre später auf Dampfbetrieb umgerüstet; 1849 umspannte das Schienennetz innerhalb der Monarchie 1350 Kilometer, zehn Jahre später waren es bereits 4000 Kilometer.

Die Eisenbahn brachte den Fortschritt: Wiener Südbahnhof um 1900

Die Wiener Tramway wurde auch zur Jahrhundertwende noch von Pferden gezogen, dafür gab es bereits die elektrische Stadtbahn und einige wenige Automobile. Der allererste Kraftwagen war hier im November 1892 gesichtet worden, als Gottlieb Daimler sein ebenso lautes wie übel riechendes Gefährt den Wiener Behörden zur Begutachtung vorstellte. Eine Kommission aus Vertretern von Magistrat und Polizei gelangte zu der Erkenntnis, dass das Fahrzeug zum öffentlichen Gebrauch zugelassen werden könnte, zunächst aber nur außerhalb der Ringstraße, »bis das Publikum sich an den Anblick eines so neuartigen Wagens gewöhnt« hätte. Ein »Daimler« kostete das etwa Drei- bis Vierfache des Jahresverdiensts eines Facharbeiters.

An eine Zukunft des Autos konnte unter diesen Umständen kaum jemand glauben. So ist's auch zu erklären, dass Roda Roda um 1900 Zeuge eines Gesprächs zweier älterer Wiener wurde. Sagte der eine: »Da schau her, ein Automobil.«

Darauf der andere: »Wird aa wieder abkommen.«

Die Motorisierung ließ sich auch langsamer an als anderswo. Waren in Paris zur Jahrhundertwende bereits 600 Personenwagen angemeldet, so gab es in Wien erst neunzig sowie ein Lieferfahrzeug der Firma Julius Meinl.

Meinl zählte zu jenen angesehenen Kaufmannsfamilien, die den wirtschaftlichen Aufschwung im 19. Jahrhundert zu nutzen wussten. Bedeutende Industrie- und Handelsdynastien waren auch die Schoellers, die Wertheims und vor allem die Mautner Markhofs, die lange im Ruf standen, Österreichs »reichste Familie« zu sein.

Adolf Ignaz Mautner war 1840 von Böhmen nach Wien zugewandert, um hier die St. Marxer Brauerei zu pachten, die er bereits wenige Jahre später kaufen konnte. Groß wurde das Unternehmen durch den Innovationsgeist des Patriarchen, der sich die Idee Kühlhäuser zu bauen patentieren ließ und dadurch das beliebte Lagerbier ganzjährig anbieten konnte. Seinen Reichtum begründete Adolf Ignaz Mautner aber durch die Entwicklung der Presshefe, die sich weltweit durchsetzte. 1872 wurde der Bierbrauer zum Ritter von Markhof geadelt.

Wie in vielen Unternehmen gab es auch Rückschläge. So tüchtig Adolf Ignaz war, so unfähig war sein Enkel Viktor Mautner Markhof, der den gesamten Familienbesitz auf dem Spieltisch ließ. Die Familie war nun zwar verarmt – aber berühmt. Denn Bierbrauer gab es viele, aber nur einen, der in einer Nacht sein ganzes Vermögen verlor. Glücklicherweise hatte Adolf Ignaz' Neffe Georg Mautner Markhof die Katastrophe vorausgeahnt und in Floridsdorf rechtzeitig die Brauerei St. Georg gegründet. Mit deren Gewinnen konnte er nach Jahren all das zurückkaufen, was Viktor verspielt hatte. Seither ist laut Statuten »jeder Mautner Markhof, der zum Spieler wird, aus der Familie auszuschließen«. In den letzten Jahren der Monarchie fusionierte die Familie Mautner Markhof mit Schwechater und anderen Brauereien, später kamen die Erzeugung von Senf, Essig und anderen Lebensmitteln dazu. Inzwischen ist der Konzern längst in andere Hände übergegangen.

Das ganze Vermögen am Spieltisch verloren

Das Kaiserreich war, als es in seinen letzten Zügen lag, auch wirtschaftlich am Ende – ohne dass man dies in den bürgerlichen Kreisen zu bemerken schien: So beschreibt Stefan Zweig die Jahre ab 1900 als »goldenes Zeitalter der Sicherheit. Alles schien auf Dauer gegründet und der Staat selbst der oberste Garant dieser Beständigkeit. Unsere Währung, die österreichische Krone, lief in blanken Goldstücken um und verbürgte damit ihre Unwandelbarkeit.

Alles stand in diesem weiten Reich fest und unverrückbar an seiner Stelle, und an der höchsten der greise Kaiser. An barbarische Rückfälle, wie Kriege zwischen Völkern Europas, glaubte man ebenso wenig wie an Hexen und Gespenster. Heute wissen wir, dass jene Welt der Sicherheit ein Traumschloss gewesen.«

Ein Traumschloss, das mit den Schüssen von Sarajewo in sich zusammenbrach: Von 1914 bis 1918 verdoppelten sich die Preise Jahr für Jahr als Folge der gigantischen Kriegskosten; dazu kam, dass die Bewohner der Monarchie in ihrem blinden Patriotismus mehr als 35 Milliarden Kronen an Kriegsanleihen gezeichnet hatten, die am Ende bis auf den letzten Kreuzer verloren waren.

Paradeunternehmer des 19. Jahrhunderts: Adolf Ignaz Mautner Markhof

Die Erste Republik brachte keine Besserung. Die Wirtschaft war nicht in der Lage, sich auf die neuen Rahmenbedingungen einzustellen. Arbeitslosigkeit und Hunger waren die Folgen; Schieber und Spekulanten verschärften die Situation, die zur größten bisher da gewesenen Inflation führte. Im Sommer 1921 kostete eine Tramwaykarte 2000 Kronen, ein Kilogramm Schweinefleisch 30000, ein Anzug von der Stange eine halbe Million. Und alles wurde stündlich teurer, die Teuerungsrate lag bei 500 Prozent, Hausfrauen gingen in der Früh einkaufen, weil das Brot zu Mittag noch mehr kostete. Der »Nullenwahnsinn«, hervorgerufen durch das ständige Nachdrucken riesiger Geldmengen, war nicht mehr zu stoppen.

Da die Österreicher jegliches Vertrauen in ihre Währung verloren hatten, musste eine neue her, die die Krone – sie hatte ab 1892 den Gulden verdrängt – ablösen sollte. Also schlug am 12. Dezember 1924 die Geburtsstunde des Schillings. Für 10000 Kronen bekam man einen Schilling, doch der Übergang war gleitend. Und sehr österreichisch: Die alte Krone behielt in einer Umstellungsphase ihre Gültigkeit, erst ab 1. Juli 1926 war der neue Schilling alleiniges Zahlungsmittel. Zu diesem Zeitpunkt konnte man einer amtlichen Mitteilung entnehmen: »Ab sofort muss in Schilling und Groschen abgerechnet werden. Zuwiderhandelnde Personen werden mit 60000 Kronen bestraft.«

Der Schilling schien sich zu bewähren, die Inflation ging zurück, der harte »Alpendollar« erwies sich als stabil. Das Vertrauen in die neue Währung war auch deshalb so groß, weil sich Bundeskanzler Ignaz Seipel verpflichtet hatte, den Schilling mit Goldreserven abzusichern, um für den am Boden liegenden Staat die überlebensnotwendige Völkerbundanleihe zu erhalten.

In den USA zeigte die Prohibition schlimme Folgen. Das Alkoholverbot trieb die Menschen in die Kriminalität, förderte Schmuggel und Bandenwesen, ehe es am 25. Oktober 1929 zum »Schwarzen Freitag« kam. Riesige Kurseinbrüche an der New Yorker Börse führten dazu, dass Anleger ihre Aktien hektisch loszuwerden versuchten und innerhalb weniger Tage 15 Milliarden Dollar verloren. Amerika schlitterte in eine gigantische Depression, die bald nach Europa überschwappte. Die nun folgende Weltwirtschaftskrise machte auch Österreichs Währungsreform zunichte und führte zum Zusammenbruch des Bankensystems. Als mit der »Creditanstalt« Wiens größte Bank ihre Zahlungen einstellte, konnte man auf den Kabarettbühnen hören: »Leute mit Plattfüß' sind jetzt die glücklichsten. Sie sind die einzigen, die ihre Einlagen herausnehmen können!«

Dem wirtschaftlichen folgte der politische Zusammenbruch. Der Börsenkrach kratzte am Mythos der kapitalistischen Welt und führte in Europa zu einer Polarisierung zwischen Faschismus und Kommunismus. Die Weltwirtschaftskrise wurde zur wesentlichen Voraussetzung für die Nationalsozialisten, um 1933 in Deutschland an die Macht zu gelangen.

Bis zu 600 000 Menschen sind ohne Arbeit

In Österreich waren bis zu 600 000 Menschen ohne Arbeit. Dazu kam, dass der Ständestaat den wirtschaftlichen und industriellen Aufbau des Landes viel zu wenig förderte. Wichtig schien nur, möglichst keine Schulden zu machen, was zur völligen Stagnation führte. Rühmliche Ausnahmen waren die Errichtung einiger Wasserkraftwerke, neuer Bundesbahnstrecken und des Straßennetzes, vor allem der Großglockner-Hochalpenstraße, die als Wunderwerk des alpinen Straßenbaus gefeiert wurde und Tausenden Arbeit gab.

Als der Wiener Bauingenieur Franz Wallack 1924 zum ersten Mal den kühnen Plan zur Errichtung der 48 Kilometer langen Strecke vorlegte, wurde er für verrückt erklärt. Er ging dennoch 150

Mal auf steinigen Fußpfaden den Glockner hinauf, um alles zu vermessen und die beste Route zu finden. Schließlich gelang ihm das noch größere Kunststück, die erforderlichen 24 Millionen Schilling aufzutreiben. 3200 Arbeiter schleppten zwischen 1930 und 1935 Tausende Tonnen von Gesteinsmassen, bauten Brücken und gruben Tunnels.

Der Bau der Großglocknerstraße wurde zum wichtigen Impuls für die Wirtschaft der Ersten Republik. Als sie fertig war, ernannte man den anfangs belächelten Franz Wallack zum Hofrat und zum Ehrenbürger.

Und doch war das gewaltige Projekt nur ein Tropfen auf dem heißen Stein. Wären mehrere Vorhaben dieser Größenordnung realisiert worden, hätte man die Arbeitslosenzahlen eher in den Griff bekommen können. Nun aber wankte Österreich ins Chaos, und immer mehr Menschen fielen auf Hitlers Versprechungen herein.

Als die Nazis im März 1938 einmarschierten, wurde der Schilling zum ungünstigen Zwangskurs 1,50 Schilling = 1 Reichsmark umgewechselt. Sämtliche Gold- und Devisenreserven der Österreichischen Nationalbank wurden nach Berlin gebracht, das Land förmlich ausgeplündert. Der Krieg brachte neue Not und nur die Rüstungsindustrie zum Erblühen. Wirtschaftliche Vorteile erwuchsen nur jenen »Parteigenossen«, die billig zu »arisierten« Fabriken, Betrieben, Villen und Wohnungen kamen.

Es mangelt an Nahrungsmitteln und Medikamenten

1945 war Österreich einmal mehr am Ende, die Menschen mussten sich mit durchschnittlich 900 Kalorien pro Tag begnügen. In den ersten Nachkriegstagen gab der Schauspieler Paul Hörbiger eine Pressekonferenz, zu der er amerikanische Journalisten ins Wiener Grand Hotel lud, um mit flammenden Worten darauf hinzuweisen, dass im ganzen Land viele Menschen, vor allem Kleinkinder, sterben müssten, weil es an Nahrungsmitteln, Medikamenten und Babynahrung mangelte. Um den Reportern die Dringlichkeit der Situation zu erläutern, hatte Hörbiger seine eigene Lebensmittelration mitgebracht. Er legte ein Stück Brot, Margarine, Fleisch, etwas Zucker und Milch auf den Tisch und sagte zu den Pressevertretern: »Davon muss sich ein erwachsener Mensch eine Woche lang ernähren.« Die anwesenden Journalisten waren entsetzt und versprachen, die amerikanische Öffentlichkeit von den Zuständen zu informieren. Als Paul Hörbiger im Anschluss an die Pressekonferenz nach Hause kam, folgte ein böses Erwachen: Er hatte im Grand Hotel seine eigene Wochenration liegen gelassen.

Die USA halfen mit Care-Paketen, aber auch schwedische, dänische und Schweizer Kinderausspeisungen linderten die ärgste Not, und der Schleichhandel blühte wieder: Für Brillanten aus altem Familienbesitz gab es am Schwarzmarkt im Wiener Resselpark Mehl und Bröseln, auf Bauernhöfen landeten ganze Wohnungseinrichtungen.

Der Wiederaufbau der Zweiten Republik verlief ganz anders als der von 1918, da die Regierungen unter den Kanzlern Figl und Raab aus den Fehlern gelernt hatten und jetzt auf Wachstums- und Beschäftigungspolitik setzten. Freilich wäre der Aufbau des daniederliegenden Landes ohne fremde Hilfe nicht möglich gewesen. Österreich verfügte weder über Kohle noch über Elektrizität, ein Großteil der Fabriken war verwüstet, der Bahnverkehr eingestellt, Schulen und Theater geschlossen, Geschäfte leer. In dieser schier aussichtslosen Situation erschien der Aufruf des Außenministers der Vereinigten Staaten als Rettungsanker. Als George C. Marshall am 5. Juni 1947 ein Ehrendoktorat der Harvard Universität in Boston verliehen wurde, formulierte er in seiner Dankesrede eine Idee, die Geschichte schrieb: »Wenn Europa zugrunde geht«, warnte er, »dann ist das auch eine Bedrohung für die USA. Wollen wir das verhindern, müssen wir den europäischen Staaten eine großzügige Wirtschaftshilfe anbieten, die es ihnen ermöglicht, die verheerenden Kriegsschäden zu überwinden.«

Aus den Fehlern der Ersten Republik gelernt

Der Marshall-Plan war geboren, der Westeuropa – Siegermächte wie Besiegte – vor dem Untergang rettete. Tatsächlich überwies die amerikanische Regierung in den Jahren 1948 bis 1953 allein an Österreich eine Milliarde Dollar. Mit dieser Summe wurden Kraftwerke, Straßen und Schienenwege errichtet, die Verstaatlichte Industrie aufgebaut, die Landwirtschaft modernisiert. Hunderte Privatfirmen erhielten günstige Kredite des so genannten ERP-Fonds. Zehntausende Arbeitsplätze wurden geschaffen, Österreichs gerade noch daniederliegende Industrieproduktion stieg im Jahresschnitt um 31 Prozent.

Die insgesamt – über Europa verteilten – 13 Milliarden Dollar waren ein Geschenk der USA, die ihr Geld jedoch sehr gut investiert hatten: Europas neu geschaffene Finanzkraft belebte die amerikanische Wirtschaft, außerdem erwies sich der Marshall-Plan als wirksamste Waffe gegen den befürchteten Vormarsch des Kommunismus.

Der Marshall-Plan rettet Europa

George C. Marshall erhielt für seinen Beitrag zur Rettung Europas den Friedensnobelpreis. Er starb 1959 – in jenem Jahr, in dem das »Wirtschaftswunder« – das es ohne ihn wohl kaum gegeben hätte – einen Höhepunkt erlebte.

Es war Julius Raab, der die wohl originellste Definition für das Wort Wirtschaftswunder gefunden hat: »Die Deutschen verdanken das Wirtschaftswunder ihrem Fleiß, ihrer Strebsamkeit und ihrer Ausdauer. Das österreichische Wirtschaftswunder ist hingegen wirklich ein Wunder!«

Das Wunder hielt sich erstaunlich lange und führte Österreich und die westliche Welt in eine nie da gewesene Ära des Wohlstands, in der schließlich der Euro als europäisches Zahlungsmittel eingeführt wurde.

Bis an der Wende des Jahres 2008 zu 2009 eine völlig neue wirtschaftliche Situation eintrat, die mit jener der Dreißigerjahre zu vergleichen ist. Doch darüber wird man irgendwann ein ganz anderes Buch schreiben müssen.

»NIE WIEDER FERNSEHEN!«

Das Patschenkino und seine Pioniere

Vielleicht erinnern Sie sich noch. An Lou van Burg, Kurt Jeschko und Franziska Kalmar, an Heinz Fischer-Karwin und Otto Koenig. An die Küchenchefs, Briefmarkenfreunde und Sprachlehrer, die allesamt zu den Pionieren des österreichischen Fernsehens zählten und mit dessen Aufstieg zu Lieblingen des Publikums wurden.

Man kann es mögen oder nicht, nur eins ist unmöglich: An diesem Medium vorbeigehen, als würde es nicht existieren. Es hat das Leben von Generationen verändert, Kinder und Erwachsene süchtig nach bewegten Bildern gemacht, sie davon abgehalten, Bücher zu lesen. Aber es vermittelt auch Wissen, hilft Menschen ihre Einsamkeit zu meistern.

Die Schauspielerin Franziska Kalmar war gerade von ihrer Hochzeitsreise mit Fritz Muliar heimgekehrt, als das Telefon läutete. »Frau Muliar«, sagte ein Herr, der sich als Mitarbeiter des österreichischen Rundfunks vorstellte, »wollen Sie Fernsehsprecherin werden?«

Sie wusste zwar nicht recht, was das eigentlich ist, wanderte aber am nächsten Tag, dem 1. August 1955, in eine ehemalige Volksschule in Wien-Meidling, in der man Österreichs erstes Fernsehstudio aufgebaut hatte. »Also, Studio ist übertrieben«, erinnert sich Frau Kalmar, »in einem Klassenzimmer standen drei Kameras, und ich sagte die erste Sendung an.«

Klassenzimmer mit Kamera: Sprecherin Franziska Kalmar im ersten TV-Studio

Es war eine Diskussionssendung, in der eine Handvoll Journalisten der Frage nachging: »Hat das Fernsehen Zukunft?«

Um es kurz zu machen: Keiner der Diskussionsteilnehmer hat diese Frage mit »Ja« beantwortet. Warum denn auch, das Ganze spielte sich praktisch unter Ausschluss der Öffentlichkeit ab: Im ersten Jahr des österreichischen Fernsehens gab es 1420 TV-Anschlüsse.

Noch dazu hinkte Österreich um Jahre hinterher, denn während man sich in den meisten europäischen Ländern seit Längerem schon der aus den USA kommenden Television erfreute, war das »Patschenkino« hierzulande erst nach Abschluss des Staatsvertrages möglich, weil die Alliierten die Errichtung eines Fernsehnetzes bis dahin untersagt hatten.

Das Medium Fernsehen und seine Stars

Gerhard Freund, der erste Fernsehdirektor, verstand es, das Interesse der Menschen auf das neue Medium zu lenken. Mit einem alten Trick, den man anderswo bereits erfolgreich angewandt hatte: Stars traten auf den Plan!

Schon der allererste war ein Volltreffer. Radioliebling Heinz Conrads sagte ab 9. März 1957 im Fernsehen »Guten Abend am Samstag« und setzte sich von da an fast dreißig Jahre lang »zu den G'sunden und Kranken«, sagte »Servas die Buam« und wurde laut Umfragen zum populärsten Österreicher erklärt. Kein Fernsehgewaltiger hätte es je gewagt, ihn »abzusägen« – abgesehen von einem Versuch des ORF-»Generals« Gerd Bacher, der einmal kurz darüber nachdachte – infolge heftiger Medienproteste aber gleich wieder davon abkam. »Der Heinzi«, wie viele den 1913 in Wien geborenen, gelernten Modelltischler nannten, gestaltete bis zu seinem Tod im Jahre 1986 neben seinen 2000 Radio- auch noch 1800 Fernsehsendungen.

Während Conrads von Anfang an erfolgreich war, lachte bei den ebenfalls ab 1957 übertragenen TV-»Bilanzen« des Kabarett-Altmeisters Karl Farkas vorerst kein Mensch. Der Grund: Die Sendungen wurden in einem sterilen Studio ohne Publikum aufgenommen. Da aber im Studio niemand lachte, lachte auch an den Bildschirmen keiner. Es dauerte einige Zeit, bis man erkannte, dass das Lachen ansteckend wirkt. Erst als man die Sendung vor – lachenden – Zuschauern aufzeichnete, wurden die »Bilanzen« zum Erfolg.

Seine kritische Distanz zum Medium Fernsehen sollte Farkas auch als TV-Star beibehalten. »Bekanntlich«, sagte er, »haben die Herren Edison und Marconi das Fernsehen durch ihre Erfindungen erst ermöglicht. Wir wollen ihnen das aber im Hinblick auf ihre sonstigen Leistungen nicht allzu sehr nachtragen.«

Ein Fernsehapparat kostete 6000 Schilling, und das war viel Geld, weshalb man bestrebt war, dem staunenden Publikum möglichst Aufregendes zu bieten, um es zu einer solchen Investition zu bewegen. Anfangs wurde das – jeweils montags, mittwochs und samstags gesendete – »technische Versuchsprogramm« eher im Kaffeehaus als in der eigenen Wohnung konsumiert, doch 1958 waren immerhin schon 50 000 TV-Geräte registriert. In diesem Jahr ging auch die erste Folge der »Familie Leitner« auf Sendung, deren Hauptdarsteller »Papa Leitner« Erich Nikowitz und »Mama« Friedl Czepa vielen Österreichern zu Familienmitgliedern wurden. Alfred Böhm schaffte als »dicker Schwiegersohn« seinen Durchbruch zum Volksschauspieler. Und »Schwiegertochter« Senta Wengraf erinnert sich, dass die Zuseher damals alles ernst nahmen, was das Fernsehen ausstrahlte: »Als ich in der Serie ein Kind erwartete, sind die Leute in der Straßenbahn aufgestanden, weil sie dachten, dass ich wirklich schwanger war.«

Zu den Pionieren zählte auch Heinz Fischer-Karwin mit seinen Kultursendungen »Ihr Auftritt, bitte!« und »Aus Burg und Oper«. Und das, obwohl er lieber interviewt worden wäre als andere zu interviewen. Der gebürtige Linzer hatte die Schauspielakademie absolviert und sich nach Kriegsende beim damaligen Burgtheaterchef Raoul Aslan als Schauspieler beworben. Fischer-Karwin überreichte dem Direktor ein Empfehlungsschreiben, doch der wies ihn mit den Worten ab: »Da Sie mir empfohlen wurden, besteht der begründete Verdacht, dass Sie begabt sind. Sollte sich dieser Verdacht durch ein Vorsprechen erhärten, müsste ich Sie engagieren. Leider habe ich dafür kein Geld, und daher möchte ich Sie erst gar nicht kennen lernen. Adieu!«

So wurde Heinz Fischer-Karwin Journalist. Er wäre als Schauspieler wahrscheinlich nie so berühmt geworden wie als Interviewer, seine im ORF-Archiv aufbewahrten Gespräche mit Herbert

»Ich möchte Sie gar nicht kennen lernen«

von Karajan, Karl Böhm, Christa Ludwig oder Curd Jürgens sind wichtige Dokumente der Zeitgeschichte.

Heinz Fischer-Karwin ist durch sein niveauvolles Auftreten ebenso in Erinnerung geblieben wie durch die Arroganz, mit der er seinen Interviewpartnern gegenüber saß. Er würdigte Dirigenten, Sänger und Schauspieler, die er vor laufender Kamera befragte,

»Den Schein der Arroganz auf sich gezogen«: Heinz Fischer-Karwin

keines Blickes, wusste aber so viel über sie, dass ihm kaum einer böse war. »Heinz Fischer-Karwin verstand es«, meint sein oftmaliger Studiogast Otto Schenk, »den Schein der Arroganz auf sich zu ziehen, wodurch sein Gesprächspartner automatisch in ein sympathisches Licht gesetzt wurde.«

Zur Bildschirm-Legende wurde schließlich Marcel Prawy, der von 1965 bis zu seinem Tod im Februar 2003 als »Opernführer der Nation« rund 240 Sendungen gestaltete. Als das Fernsehen in Österreich 25 Jahre alt wurde, gestand Prawy in einem Interview, sich eben erst einen eigenen TV-Apparat gekauft zu haben. »Ich bin bisher immer, wenn eine Sendung von mir lief, ins Café Schwarzenberg gegangen. Inkognito, mit aufgestelltem Mantelkragen, damit mich die Leute nicht erkennen. Aber ich habe nicht auf den Bildschirm geschaut, sondern auf die Reaktion der Zuschauer. Daraus habe ich viel gelernt, zum Beispiel, dass ich anfangs viel zu schnell sprach. Da habe ich mich dann irgendwann eingebremst.«

Auch Quizsendungen erfreuten sich in den Kindertagen des Fernsehens großer Beliebtheit. »Jede Sekunde ein Schilling« hieß die Show mit dem Holländer Lou van Burg, dessen Kandidaten tatsächlich pro Sendungssekunde die Auszahlung eines Schillings versprochen wurde. Allerdings stoppte der Geldfluss, sobald der Teilnehmer einen Fehler beging. In diesem Fall war alles weg. Da es so gut wie unmöglich war, fehlerlos zu bleiben, hielt sich das Risiko für den Österreichischen Rundfunk in Grenzen.

Lou van Burg wurde zum Verhängnis, dass die Pioniere des Fernsehens – anders als deren Nachfolger – ein makelloses Privatleben führen mussten. Durch seine österreichischen Quizsendungen entdeckt, moderierte »Mister Wunnebar« bald auch die Show »Der goldene Schuss« im deutschen Fernsehen. Nach 24 Sendungen feuerte man ihn, weil bekannt wurde, dass er ein Verhältnis mit seiner Assistentin Marianne hatte (die er später heiratete). »Onkel Lous« Rausschmiss ebnete seinem Nachfolger, dem ehemaligen Barmixer, Liftboy und singenden Kellner Vico Torriani den Weg zur Fernsehkarriere.

Ein Mann von Welt war Rudolf Hornegg, der seinem Publikum mit dem »Quiz 21« das wohl unspektakulärste Spiel der Fernsehgeschichte bot: Ein älterer Herr saß an einem Karteikasten, in dem Zettel mit Fragen zu verschiedenen Wissensgebieten – von Geschichte bis Religion, von Geografie bis Sport – geschlichtet waren. Während die einander konkurrierenden Kandidaten in schalldichten Kabinen auf die von Rudolf Hornegg gestellten Fragen warteten, mischte dieser die Karten – ein Vorgang, den er genüsslich als »eine kleine Mischkulanz« bezeichnete. Die Einserfrage (»An welchem Fluss liegt Linz?«) war die einfachste, die Elferfrage die schwierigste. Wer sich für sie entschied, riskierte es, nach dem Datum der Unabhängigkeitserklärung Rhodesiens gefragt zu werden. Jener Kandidat, der als erster 21 Punkte erreichte, war der Sieger. Die meisten Elferfragen als »Quiz 21«-Teilnehmer sollte ein Student beantworten, der späterhin auf ganz andere Weise bekannt wurde: der Politologe Anton Pelinka.

Als Carl Graf Schönfeldt 1898 in Wien zur Welt gekommen, führte Rudolf Hornegg ein abenteuerliches Leben. Sein Großvater war Ordonnanzoffizier des Feldmarschalls Radetzky und Generalstabschef der k. k. Armee, er selbst arbeitete als Platzanweiser im Berliner Ufa-Theater und betreute als Werbemanager Filmstars wie Zarah Leander, Johannes Heesters und Marika Rökk. Nach dem Krieg war er Chefsprecher beim Radiosender Rot-Weiß-Rot, ehe ihn das Fernsehen entdeckte. Wenn man ihn nach seinem Beruf fragte, antwortete er: »Das ist eine Elferfrage. Ich habe keinen!«

Freilich war der Grandseigneur umfassend gebildet und hätte – eigenen Angaben zufolge – sechzig Prozent der Fragen in seinem »Quiz 21« beantworten können. Verheiratet war er mit Christl Schönfeldt, der langjährigen Organisatorin des Wiener Opernballs. Seinen Künstlernamen hatte der Quizmaster nach jenem Schloss Hornegg gewählt, das seine Familie, ehe sie verarmte, in der Steiermark besaß.

Rudolf Hornegg präsentiert »Quiz 21«

Ende der Fünfzigerjahre eroberte Hans-Joachim Kulenkampff den Bildschirm. Mit 82 Folgen der Quizsendung »Einer wird gewinnen« erreichte der König aller Showmaster dann von 1964 bis 1987 allein in Österreich bis zu drei Millionen Zuschauer. Und jeder von ihnen wartete auf die Sticheleien, mit denen »Kuli« am Ende der Sendung von seinem »Butler« Martin* mit Hut und Mantel verabschiedet wurde. Am 10. November 1979 ging »EWG« via Eurovision zum ersten Mal von Wien aus auf Sendung. »Kuli« ging natürlich auf den neuen Schauplatz ein:

KULI: Na, Herr Martin, haben Sie sich ein bisschen umgeschaut in Wien?
MARTIN: Ja, das habe ich. Ich finde Wien sehr schön, Herr Kulenkampff.
KULI: Aber Wien ist doch viel mehr. Wien ist eine weltoffene Stadt, Wien ist eine Stadt mit einer toleranten Bevölkerung. Wien hat künstlerisches Flair, Wien hat Charme, Wien hat eine geistige Flexibilität.
MARTIN: Man kann es auch kürzer ausdrücken.
KULI: Bitte, tun Sie das.
MARTIN: Wien hat alles das, was Ihnen fehlt, Herr Kulenkampff.

Kulenkampff war »eigentlich ein trauriger Mensch«

Der im Salzburgischen Seeham lebende Hans-Joachim Kulenkampff sei ganz anders gewesen, als er sich am Bildschirm zeigte, erklärte seine Tochter Merle Kulenkampff nach dem Tod des Charmeurs: »Eigentlich war er ein trauriger Mensch. Traurig, weil er sich zum Beispiel nicht so präsentieren konnte, wie er es eigentlich wollte. Das Fernsehen war nur notwendig, weil er vom Theaterspielen allein lange nicht leben konnte. Das Fernsehen brachte Geld, er aber wollte ein großer Schauspieler sein. Doch fürs Theater war er immer viel zu sehr er selbst, er war nicht eine solche Schauspielerpersönlichkeit wie der von ihm so verehrte Laurence Olivier, der einfach gesagt hat, heut bin ich der, morgen der. Davon hat er oft geschwärmt, aber er war immer Kuli, das war sein Problem, das war sein konstantes Leidgefühl.«

---

* Martin Jente (1909–1996), Schauspieler und Fernsehproduzent

Sohn Kai Kulenkampff wies posthum – der Entertainer starb am 14. August 1998 in seinem 78. Lebensjahr – auf die Schattenseiten des Star-Rummels hin: »Die Popularität war meinem Vater mitunter furchtbar lästig. Wir konnten nirgendwo hingehen, ohne dass er angequatscht wurde: ›Kuli, wir kennen dich vom Fernsehen.‹ Das ging ihm schrecklich auf die Nerven. Um dem zu entgehen, ging er monatelang segeln. Am schönsten war's für ihn in Irland, wo ihn keiner kannte.«

Wie im Quiz griff das Fernsehen in seinen Pioniertagen auch in anderen Bereichen auf Bewährtes zurück. Man wusste schon im alten Hollywood, welch großer Beliebtheit sich jede Art von Tierfilmen erfreuen, also »importierte« man ab dem Jahr 1959 erstmals täglich gesendete amerikanische Serien wie »Lassie« und »Fury«, ehe man die Verhaltensforscher Hans Hass und Otto Koenig zu Publikumslieblingen aufbaute. Otto Koenig hatte von Helmut Zilk – einem freien Mitarbeiter des Schulfernsehens – den Auftrag erhalten, eine zehn Minuten lange Sendung über Wüstenspringmäuse zu gestalten. Koenig sagte zu, weil er dachte, »dass ich meinen Text aufsagen und dann wieder fertig sein würde«. Die Dreharbeiten dauerten dann aber nicht zehn Minuten, sondern vier Tage. Koenig »wusste ursprünglich nicht, wie aufwendig und kompliziert die Produktion einer Sendung ist«. Daher sagte er nach den Aufnahmen zu Helmut Zilk: »Nie wieder Fernsehen!«

Hans Hass, Otto Koenig, Helmut Zilk …

Daraus wurden mehrere hundert Tiersendungen.

Für Hans Hass bildete der 1959 gedrehte Fernsehfilm »Als Fisch unter Fischen« den Auftakt zu einer 26-teiligen »Expedition ins Unbekannte«. Hass wollte den Zuschauern mit seinen Unterwasseraufnahmen »beweisen, dass die Gefahren des Meeres, insbesondere jene durch Haie, maßlos überschätzt werden«. Die Wahrscheinlichkeit, von einem Hai angegriffen zu werden, betrage eins zu einer Million, erklärte der Biologe. Als die Unterwasser-Serie abgedreht war, wandte er sich »dem interessantesten aller Fische zu: dem Menschen«. So entstand die Dokumentationsreihe »Wir Menschen«, in der Hans Hass menschliche Verhaltensweisen analysierte.

Die Sendungen von Lou van Burg, Kulenkampff, Rudolf Hornegg oder Hans Hass waren »Straßenfeger« – ein Ausdruck, der zum ersten Mal 1962 für den Durbridge-Krimi »Das Halstuch« verwendet wurde, bei dessen Ausstrahlung tatsächlich Straßen, Kinos, Restaurants und Theater wie leergefegt waren. Zu den Straßenfegern zählten auch Robert Lembkes heiteres Beruferaten »Was bin ich?«, Hans Rosenthals »Dalli, Dalli«, Fritz Eckhardts »Hallo – Hotel Sacher … Portier!« und sein grantiger »Tatort«-Inspektor Marek. Vor allem aber Peter Alexanders Samstagabend-Shows, die von bis zu achtzig Prozent des Fernsehpublikums verfolgt wurden. Der 1926 in Wien als Peter Alexander Neumayer geborene Sohn eines Bankbeamten hatte sein Medizinstudium abgebrochen, weil es für ihn schon seit der Gymnasialzeit nur das eine gab: die Umwelt zu unterhalten. Dazu hatte er dann in mehr als 600 Sendungen als Gastgeber, Sänger und Parodist Gelegenheit. Außerdem drehte der Showstar, Sänger und Schauspieler vierzig Spielfilme und verkaufte mehr als vierzig Millionen Schallplatten. Als Begründung, warum er seit 1995 keine TV-Shows mehr präsentierte, gab er an, dass die ihm nun vorgelegten Drehbücher nicht mehr an die Qualität der früheren heranreichten.

Hans Moser schreibt Fernsehgeschichte

Mit einigen, wenigen Produktionen hatte das Medium mehr als nur Fernsehgeschichte geschrieben: Erich Neubergs Inszenierung von Ödön von Horvaths »Geschichten aus dem Wienerwald« mit dem 82-jährigen Hans Moser als Zauberkönig zählt dazu. Helmut Qualtinger ist in dem 1962 gedrehten TV-Film als Fleischhauer zu sehen. Als Qualtinger Jahre danach, in Maximilian Schells Kinoverfilmung desselben Volksstücks in Mosers einstiger Rolle vor der Kamera stand, musste er »furchtbar aufpassen, nicht zu sehr in den Moser-Ton zu verfallen«, wie er sagte, weil er dessen Sprachmelodie noch im Ohr hatte. Wenn es ihm hin und wieder doch passierte, ermahnte ihn Maximilian Schell: »Ich bitt dich, moser nicht so!«

Eine wahre Sternstunde bescherte dem Fernsehen der am 15. November 1961 erstmals ausgestrahlte »Herr Karl«: Helmut Qualtinger erzählt darin »einem jungen Menschen« seine Lebensgeschichte, während er seine Arbeit im Lager eines Feinkostgeschäfts verrichtet. Es ist der Monolog eines Mitläufers, der sich als

»Österreich war immer unpolitisch«: Helmut Qualtinger als »Der Herr Karl«

kleinbürgerlicher Opportunist durch die wechselvollen Zeitläufe des 20. Jahrhunderts schlägt: »Bis Vieradreißig war i Sozialist. Das war aa ka Beruf, hat ma aa net davon leben können … Später bin i demonstrieren gangen für die Schwarzen … Hab i fünf Schilling kriagt. Dann bin i umme zu die Nazi. Da hab i aa fünf Schilling kriagt. Naja, Österreich war immer unpolitisch, aber a bissl Geld is z'sammkummen, net.«

»Der Herr Karl« war keine Theaterproduktion – wie meist fälschlich angenommen wird –, sondern eine eigenständige Groß-tat des noch jungen Mediums Fernsehen. Das Publikum hatte Qualtinger bis dahin eher als Original, Kabarettist, Spaßmacher, Imitator und Erzeuger so genannter »practical jokes« wahrgenom-men. Es passte daher in der Zeit vor dem »Herrn Karl« durchaus zu seinem Repertoire, dass er nach der Ausstrahlung von Franz Werfels Drama »Der veruntreute Himmel« die Hauptdarstellerin Annie Rosar in einem TV-Kabarett parodierte. Annie Rosar mel-dete sich daraufhin – man schrieb das Jahr 1958 – telefonisch bei Direktor Freund und zeigte sich tief getroffen, dass man – gerade nach ihrem großen Fernseherfolg – eine solche Parodie zuließ. Gerhard Freund war die Angelegenheit peinlich. Einerseits versuchte er der Volksschauspielerin zu erklären, dass es für Kabarettisten keinerlei Zensur gäbe, andererseits wollte er die alte Dame nicht verletzen. Doch die Rosar war nicht zu beruhigen, rief im Lauf der nächsten Tage sechs Mal an und ging Freund mit ihren Interventionen schon ein wenig auf die Nerven. Beim siebenten Mal ließ er sich verleugnen – rief dann aber doch zurück. Annie Rosar war erstaunt: »Herr Direktor, ich habe in meinem ganzen Leben noch nie bei Ihnen angerufen!«

Bald fand man des Rätsels Lösung: Qualtinger selbst war es gewesen, der sich mit verstellter Stimme über seine eigene Parodie beschwert hatte!

Die Fernsehverantwortlichen wussten natürlich, dass – quasi als Nachfolge der Kino-Wochenschau – eine regelmäßige Nachrichtensendung etabliert werden musste. Gerhard Freund rief daher einen jungen Reporter namens Teddy Podgorski zu sich und fragte ihn, ob ihm ein Titel für eine solche Sendung einfiele.

Podgorski dachte kurz nach und erwiderte: »Es is zwar nicht besonders g'scheit, aber wie wär's mit ›Zeit im Bild‹?«

Dafür hat sich der Titel dann ja erstaunlich lange gehalten.

Das Treffen Kennedy–Chruschtschow in Wien Nun hatte die Sendung zwar einen Titel, aber aktuelle Reportagen konnten darin noch lange nicht gesendet werden – und das aus einem spezifisch österreichischen Grund: Der einzige Übertragungswagen war zwar rechtzeitig bestellt und nach Wien gebracht worden, lagerte aber monatelang beim Zoll, von dem er infolge bürokratischer Irrwege nicht ausgeliefert wurde. So mussten sich die ersten paar hundert TV-Konsumenten des Jahres 1955 im »Öffentlichen Fernseh-Versuchsprogramm« mit Sendungen wie »Mein Wellensittich lernt sprechen« oder »Wie füttere ich meinen Hund?« zufrieden geben.

Ihre erste große Bewährungsprobe erlebte Österreichs Fernsehinformation am 3. Juni 1961, als in Wien das weltweit Aufsehen erregende Treffen des amerikanischen Präsidenten John F. Kennedy mit Kremlchef Nikita Chruschtschow stattfand. Wie es zu der Übertragung kam, stellt ein weiteres Kapitel österreichischer Prägung dar: Die Sowjets hatten den Einlass eines Fernsehteams in ihre Botschaft kurzfristig »aus Sicherheitsgründen« untersagt. Da aber gerade dort das erste Treffen der beiden mächtigsten Männer der Welt stattfand, flehte Fernsehdirektor Freund den Wiener Polizeipräsidenten »Joschi« Holaubek an, ihm dabei behilflich zu sein, dass die Kameras doch noch aufgestellt werden dürften. Holaubek ging mit Freund zum russischen Sicherheitschef General Sacharow, nahm diesen bei der Hand und erklärte: »Das is Direktor Freund, charascho, Fernsehen, gucki, gucki …« Was immer das bedeuten mochte – der General verstand und geleitete das Kamerateam in die Prunkräume der Botschaft, von denen aus die historischen Bilder dann um die Welt gingen.

Wie die Unterhaltung benötigte auch die Information charismatische Persönlichkeiten. Und deshalb ergab es sich fast von selbst, dass Hugo Portisch zum Fernsehkommentator der Nation wurde. Portisch war anfangs in der legendären TV-Runde der Chefredakteure aufgetreten, die bis dahin im Radio diskutiert hatte. Als man den Journalisten das Angebot machte, aus dem Hörfunk- ins Fernsehstudio zu übersiedeln, zeigten sie vorerst wenig Begeisterung, »weil der Hörfunk in dieser Zeit das weitaus populärere Medium war und die größere Zukunft zu haben schien«.

Hugo Portisch als TV-Kommentator der Nation

Dieser Fehleinschätzung erlagen auch führende Politiker, die den Aufschwung, den das Fernsehen nehmen sollte, verkannten. Berühmt ist die Geschichte, wie man den ÖVP-Bundeskanzler Julius Raab fragte, welche Partei den Einfluss auf die Leitung des Rundfunks und welche Partei den Einfluss auf die des Fernsehens übernehmen sollte. Er traf damals eine Entscheidung, die sich als nicht gerade wegweisend für seine Partei erwies: »Lasst's das Fernsehen den Roten, aus dem wird eh nie was!«

Raab selbst sollte noch erleben, wie sehr er sich getäuscht hatte. Als er 1964 starb, gab es in Österreich bereits mehr als eine halbe Million Fernsehgeräte. Vier Jahre später waren es doppelt so viele. Nun war's an der Zeit, dass Generalintendant Gerd Bacher mit seiner großen ORF-Reform die so genannte Informationsexplosion einleitete. Hugo Portisch, der nun Chefkommentator wurde, hatte die Voraussetzungen dafür geschaffen, als er in seiner Funktion als Chefredakteur des »Kurier« ein Rundfunk-Volksbegehren initiierte, das die Unabhängigkeit von Radio und Fernsehen sicherstellte. Als feste Institution des Fernsehens hielt Portisch Hunderte Kommentare, er interviewte Politiker wie Konrad Adenauer, Willy Brandt, Golda Meir, Richard Nixon, Ronald Reagan und Henry Kissinger. Und mit seinen Serien »Österreich I« und »Österreich II« arbeitete er die Geschichte des Landes fernsehgerecht auf.

Auch aus Helmut Zilk, dem freien Mitarbeiter der Schulfunkabteilung, war inzwischen ein Fernsehstar geworden. Am 12. März 1963 wurden seine ersten »Stadtgespräche« ausgestrahlt, mit denen sein unaufhaltsamer Aufstieg begann. »Ein des Diskutierens entwöhntes Volk hatte plötzlich Gelegenheit, sich auszusprechen«, analysierte Zilk das Rezept der Erfolgssendung. Schon die erste Sendung erregte Aufsehen, weil sie ein bisheriges Tabuthema behandelte. Der Titel: »Was sagt uns der 13. März 1938?«

Sekunden zwischen Depression und Jubel

1964 wurden die »Stadtgespräche« als erste Sendung, die gleichzeitig in Ost und West zu sehen war, aus Prag übertragen. Später auch Fernsehdirektor, moderierte Zilk nun als TV-Ombudsmann »In eigener Sache« und stellte die Fernsehunterhaltung auf eine neue, breitere Basis. In seiner politischen Karriere brachte er es dann bis zum Wiener Bürgermeister, gegen den nach Beendigung seiner Karriere und über seinen Tod hinaus der Vorwurf erhoben wurde, in den Sechzigerjahren Spion des Geheimdienstes der Tschechoslowakei gewesen zu sein.

Unvergessen bleibt auch Heribert Meisel, der Grandseigneur unter den Sportreportern. Wenn er sein berühmtes »Daneben, daneben, daneben« ins Mikrofon brüllte, litt ganz Österreich mit ihm. Seine Übertragungen waren geprägt von hoher Sachkenntnis, menschlicher Wärme und urwienerischem »Schmäh«. Geboren 1920 in Baden bei Wien, hatte er schon als Gymnasiast die ersten Sportberichte für eine Soldatenzeitung verfasst. 1946 entdeckte ihn der amerikanische Sender Rot-Weiß-Rot, als er für den kurzfristig ausgefallenen Kommentator eines Radrennens einsprang. Die Sendeleitung erkannte, dass Meisel die Hörer zum Jubeln, Lachen und Weinen bringen konnte. »Es soll dieses zweite Bummerl, dieses zweite Goal, auf das wir so sehnsüchtig warten, es soll nicht fallen, es ist ja zum Verzweifeln«, verschlug es ihm während eines Österreich-Ungarn-Spiels die Stimme, um Sekunden später in sein berühmtes »Tor, Tor, Tor« zu verfallen. Zwischen Depression und Jubel lagen nur Sekunden, in denen ihm die Österreicher aus der Hölle in den Fußballhimmel folgten.

»Es soll dieses Bummerl nicht fallen«: Sportreporter Heribert Meisel

Die Umstände seines frühen Todes zeigen auf, dass es im Journalismus Beweise menschlicher Größe gibt. Meisel, der auch Sportchef des »Kurier« war, litt ein Jahr lang an Krebs, schrieb aber vom Spitalsbett aus weiterhin seine Zeitungskolumnen. Zuletzt zur Linderung der Schmerzen unter dem Einfluss schwerer Morphine stehend, wurden seine Texte kryptischer und konnten nicht mehr in Druck gehen. Chefredakteur Hugo Portisch wollte vermeiden, dass sein verdienter Mitarbeiter eines Tages die Zeitung aufschlagen würde, in der seine Kolumne fehlte. Deshalb ließ er täglich einige »Kurier«-Exemplare drucken, die nur ins Kaiser-Franz-Josef-Spital ausgeliefert wurden. So konnte der Sportreporter bis zum letzten Tag seines Lebens seine Kommentare lesen. Er starb am 31. Oktober 1966 im Alter von nur 46 Jahren.

Nach Heribert Meisel war Kurt Jeschko die Nummer eins im Sport. Er war es, der sportliche Ereignisse salonfähig machte und selbst Sportdesinteressierte für seinen TV-»Sportstammtisch« begeistern konnte. »Während für Heribert Meisel Sport eine Hetz, eine Gaudi war und die Arbeiter ihn ›Servas Heribert‹ begrüßten, hieß es bei Jeschko schon ›Guten Tag, Herr Dokta‹«, erinnert sich Teddy Podgorski. Kurt Jeschko, der »Lord im Sport« starb völlig überraschend am 7. Juni 1973.

Mittlerweile ist das Fernsehen den Kinderschuhen längst entwachsen. Aus ein, zwei Programmen wurden Dutzende, und die technische Entwicklung nahm einen gigantischen Fortschritt.

Ob mit diesem auch die Qualität Schritt hält, ist eine andere Frage.

»HERR OBER, BEICHTEN!«

Von Hexen, Pfarrern und Gerechten

In der Zwischenkriegszeit gab es ein Wiener Restaurant, das sich im Besitz des Franziskanerordens befand. Viele Gäste waren verblüfft, dass die ehrwürdigen Patres es sich nicht nehmen ließen, auch persönlich zu servieren, Tische abzuräumen und die Rechnung zu kassieren. Das konnte eine heitere Seele wie der Schriftsteller Anton Kuh, der zu den Stammgästen des Lokals zählte, nicht unpointiert hinnehmen. Und so rief er eines Abends, nachdem er bei den hochwürdigen Herren ein fulminantes Mahl zu sich genommen hatte, laut vernehmbar, quer durch den Speisesaal: »Herr Ober, beichten!«

In einem Land, in dessen Geschichte das Christentum eine so bedeutende Rolle spielt, sind somit auch Ordensleute nicht davor gefeit, im Mittelpunkt einer Pointe zu stehen. Ansonsten bietet das Kapitel Religion wenig Anlass zur Heiterkeit.

Im Jahre 1492 standen drei Frauen aus dem Kärntner Lavanttal im Verdacht, den Schlossherrn Wolfgang Poyner ermordet zu haben. Sie landeten als »Hexen« auf dem Scheiterhaufen, obwohl es nicht einmal den Schatten eines Beweises gab. Das war auch nicht nötig. Seit nämlich die Dominikanerpatres Heinrich Institoris und Jakob Sprenger die »Ausrottung von Menschen mit besonderen Fähigkeiten« eingefordert und der Papst nichts dagegen unternommen hatte, reichte die bloße Anzeige eines anonymen Denunzianten: Die Beschuldigte sei »auf einem Besen geritten«, hätte »Kinder gefressen« oder »Männern das Glied verhext«. Auch genügte es, an die Heilkraft von Kräutern zu glauben.

»Das Weib ist von Natur aus schlecht« Eigentlich sollte die mittelalterliche Verfolgung durch die »Heilige Inquisition« längst überwunden sein, doch infolge der 1487 in dem Buch »Der Hexenhammer« veröffentlichten »Gesetze« der Herren Institoris und Sprenger lebten sie wieder auf. Heinrich Institoris, der in Wahrheit Kramer hieß und stolz von sich behaup-

tete, als Inquisitor zweihundert Menschen »zur Strecke gebracht« zu haben, versuchte sein mörderisches Handwerk auch in Innsbruck, wurde dort jedoch vom Bischof des Landes verwiesen. Derlei Gegenmaßnahmen bildeten die Ausnahme, vielmehr wurden im Lauf der Jahrhunderte Abertausende Menschen hingerichtet; achtzig Prozent von ihnen waren Frauen, zumal »das Weib von Natur aus schlecht ist, weil es schneller als der Mann den Glauben leugnet«, so die katholische Kirche in jenen finsteren Tagen.

Den Ursprung der Verfolgungen bot die Angst vieler Priester, »Hexen würden durch ihren Bund mit dem Teufel die Gläubigen von Gott fernhalten«. Die Wahrheit war meist trivialer: Wollte ein Nachbar billig den Hof einer Witwe erwerben, behauptete er, sie sei eine Hexe. Ehemänner ließen mithilfe der Inquisition ihre Frauen beseitigen. Und Brüder, die das elterliche Erbe nicht teilen wollten, beschuldigten ihre Schwestern der Hexerei. Jeder konnte jeden vor Gericht bringen, und die Chance auf Freispruch war gleich null. Stand Aussage gegen Aussage, galt immer das Wort des Klägers. Anwälte und entlastende Zeugen fanden sich kaum, da sie damit rechnen mussten, danach selbst als Ketzer an den Pranger gestellt oder exkommuniziert zu werden.

Die Christianisierung Österreichs war in mehreren Phasen verlaufen. Das Christentum kam vermutlich im zweiten Jahrhundert durch römische Legionäre ins Land. Danach wurden die Christen von den Römern erbarmungslos verfolgt und hingerichtet, ehe sie 312 durch Kaiser Konstantin anerkannt und den anderen Religionen gleichgestellt wurden. Nach Gründung der Diözesen Salzburg und Passau wurden im zehnten Jahrhundert lokale Organisationen in Form einzelner Pfarren aufgebaut, denen erste Klostergründungen folgten. Der Klerus übernahm die geistige Führungsrolle, prägte das kulturelle Leben und gründete wichtige Bildungs- und Sozialeinrichtungen, vor allem Schulen und Spitäler.

Als Martin Luther am 31. Oktober 1517 an der Schlosskirche von Wittenberg seine 95 Thesen angebracht hatte, geriet Österreichs katholische Kirche in eine schwere Krise. Wie in weiten Teilen Mitteleuropas bildeten sich auch in Wien, Ober- und Niederösterreich, Kärnten, Salzburg und in der Steiermark protestantische

Protest gegen das katholische Herrscherhaus

271

Mehrheiten. Der Adel war von der Entwicklung ebenso betroffen wie die städtische Bevölkerung und der Bauernstand. Zweifelsfrei war das Überlaufen zu der neuen Religion auch ein Protest gegen das katholische Herrscherhaus.

Unter Kaiser Maximilian II. – der im Grunde seines Herzens selbst lutherisch gesinnt war – erreichte der Protestantismus in Wien seinen Höhepunkt. Auf den Straßen der Stadt kam es zu Zusammenstößen, Priester wurden an ihren Altären verhöhnt und bedroht, Heiligenbilder und Kruzifixe entehrt, ein zum Protestantismus übergelaufener Adeliger schreckte nicht davor zurück, während des Gottesdienstes durch den Stephansdom zu reiten. Die Auseinandersetzungen nahmen immer bedrohlichere Formen an. Als der Bäckergeselle Johann Hayn bei der Fronleichnamsprozession 1549 am Graben dem Priester die Monstranz aus den Händen riss und sie unter lauten Verwünschungen am Boden zertrampelte, wurden ihm an Ort und Stelle die Zunge aus dem Mund gerissen und die Hände abgehackt. Dann schleifte man ihn auf die »Gänseweide«, die Hinrichtungsstätte in Erdberg, und verbrannte ihn bei lebendigem Leib.

Städte und Dörfer werden wieder katholisch

Die Rache des Herrscherhauses an abtrünnigen Bürgern war kolossal. Mit der »Gegenreformation« ließen die erzkatholischen Nachfolger des liberalen Kaisers Maximilian Bücher verbrennen, Städte und Dörfer mit Gewalt rekatholisieren und den kaiserlichen Hof »säubern«. In Böhmen führte der Konflikt der evangelischen Stände mit den katholischen Landesherren am 23. Mai 1618 zum »Prager Fenstersturz«, bei dem rund zweihundert Protestanten die Prager Burg stürmten und nach einer improvisierten Gerichtsverhandlung zwei kaiserliche Statthalter und einen Schreiber aus einem in 17 Meter Höhe gelegenen Fenster warfen. Die Opfer überlebten, aber der Fenstersturz löste den Dreißigjährigen Krieg aus.

Es kommt selten vor, dass Priester einen Bekanntheitsgrad erlangen, der über Jahrhunderte anhält. Einer, auf den das zutrifft, ist Abraham a Sancta Clara, der bedeutendste Prediger seiner Zeit. Johann Ulrich Megerle, wie er eigentlich hieß, war 1644 als achtes von zehn Kindern eines Gastwirts in Baden-Württemberg zur

Welt gekommen, er wurde vom Pfarrer seines Dorfes als besonders intelligent erkannt und in das Benediktinergymnasium nach Salzburg geschickt. Mit 18 trat er in den Orden der Augustiner-Barfüßer in Maria Brunn bei Wien ein, wo er sich Pater Abraham nannte und in mehreren Pfarren tätig war, ehe man ihn 1669 »wegen seiner Vortrefflichkeit« nach Wien holte. Seine vor allem gegen Laster wie Eros, Trunksucht, Völlerei und Habgier gerichteten Reden zogen Tausende Menschen an, die auch den Unterhaltungswert der Predigten schätzten. So wetterte er einmal gegen die von den Aristokratinnen im Barock gern getragenen tief dekolletierten Kleider: »Weiber, die sich so entblößen, sind es nicht wert, dass man sie anspuckt!«

Da die Frau des Kaisers selbst dieser Mode huldigte, ließ sie dem Mönch ausrichten, dass er Gefahr liefe, sein Amt zu verlieren, wenn er nicht widerrufe. Abraham a Sancta Clara widerrief feierlich: »Sie sind es wert!«

Durch derlei Dreistigkeit auf Abraham aufmerksam geworden, besuchte Kaiser Leopold I. am 15. September 1673 in der Wiener Augustinerkirche eine seiner Messen, die ihn

»Weiber, die sich entblößen«: Abraham a Sancta Clara bekämpfte jegliche Laster

so begeisterte, dass er ihn zu seinem Hofprediger ernannte. Die volkstümlichen Reden des Mönchs wurden in ganz Wien zitiert, wobei seine aufmunternden Gottesdienste während der Türkenbelagerung im Jahre 1683 den größten Zuspruch hatten.

Abraham a Sancta Clara starb am 1. Dezember 1709 im Alter von 65 Jahren in Wien an den Folgen seiner Gichterkrankung. Seine letzte Ruhe fand er in der Ordensgruft der Augustiner.

Unter Maria Theresia erfuhr die katholische Kirche wieder eine Schwächung, aber tatsächliche Religionsfreiheit wurde erst durch das Toleranzpatent Kaiser Josefs II. im Jahre 1782 ermöglicht. Josefs Maßnahmen führten zu einer Halbierung der Klöster – allerdings auch zur Errichtung neuer Pfarren und Diözesen. Die Ordensaufhebungen wurden zum Teil so stümperhaft durchgeführt, dass nicht wiedergutzumachende Schäden entstanden. So wurden unwiederbringliche Manuskripte und Urkunden zu Stanitzelpapier verarbeitet und ganze Bibliotheken pro Wagenladung um ein paar Gulden verschleudert. Unzählige Kunstschätze, darunter Monstranzen und Heiligenbilder, landeten auf dem Müll, wurden eingeschmolzen oder zum Metallwert verkauft. Im Zuge der Säkularisierung sollte auch die Prager Burg in eine Kaserne umgewandelt werden, wobei Teile des legendären Kunstkabinetts von Kaiser Rudolf II. unter den Hammer kamen. Tizians »Leda mit dem Schwan« wurde als »nacktes Weibsbild« weit unter ihrem Wert verkauft. Ein antiker Torso landete bei einem Trödler, ehe er viel später um ein Vermögen in die Skulpturensammlung des Königs Ludwig I. von Bayern gelangte.

Im März 1782 reiste Papst Pius VI. – ein für die damalige Zeit unvergleichliches Ereignis – nach Wien, um gegen Josefs Reformen zu protestieren. Doch der Kaiser blieb hart, und das Kirchenoberhaupt musste nach einmonatigem Aufenthalt erfolglos nach Rom zurückkehren.

Ein Betschemel schafft die Annäherung Zwar war man vom Gedankengut der Ökumene unter Josef II. weit entfernt, und doch gab es zwei Jahre nach Erlass des Toleranzpatents ein kleines Zeichen dafür: Als die 1784 fertiggestellte evangelische Kirche in der Wiener Dorotheergasse geweiht wurde, hatte man vergessen, für einen Betschemel zu sorgen, auf dem der Pastor vor dem Altar das Evangelium lesen sollte. Die protestantischen Kirchenherren baten nun die Patres des gegenüberliegenden katholischen Dorotheerklosters um Hilfe, und diese überließen den Kollegen den Betschemel eines jüngst verstorbenen Prälaten. Als der konservative Kardinal Anton von Migazzi davon erfuhr, erhielten die Dorotheer einen Verweis, mit dem er ihre gutgemeinte Geste schärfstens verurteilte.

Dies wiederum kam Kaiser Josef zu Ohren, der seinerseits den Kardinal wissen ließ, dass er das Verhalten der Patres ausdrücklich gutheiße. Und die Dorotheer bekamen ein Dekret des Kaisers, in dem er ihr Betragen als vorbildlich bezeichnete.

Was übrigens nichts daran änderte, daß Josef II. im Rahmen der von ihm betriebenen Ordensauflösungen auch das Dorotheerkloster sperren ließ. An seiner Stelle befindet sich heute das Wiener Dorotheum.

Die josefinischen Reformen ermöglichten es der evangelischen Prinzessin Henriette von Nassau, im Jahre 1815 den österreichischen Erzherzog Karl zu ehelichen. Da Karl, der »Sieger von Aspern«, auch Bruder des regierenden Kaisers Franz I. war, war es eine Sensation, dass es ihm gestattet wurde, eine Protestantin zu heiraten. Aus der sehr glücklichen, ersten »Mischehe« im Hause Habsburg gingen sieben Kinder hervor.

Erzherzog Karl ließ seiner um 26 Jahre jüngeren Frau nicht nur die Weilburg in Baden errichten, sondern setzte für die Reformierte Wiener Stadtkirche auch den nachträglichen Einbau eines straßenseitigen Zugangs durch, wie er in Österreich für evangelische Bethäuser verboten war. So entstand das (heute nicht mehr existierende) »Henriettentor«. Eine andere Institution der Prinzessin Henriette ist geblieben: Sie war es, die 1816 den hier damals unbekannten protestantischen Brauch, zu Weihnachten einen Christbaum mit brennenden Kerzen aufzustellen, in Wien bekannt machte.

Henriette starb 1829 im Alter von 32 Jahren, nachdem sie sich bei ihren an Scharlach erkrankten Kindern ange-

Als Protestantin in die Kapuzinergruft: Prinzessin Henriette von Nassau

steckt hatte. Ihr Schwager, Kaiser Franz I., setzte gegen massive Widerstände durch, dass sie trotz ihres protestantischen Glaubens in der Kapuzinergruft die letzte Ruhe finden konnte: »Wenn sie als Lebende unter uns geweilt hat«, sagte er, »so soll sie es auch als Tote.«

Mit dem Konkordat von 1855, unterzeichnet von Kaiser Franz Joseph und Papst Pius IX., wurden etliche josefinische Maßnahmen zurückgenommen. Kurioserweise hatte der Vertrag auch zur Folge, dass ein österreichischer Bischof beinahe im Gefängnis gelandet wäre: Als nämlich einige Jahre später Teile des Konkordats wieder zu Fall gebracht wurden, forderte der Linzer Bischof Franz Joseph Rudigier die Priester seiner Diözese auf, die neuen Religionsgesetze nicht zu befolgen. Worauf er zu einer vierzehntägigen Haftstrafe verurteilt wurde – die der Kaiser dann aber im letzten Moment auf dem Gnadenwege erließ.

Zur Jahrhundertwende wurden kirchliche Wertvorstellungen durch die Gründung christlichsozialer Parteien von der Politik vereinnahmt, in der Ersten Republik geriet die Kirche als Teil dieser Politik zwischen die Fronten. Bis der Nationalsozialismus dann ab 1938 zur Ausschaltung der katholischen Kirche aus vielen Bereichen des Lebens führte. Die Nazis sperrten Klosterschulen, hoben kirchliche Feiertage auf, enteigneten Stifte und Klöster, störten Predigten. In der Zeit des Nationalsozialismus saßen 840 österreichische Priester in Kerkern oder Konzentrationslagern, 27 wurden umgebracht. Opfer der letzten Hinrichtung am 22. März 1945 war der wegen »Vorbereitung zum Hochverrat« verurteilte Gersthofer Kaplan Dr. Heinrich Maier, der mit anderen Widerstandskämpfern versucht hatte, militärische Geheimnisse der Nazis an die Alliierten weiterzuleiten.

Der Kardinal wird in Sicherheit gebracht

Wohin der Weg zwischen Kirche und den »neuen Herren« führen würde, war schon am 8. Oktober 1938 zu erkennen, als hundert Jugendliche vor dem Sitz des Wiener Erzbischofs Nazilieder anstimmten und »Innitzer nach Dachau« riefen. Steine wurden gegen die Fenster des Palais am Stephansplatz geschleudert, Angehörige der Hitlerjugend und der SA sprengten das mächtige Eingangstor, stürmten über die Hauptstiege und drangen in die Amtsräume des Kardinals ein.

Theodor Innitzer konnte von seinen Sekretären in Sicherheit gebracht werden, geistliche Schwestern versteckten sich angsterfüllt am Dachboden des Palais. Doch dem jugendlichen Terrorkommando genügten die Verwüstung der Kunstwerke und die Schändung von Kruzifixen nicht. Im zweiten Stock begegneten sie dem Domkuraten Krawarik, den sie kurzerhand aus dem Fenster warfen. Schwer verletzt blieb der Priester auf dem Stephansplatz liegen und musste danach für ein halbes Jahr ins Spital.

Wiens Polizeipräsident Otto Steinhäusl – selbst führender NSDAP-Mann und vier Jahre zuvor einer der Mitwisser des Dollfuß-Attentats – beobachtete die brutale Szene vom gegenüberliegenden Café de l'Europe aus und ließ die Jugendbande unbehelligt eindringen. Erst nach einer Stunde gab er seinen Leuten den Auftrag, einzuschreiten; die Terroraktion gegen die katholische Kirche war von den Behörden des Deutschen Reichs gebilligt, ja sogar unterstützt worden. Keiner der Täter wurde angezeigt.

Es erscheint als Widerspruch, dass Kardinal Innitzer im März 1938 mit den Worten »Heil Hitler« den »Anschluss« begrüßt, andererseits aber auch heftige Kritik an der Kirchenpolitik der Nationalsozialisten geübt hat. Möglicherweise trat Innitzer nicht aus Überzeugung für die Nazis ein, sondern weil er naiverweise Hitlers Versprechen, es werde einen »neuen Frühling« zwischen Kirche und Staat geben, für bare Münze hielt.

Jedenfalls richtete Innitzer 1940 im Erzbischöflichen Palais eine »Hilfsstelle für nichtarische Christen« ein, die Wiener Katholiken jüdischer Herkunft die Ausreise ermöglichte.

Das war immerhin ein Signal in der jahrhundertealten Geschichte zwischen Christen und Juden in Österreich, die dramatischer nicht hätte sein können. Auch die ersten Juden waren zur Römerzeit in das Gebiet des heutigen Österreich gekommen, die meisten von ihnen als Händler und Kaufleute. Als Folge einer latent antijüdischen Haltung in der Bevölkerung, im Klerus aber auch bei Hof kam es immer wieder zu Pogromen, etwa 1421, als Herzog Albrecht V. den persönlichen Schutz über Österreichs Judengemeinden für beendet erklärte, obwohl diese dafür spezielle Abgaben – eine Art Kopfsteuer – entrichten mussten. Wirtschaftlicher Neid gegenüber den oft in Geldgeschäften tätigen Juden und der ständig wiederkehrende Vorwurf der »Hostienschändung« waren dafür ausschlaggebend. Arme Juden wurden vertrieben, wohlhabende gefangen genommen und gefoltert, um sie zur Preisgabe ihrer angeblich versteckten Schätze zu zwingen. Das Ghetto am heutigen Judenplatz in Wien wurde liquidiert, 210 Juden hingerichtet, andere in den Selbstmord getrieben.

Die Geschichte zwischen Christen und Juden

Das Verhältnis zu den Juden wechselte zwischen Vertreibung und Einführung neuer »Sondersteuern«. 1620 wurde der Bau einer Synagoge auf dem Ruprechtsplatz erlaubt, drei Jahre später mussten sich die Juden im Gebiet der heutigen Leopoldstadt ansiedeln. Als 1668 die Hofburg brannte, wurde die Schuld einmal mehr den Juden zugeschrieben. Zwei Jahre später erfolgte auf Befehl Kaiser Leopolds I. die Vertreibung aus dem Ghetto – neuerlich als Folge absurder Unterstellungen. So beschuldigte der Wiener Neustädter Bischof Leopold Graf Kollonitsch die Juden pauschal, »des Mordes an Christen, des Verrats an Türken und des Diebstahls«, weiters klagte er sie in einer Predigt »der Kuppelei und Unzucht mit Christinnen« an. Eine zentrale Rolle spielte Kaiser Leopolds abergläubische Frau Margarita, die keinen Thronfolger zur Welt gebracht hatte, was von der Geistlichkeit als »Strafe für die Duldung der Juden« interpretiert wurde.

Viele Juden siedelten sich nun in Böhmen an, ehe sie ab 1700 nach Wien zurückkehren durften – weil die fehlende Steuerleistung der Kaufleute ein großes Loch in die österreichische Finanzgebarung gerissen hatte.

Theodor Kohn wird katholischer Bischof

Kaiser Josef II. war es, der den Juden wie den Angehörigen der anderen Religionsgemeinschaften Toleranz gewährte: Diskriminierende Trachten und Abzeichen wurde ebenso abgeschafft wie das Verbot, an Sonntagvormittagen auszugehen. Jüdische Mitbürger durften jedes Gewerbe ausüben, außerhalb des Ghettos wohnen, Hochschulen und öffentliche Lokale besuchen, Dienstboten aufnehmen. Ebenfalls seit Josef II. ist es Österreichs Juden erlaubt, »Familien- und deutsche Vornamen« zu tragen, ehe die Revolution von 1848 die volle bürgerliche Gleichstellung schuf.

Im Jahre 1892 war es sogar möglich, dass ein Jude katholischer Bischof wurde: Theodor Kohn, dessen Großvater zum Katholizismus konvertiert war, hatte eine Karriere als Professor für Kirchenrecht und als Zeremoniär des Olmützer Erzbischofs Friedrich Egon von Fürstenberg absolviert und wurde nach Fürstenbergs Tod vom Olmützer Domkapitel als dessen Nachfolger gewählt. Kaum war der erste Bischof jüdischer Herkunft durch den Papst ernannt, spöttelte Österreich-Ungarns Ministerpräsident Eduard Graf Taaffe: »Na, hoffentlich hat er sich wenigstens taufen lassen!«

Die Angriffe wurden freilich ernster, sodass das Kardinalskollegium Kohn im Dezember 1903 empfahl, auf das Bischofsamt zu verzichten und die Diözese zu verlassen. Theodor Kohn trat zurück und erwarb Schloss Ehrenhausen in der Steiermark, wo er 1915 im Alter von siebzig Jahren starb.

Viele Juden nützten die neuen Möglichkeiten und machten als Kaufleute, Bankiers, Handwerker und in akademischen Berufen Karriere, was einmal mehr dazu führte, dass sie von Teilen der Intelligenz und des Kleinbürgertums als unliebsame Konkurrenz empfunden wurden. Vor allem durch das Aufkommen der deutschnationalen Bewegung wurde neuerlicher Antisemitismus entfacht. Als Theodor Herzl 1895 in Wien den Gedanken des Zionismus verkündete, fand er bei den österreichischen Juden nur schwachen Widerhall, da der bei Weitem größte Teil die Assimilation im eigenen Land anstrebte. Die Situation wurde durch die Zuwanderung vieler Juden aus den Kronländern der Monarchie, vor allem der so genannten »Ostjuden«, zunehmend schwieriger. Waren 1857 in Wien 6217 Juden registriert, so waren es 1890 bereits 100 000 und 1910 mehr als 175 000. Sogar in der ersten, vom Polizeibeamten Josef Weyl verfassten und auch sonst völlig unbrauchbaren Textfassung des Donauwalzers (»Wiener seid froh, oho, wieso«) fand sich eine antisemitische Strophe:

Konkurrenz durch jüdische Kaufleute

Der Ring ist ein Juwel,
Dort wohnt ganz Israel.
In zehn Jahren baun's bequem,
Sich dort ein neues Jerusalem!

Politiker wie Karl Lueger und Georg Ritter von Schönerer schürten die Stimmung zu antisemitischer Hetze. In Luegers Zeit als Bürgermeister fallen zwar wichtige kommunale Projekte – von der Zweiten Wiener Hochquellenwasserleitung über den Ausbau des öffentlichen Verkehrs bis zu großen Sozialeinrichtungen – aber seine feindselige Rhetorik gegenüber Juden, »die hier einen Terrorismus ausüben«, bildeten den späteren Nährboden für nationalsozialistische Propaganda. Hitler, der ihn in seiner Jugend beobachtet hatte, nannte Lueger »den gewaltigsten deutschen Bürgermeister aller Zeiten«.

Die Floskel »Wer ein Jud ist, bestimm ich«, setzte Lueger auch in seinem privaten Umgang um – insbesondere, wenn es darum ging, »wer eine Jüdin ist«, zumal er über mehrere Jahre eine Affäre mit der jüdischen Schauspielerin Caroline Loewy hatte,

Mit antisemitischer Propaganda an die Macht: Karl Lueger

die unter dem Namen Valerie Grey auftrat. Als Lueger einmal gefragt wurde, wieso er als Antisemit vor jeder großen Entscheidung in wirtschaftlichen Fragen den Rat des jüdischen Bankdirektors Lohnstein von der Länderbank einholen würde, antwortete er: »Der Antisemitismus ist ein Pöbelsport, den man nicht mehr braucht, sobald man einmal oben ist.«

Da Georg von Schönerer politisch nie ganz »oben« war, hielt er dem »Pöbelsport« die Treue. Das ging soweit, dass er 1888 mit einem Stock und einem Schlagring bewaffnet in Begleitung einer Horde von Antisemiten die Redaktion des liberalen »Neuen Wiener Tagblatts« überfiel, weil dieses den Tod des deutschen Kaisers Wilhelm I. irrtümlich zu früh gemeldet hatte. Schönerer prügelte sich zu mitternächtlicher Stunde mit einigen Redaktionsmitgliedern und wurde zu vier Monaten schwerem Kerker nebst Verlust seines Adelstitels verurteilt.

Im Gegenzug zu den Luegers und Schönerers gab es aber auch Staatsmänner, die sich für die Belange der Juden einsetzten. Nach Josef II. und seinem Bruder Leopold II. erwiesen sich Kaiser Franz Joseph und dessen Sohn Rudolf als aufrechte »Anti-Antisemiten«. So weigerte sich Franz Joseph jahrelang, Lueger wegen seiner judenfeindlichen Aussagen als Wiener Bürgermeister anzuerkennen. Der Kaiser besuchte demonstrativ jüdische Einrichtungen in allen Teilen der Monarchie und nützte seinen einzigen offiziellen Besuch in Graz zur Eröffnung der Synagoge. Der Kronprinz bekämpfte vehement jede Form des Antisemitismus und zählte zum engen Freundeskreis des jüdischen Journalisten Moriz Szeps. Aktiv engagierten sich für das Judentum auch Kaiserin Elisabeth und die Friedensnobelpreisträgerin Bertha von Suttner, die einen »Verein zur Abwehr des Antisemitismus« gegründet hatte.

Mit den politischen und wirtschaftlichen Schwierigkeiten, die dem Zusammenbruch der Monarchie folgten, wuchs der Antisemitismus wieder. Nachdem der Ständestaat eine »gemilderte« Haltung propagierte, brachen nach dem »Anschluss« an Hitler-Deutschland alle Dämme. Juden wurden in Konzentrationslager deportiert, gefoltert, ermordet. Nur einem geringen Teil gelang die Flucht, das Überleben als »U-Boot« oder in der KZ-Haft. Dadurch sank der Anteil der Juden in Österreich von 300 000 auf 11 000, ihr Anteil an der Wiener Bevölkerung von elf Prozent auf 0,6 Prozent.

In dieser Zeit gab es »zu wenig Gerechte«, wie die Historikerin Erika Weinzierl feststellte. Unter den Widerstandskämpfern spielten die Aristokraten eine nicht unbeträchtliche Rolle. Während auf Bänken in öffentlichen Grünanlagen Tafeln mit der Aufschrift »Nur für Arier« angebracht waren, beschilderte Fürst Schwarzenberg den Park seines Palais mit den Worten »Auf diesen Bänken sind Juden erwünscht.«

»Mir wern s' scho demoralisieren«

Das Wiener Kabarett und seine Pointen

Ein Conférencier ist ein Mann, der dem Publikum möglichst heiter zu erklären versucht, dass es heutzutage nichts zu lachen gibt«, sagte Karl Farkas, der es wissen musste. Tatsächlich ist das Bedürfnis der Menschen, unterhalten zu werden, dann am größten, wenn die Zeiten düster sind.

Der »Simpl« in der Wiener Wollzeile ist zwar das älteste *bestehende* Kabarett der Welt, er war aber nicht das erste. Die frühen Kleinkunstbühnen hießen »Cabarets« und befanden sich in Paris. Zu lachen gab's dort eher wenig, da man Cabarets zunächst nur die Servierplatten der kleinen Kneipen am Montmartre nannte, auf denen Speisen und Getränke zu den Tischen gebracht wurden. Um 1880 gaben die Cabarets auch jenen Lokalen ihren Namen, in denen die Künstler des Quartier Latin freche Lieder sangen und aggressiv debattierten. Als »Gagen« bekamen sie die auf den Cabarets servierten Brötchen und Alkoholika. Der berühmteste Cabaret-Künstler am Montmartre war Aristide Bruant.

Goethe fällt im Kabarett bei der Matura durch

Über Berlin und München gelangte das »Cabaret« nach Wien, wo es zum »Kabarett« wurde. Zur Jahrhundertwende eröffnete im Keller des Theaters an der Wien die »Hölle«, ab 1906 trugen Roda Roda und Peter Altenberg im »Nachtlicht« ihre eigenen Texte vor, das aber wie die meisten Kabaretts nur eine kurze Lebenszeit hatte. Es wurde von der »Fledermaus« Ecke Johannesgasse/Kärntner Straße abgelöst, wo Egon Friedell und Alfred Polgar ihren berühmten »Goethe«-Sketch zeigten, in dem der Dichterfürst zur Matura antritt – und bei den Fragen nach seinem eigenen Werdegang durchfällt.

Am 25. Oktober 1912 gab dann der Schauspieler Egon Dorn die Eröffnung des »Biercabaret Simplicissimus« in der Wollzeile 36 bekannt, das sich als einzige überlebensfähige Kleinkunstbühne erweisen sollte. Zunächst schloss im »Simpl« ein Programmpunkt

Am 25. Oktober 1912 als »Biercabarett« eröffnet: der Wiener »Simpl«

übergangslos und ohne dramaturgisches Konzept an den anderen an. In den Worten seines ersten Stars Fritz Grünbaum war dieses Nummernkabarett »eine geistlose Aneinanderreihung unzusammenhängender, Auge, Ohr und Vernunft beleidigender Szenen«.

Grünbaum war 1880 als Sohn eines jüdischen Kunsthändlers in Brünn zur Welt gekommen und hatte sein Jusstudium in Wien als »Stegreifsprecher« finanziert. Er erzielte dabei eine so komische Wirkung, dass sein Stern wie ein Komet aufging. Grünbaum war es, der die moderne Conférence erfand, denn während seine Vorgänger auf der Bühne meist billige Witze erzählten, faszinierte er durch geistreiches Wortspiel, nicht selten in Reimform:

> *Wenn ich so abends im Cabaret,*
> *Schmonzes plaudernd auf dem Podium steh,*
> *Da grübel ich oft in mich hinein:*
> *Wie reizend könnte mein Beruf doch sein,*
> *Und wie wär mir beim Cabaret alles doch recht –*
> *Wenn's nur kein Publikum geben möcht.*
> *Selbstverständlich, meine Damen und Herr'n,*

Liegt mir jede Beleidigung fern,
Denn erstens bin ich der Mensch nicht, der rauft.
Zweitens haben Sie doch Karten gekauft,
Und ich werd mich doch feindlich nicht zeigen den Leuten,
Die indirekt meine Gage bestreiten!
Und drittens: Im Publikum sind doch mitunter
Ganz sympathische Menschen darunter!
Kaufleute, Ärzte, Soldaten, Juristen,
Man liebt sie, teils weil sie brave Christen,
Und teils weil sie's nicht sind, was auch keine Schand ist,
Weil man mit ihnen stammesverwandt ist.
So wär also gegen das Publikum,
Mag man die Sache auch rundherum
Betrachten nach allen Ecken und Enden,
Prinzipielles nicht einzuwenden …

Karl Farkas' erster Auftritt als »Blitzdichter«

Wie Grünbaum im »Simpl« erlangte der jüdische Jargonkomiker Heinrich Eisenbach im »Budapester Orpheum« auf der Taborstraße große Popularität.

»Der Kohn trifft den Maier«, begann eine Eisenbach-Conférence, »und fragt ihn: Wie geht's?«

Darauf sagt der: »Sehr gut. Ich hab mir ä Bankhaus aufgemacht.«

Sagt der Kohn: »Mit was?«

»Nu«, antwortet der Maier. »Mit'n Stemmeisen!«

Karl Farkas besuchte noch als Gymnasiast die Vorstellungen Eisenbachs, dessen Humor ihn beeinflusste. 1893 als Sohn eines Schuhfabrikanten in Wien geboren, wurde Farkas zunächst Schauspieler, konnte aber in der wirtschaftlich schweren Zeit von den Theatergagen allein nicht leben. Da sprang ihm 1922 im »Wiener Tagblatt« ein Inserat ins Auge: »Das Wiener Cabaret Simplicissimus sucht Nachwuchskräfte.«

»Ich habe meinen einzigen blauen Anzug angezogen und mich bei Direktor Egon Dorn, dem Gründer und Besitzer des Kellerlokals, vorgestellt«, schilderte Farkas seine kabarettistischen Anfänge. Dorn war hingerissen von seiner Kunst, in Reimen zu improvisieren, und engagierte ihn vom Fleck weg als »Blitzdichter«.

»Rufen Sie mir etwas zu«, forderte Farkas die Zuschauer auf, die oft Namen prominenter Persönlichkeiten nannten. Da rief ihm einer »Paula Wessely« zu, und Farkas dichtete: »Die Frau, der ich mein Interesse lieh, das ist die Paula Wessely.«

Ein anderer rief »Leo Slezak«, darauf Farkas: »Glaubt mir, dass ich euch keinen Schmäh sag', der beste Sänger ist der Slezak.«

Der Name des Geigers »Jan Kubelik« inspirierte Farkas zu dem Vierzeiler:

Wenn ich in der Stube lieg,
Denk ich an den Kubelik.
Der hat sogar bei Richard Strauss,
Die allerbeste Strichart 'raus.

Farkas wurde als neuer Kabarettstar gefeiert, und es konnte nicht lange dauern, bis er und Grünbaum ein Team wurden. Und dieses kreierte für Wien die – in ihren Ursprüngen aus Budapest stammende – Doppelconférence.

Die Doppel-conférence gelangt nach Wien

FARKAS: Ich gehe vorgestern über die Straße – ein gellender Pfiff, ein Mann in jagender Hast an mir vorbei, er trägt einen Frauenhut …

GRÜNBAUM: Auf dem Kopf?

FARKAS: In der Hand! Hinter ihm die Polizei. Der Mann hatte nämlich in dieser Nacht viermal in ein und demselben Modesalon einen Einbruch verübt.

GRÜNBAUM: Da muss er ja den ganzen Laden ausgeräumt haben.

FARKAS: Nein, einen einzigen Hut hat er gestohlen – für die Frau, die er liebte!

GRÜNBAUM: Warum musste er wegen eines Hutes viermal einbrechen?

FARKAS: Sie hat ihn immer wieder zurückgeschickt – umtauschen!

Neben dem Unterhaltungskabarett um Grünbaum und Farkas, dem auch Hermann Leopoldi, Gisela Werbezirk, Ralph Benatzky und Armin Berg angehörten, entstanden politisch-literarische Kleinkunstbühnen wie »Der liebe Augustin«, die »Literatur am

285

Naschmarkt« und das »ABC«. »Unsere Programme«, sagte Hans Weigel – einer der Autoren – »waren nur unter voller Ausnutzung der niedrigen Intelligenzquotienten der Zensoren im faschistischen Ständestaat durchführbar. So wurden Sketches, in denen die in Deutschland bereits an der Macht befindliche NSDAP vorkam, verboten. Daher entstand ein Sketch über einen Verein namens NIZA, der nie zahlen wollte. Dass hinter NIZA das Wort NAZI steckte, hat der Zensor nicht verstanden.«

Ein Flirt in der »Literatur am Naschmarkt«

Egon Friedell, einer der Stammgäste der »Literatur am Naschmarkt«, ging während einer Premierenpause in die Künstlergarderobe, um mit der hübschen Hilde Krahl anzubandeln. Fräulein Ledermann, die etwas ältliche Sekretärin der »Literatur«, beobachtete dies und stellte Friedell zur Rede: »Doktor Friedell«, sagte sie streng, »das geht doch nicht. Sie können nicht während der Premiere hinter die Bühne kommen und eine unserer Mitarbeiterinnen von der Arbeit ablenken, sie muss sich doch konzentrieren.«

»Liebe Dame«, erwiderte Friedell, »ich hab schon bei Reinhardt zu einer Zeit Schauspielerinnen abgelenkt, da waren Sie überhaupt noch gar …« – er unterbrach sich für einen Moment, um seine Brille zurechtzurücken: »… das heißt: *Sie* waren schon auf der Welt!«

Auch Josef Meinrad, Heidemarie Hatheyer, Leon Askin und Fritz Muliar traten in den literarischen Kleinkunstbühnen auf, die Autoren waren Jura Soyfer, Peter Hammerschlag und der erwähnte Hans Weigel: »Wir waren jung und fortschrittlich, aber mit jemandem wie Karl Farkas wollten wir nichts zu tun haben, solche Leute zählten für uns zum Unterhaltungsestablishment«. In der »Literatur am Naschmarkt« machte man sich über Farkas lustig, der mittlerweile ein so großer Star war, dass er auch in der »Hölle«, im »Ronacher« und in den »Kammerspielen« auftrat. Diese Vielbeschäftigung nahm Weigel zum Anlass für ein Gedicht, das an die typischen Reime von Farkas erinnerte:

Früher fragt man sich in den Kammerspielen
Jeden Abend ängstlich: Kammer spielen?
Ohne dass er dabei irgendwas sah.

Schaute der Direktor in die Kassa.
Denn kein anderer kriegt so eine Star-Gage
Wie der Karl Farkas ...

Spannungen, Eifersüchteleien und Streit gab es nicht nur zwischen den einander konkurrierenden Vertretern des Unterhaltungs- und des literarischen Kabaretts, sondern auch innerhalb der Ensembles, was wohl daran lag, dass die meisten Texte in Partnerschaften entstanden, die auch »Firmen« genannt wurden. Sie hießen in dieser Zeit Farkas & Grünbaum, Friedell & Polgar, Paul Morgan & Franz Engel.

Auch zwischen Grünbaum und Farkas kam es zu einer – teils echten, teils bühnenwirksam gespielten – Rivalität. Und so sagte Grünbaum eines Tages seinen »Widersacher« Farkas auf der Bühne an:

Meine Lieben! Sie haben doch sicher schon davon gehört, dass ein Mensch, der plötzlich einer drohenden Gefahr gegenübersteht, in Sekundenbruchteilen sein ganzes Leben an sich vorüberziehen sieht. Mir ist das heute so ergangen: Ich wollt' die Kärntner Straße überqueren, da rast ein Automobil auf mich zu – ich hab' schon deutlich gesehen, wie ich unter die Räder komm. Und in diesem Moment, als mein ganzes Leben an mir vorüber huschte, hab' ich ein Gelübde getan: Wenn ich aus dieser Gefahr gesund herauskomme, werde ich ab jetzt immer zu allen Menschen gut und freundlich sein. Ich werde jeden, auch wenn ich ihn nicht schmecken kann, behandeln, als wäre er mein bester Freund. Als nächster im Programm kommt jetzt mein bester Freund Karl Farkas!

»Zu allen Menschen gut und freundlich«: »Simpl«-Star Fritz Grünbaum

Am 10. März 1938 traten die Großen der Wiener Kleinkunst zum letzten Mal auf. Fritz Grünbaum stand auf der vollkommen abgedunkelten »Simpl«-Bühne und sprach: »Ich sehe nichts, absolut gar nichts. Da muss ich mich in die nationalsozialistische Kultur verirrt haben.«

24 Stunden später hatte sich die nationalsozialistische Kultur nach Österreich verirrt. »Den Grünbaum haben wir«, lautete die

triumphierende Schlagzeile des Nazi-Hetzblattes »Völkischer Beobachter«, als dieser von der Gestapo in Haft genommen und deportiert wurde. Der »König des Wiener Kabaretts« starb am 14. Jänner 1941, sechzig Jahre alt, in Dachau. Weitere Opfer von Hitlers Mordmaschinerie waren die Kabarettisten Peter Hammerschlag, Jura Soyfer, Paul Morgan. Und Egon Friedell sprang aus dem Fenster, als die Gestapo an seiner Wohnungstür klopfte. Er hatte sich wohl getäuscht, damals auf der Kabarettbühne, als er optimistisch verkündete: »In der Welt geht's drüber und drunter, aber Österreich geht nicht unter.«

Während der Nazizeit wurde das Kabarett »Wiener Werkel« in der Liliengasse bespielt, dessen Hauptautor Fritz Eckhardt als »Halbjude« im Untergrund lebte und unter dem Namen seines »arischen« Freundes Franz Paul schrieb. Eckhardts berühmtester Sketch wurde 1939 unter dem Titel »Das chinesische Wunder« aufgeführt und handelt vom »Anschluss«, wobei in diesem Fall – um den Zensor zu täuschen – nicht die Deutschen über Österreich, sondern die Japaner über China herfielen. Die Sache war dennoch ganz eindeutig: Ein Japaner hieß Pief-Keh, ein Chinese war der Hofrat Pe-Cha-Tschek und ein Amtsdiener trug den Namen Po-Ma-Li. Als der »Anschluss« in dem Sketch vollzogen war, fragte der Amtsdiener den Hofrat: »Herr Rat, was wird denn jetzt mit uns g'schehn?« Worauf der mit dem sprichwörtlich gewordenen Satz antwortete: »Nur net nervös werden, lieber Freund. Mir wern s' scho demoralisieren.«

Zwei Künstler übernehmen Grünbaums Rolle

Nach ihrer Rückkehr aus der Emigration trafen sich Karl Farkas, Hermann Leopoldi und Armin Berg im »Simpl« wieder. »Ich habe Grünbaums Tonfall noch derart im Ohr, dass ich hoffe, die Pointen ganz im Sinne dieses großartigsten aller Brettl-Humoristen zu servieren. Erreichen kann ich seine Wirkung leider nicht«, gedachte Farkas im November 1947 seines großen Freundes und Lehrmeisters.

Grünbaums frühere Rolle im Kabarett musste von zwei Künstlern übernommen werden: Hugo Wiener wurde Co-Autor von Karl Farkas. Und Ernst Waldbrunn der neue Partner in der Doppelconférence.

288

WALDBRUNN: Erst gestern hab' ich im Büro wieder einen Traum gehabt. Schrecklich! Ich hab' geträumt, meine Frau und die Brigitte Bardot haben um mich gekämpft.
FARKAS: Was ist da so schrecklich daran?
WALDBRUNN: Meine Frau hat gewonnen!

Österreichs Zeitgeschichte lässt sich anhand von Farkas-Pointen nachvollziehen. So erklärte er nach Abschluss des Staatsvertrags in einer Conférence: »Wir müssen jetzt neutral sein! Das heißt, wir haben nix zu tun, als nix zu tun. Und das liegt uns ja.«

Oder, als es mit dem Fremdenverkehr wieder aufwärts ging: »Wer Geld ha, kommt nach Österreich. Wer keins hat, ist schon hier geboren!«

Wie in der Zwischenkriegszeit neigten die »Firmen« der großen Wiener Kabaretts auch nach dem Krieg zu Streit und Hader. Auch in der erfolgreichen Partnerschaft von Farkas und Hugo Wiener gab es Spannungen, ehe sie 1965 für immer auseinanderbrach. Es hatte schon seit Jahren Auseinandersetzungen wegen der ganz auf Farkas zugeschnittenen TV-Programme »Bilanz der Saison« gegeben. Während Hugo Wiener der Meinung war, dass das Fernsehen dem »Simpl« schaden würde, weil »das Publikum dann nicht mehr zu uns kommen wird«, wollte Farkas keinesfalls auf seine durch das Fernsehen gewonnene Popularität verzichten. Den Ausschlag für die Trennung gab dann ein lapidarer Streit: War vor dem Krieg jedes der gemeinsam verfassten »Simpl«-Programme als »Farkas-Grünbaum-Revue« angekündigt worden, so stand jetzt nur »Die Farkas-Revue« auf dem Plakat. Als Hugo Wiener seinem Co-Autor vorschlug, das neue Programm in Anlehnung an die alten Zeiten gerechterweise »Farkas-Wiener-Revue« zu nennen, stimmte Farkas zu.

Was aber stand vor der nächsten Premiere auf dem Plakat?
»Die Wiener Farkas-Revue!«
Womit das Team ein für alle Mal zerbrochen war. Mit Hugo Wiener verließ auch dessen Frau Cissy Kraner den

Zeitgeschichte in Pointen: Publikumsmagnet Karl Farkas

»Simpl«, die hier ihre berühmten Chansons »Der Vorderzahn«, »Der Vamp von Favoriten« und »Der Nowak lässt mich nicht verkommen« kreiert hatte.

WALDBRUNN: Ich hab' eine Erfindung gemacht.
FARKAS: Was hast du erfunden?
WALDBRUNN: Tabletten, die den Durst löschen.
FARKAS: Wozu braucht man die?
WALDBRUNN: Das weißt du nicht? Karl, nimm an, du bist in der Wüste. Du hast Durst, weit und breit gibt es kein Wasser. Du nimmst eine Tablette – und der Durst ist weg.
FARKAS: Das ist wunderbar!
WALDBRUNN: Ja. Es hat nur einen Nachteil.
FARKAS: Was?
WALDBRUNN: Die Tabletten müssen in Wasser aufgelöst werden.

Nach Farkas' Tod im Jahre 1971 wurde der »Simpl« von Martin Flossmann und später von Michael Niavarani übernommen. Im politischen Kabarett machten sich Werner Schneyer, Thomas Maurer und Alfred Dorfer einen Namen.

Bronner entdeckt Qualtinger in der Sauna Gerhard Bronner war 1948 eigentlich nur zur Durchreise nach Wien gekommen. Mit seiner Heimatstadt wollte er nichts mehr zu tun haben, hatte er doch in der Nazizeit seine Familie verloren: Vater, Mutter, Bruder waren dem Holocaust zum Opfer gefallen. Ihn selbst hatte es als 15-Jährigen durch eine abenteuerliche Flucht nach Palästina verschlagen, wo er dann als Bandleader und Programmchef arbeitete. In Haifa hatte er eine Wienerin geheiratet, die nach dem Krieg ihre Eltern besuchen wollte. Bronner war bereit, vier Wochen in Wien zu bleiben. An einem nasskalten Wintertag suchte er vor dem plötzlich einsetzenden Regen Schutz, betrat das nächste Lokal und nahm an der Bar Platz. Als die Musiker Pause machten, ging er zum Klavier und spielte ein paar Takte.

Die Bar hieß »Marietta-Bar«, ihr Besitzer fand an Bronners Klavierspiel Gefallen und engagierte ihn. Auf der Suche nach Mitstreitern fiel Bronner eines Tages »in der Sauna ein schlanker junger Mensch in einer schlecht sitzenden Badehose auf, der einen freien Liegestuhl suchte«. Der Herr setzte sich zu ihm und stellte sich als Helmut Qualtinger vor. Er war 1928 in Wien als Sohn eines Mittelschulprofessors und Diplomingenieurs zur Welt gekommen und war »schon als Kind nicht sehr jung, woran sich bis heute nichts geändert hat«, wie er sagte. Als er zum vierten Mal aus dem Gymnasium geflogen war, rief sein Vater verzweifelt aus: »Ich bin Chemiker, mein Sohn ist Komiker!« Helmut begann Medizin zu studieren, zog es dann aber vor, das väterliche Wortspiel in die Tat umzusetzen und Kabarettist zu werden.

Die Aufführungen in der »Marietta-Bar« waren bald so gut besucht, dass die Kleinkünstler nach größeren Bühnen Ausschau hielten. Die erste hieß »Intimes Theater«, die zweite »Neues Theater am Kärntnertor«. Viele der meist von Qualtinger interpretierten Nummern – vom »Bundesbahnblues« über »Der Papa wird's scho richten« bis zum »G'schupften Ferdl« – wurden Klassiker. Zum Ensemble gehörten auch Georg Kreisler, Louise Martini, Peter Wehle, Ernst Stankovski und Felix Dvorak.

Die Beziehungen innerhalb des Teams erwiesen sich als so problematisch, dass einzelne Mitglieder zwar auf der Bühne, niemals jedoch privat miteinander sprachen. Bronner erinnerte sich, dass es »eine Begabung wie den Qualtinger nie wieder geben wird«, er erwähnte aber auch dessen Schwächen: »Der ungeheure Zuspruch, den er als Star unseres Ensembles hatte, war ihm zu Kopf gestiegen. Er stolzierte durch Wien, als ob die Stadt sein Eigentum wäre, nahm huldvoll Komplimente für seine Lieder entgegen, auch wenn sie gar nicht von ihm waren«, ehe er sich schließlich »zu Tode gesoffen hat«.

Qualtinger starb im Alter von 58 Jahren. Bald danach sollte sich bewahrheiten, was er selbst einmal gesagt hatte:

»In Wien musst erst sterben, damit s' dich hochleben lassen, aber dann lebst lang.«

Ein Satz, der wohl auf viele zutrifft, die in diesem Buch vorkommen.

Schöner wär's gewesen, sie hätten's noch erlebt.

»In Wien musst erst sterben … aber dann lebst lang«

BILDNACHWEIS

Kunsthistorisches Museum Wien (Seite 13), Bildarchiv der Österreichischen Nationalbibliothek (14, 16, 20, 22, 25, 29, 33, 37, 56, 58, 70, 73, 75, 80, 87, 88, 115, 117, 120, 124, 126, 127, 129, 135, 137, 151 links, 151 rechts, 153, 155 links, 156, 157, 158 links, 160, 173, 177, 179, 186, 190, 200, 215, 252, 273, 275), Kriminalmuseum Wien (62, 65, 198), Votava (68), Wien Museum (71, 162, 217, 229), Madame d'Ora (76), F. Weisgerber (81), Bundesdenkmalamt (85), Brüder Basch (94), Institut für Geschichte der Medizin Wien (96, 99, 101, 102), Sigmund-Freud-Copyrights Ltd. London (103), Universität Wien (107), L. Haslhofer (109), Hofkammerarchiv (131), Graphische Sammlung Albertina Wien (145), Privatarchiv Anna Ehrlich (147), Repro Gerhard Sokol/ »Kurier« (158 rechts), Österreichische Galerie Belvedere (170, 247), Peter Szabo (181), Heeresgeschichtliches Museum Wien (185), Film Archiv Austria (201), Atlantis Film (208), Martin Gnedt/»Kurier« (225), Lothar Rübelt (238), Alfred Cermak (257), ORF (265), Fred Riedmann/»Kurier« (269), Privatarchiv Martin Flossmann (283), Österreichisches Theatermuseum (287) sowie Amalthea Verlag, Privatarchiv des Autors und »Kurier«-Archiv.

Der Verlag konnte in einzelnen Fällen die Inhaber der Rechte nicht ausfindig machen. Er bittet, ihm bestehende Ansprüche mitzuteilen.

QUELLENVERZEICHNIS

Friedrich Achleitner, *Wiener Architektur der Zwischenkriegszeit* in: *Das geistige Leben Wiens in der Zwischenkriegszeit* (Hrsg. Norbert Leser), Wien 1981.

Hellmuth Andics, *Ringstraßenwelt*, Wien–München 1983.

Hellmuth Andics, *Luegerzeit*, Wien–München 1984.

Helmut Bachmaier, *Franz Grillparzer*, Salzburg 1980.

Anton Bauer, *Das Theater in der Josefstadt zu Wien*, Wien–München 1957.

Günther Bögl, Harald Seyrl, *Die Wiener Polizei*, Wien 1993.

Gerhard Bronner, *Spiegel vorm Gesicht*, Erinnerungen, München 2004.

Peter Broucek, *Anton Lehár, Erinnerungen-Gegenrevolution und Restaurationsversuche in Ungarn 1918–1921*, Wien 1973.

Peter Broucek (Hrsg.), *Edmund Glaise-Horstenau, Ein General im Zwielicht*, Wien 1980.

Felix Czeike, *Historisches Lexikon Wien*, Wien 1992–1997.

Max Edelbacher, Harald Seyrl, *Wiener Kriminalchronik*, Wien 1993.

Max Edelbacher, *Polizei inside*, Wien 2008.

Anna Ehrlich, *Auf den Spuren der Josefine Mutzenbacher*, Wien 2005.

Viktor Ergert, *50 Jahre Rundfunk in Österreich*, Wien 1974.

Susanne Feigl, Christian Lunzer, *Das Mädchenballett des Fürsten Kaunitz, Kriminalfälle des Biedermeier*, Wien 1988.

Egon Friedell, *Kulturgeschichte der Neuzeit*, München 1927–1931.

Inge Friedl, Karl Friedl, *Der erste Tourist, Mit Erzherzog Johann durch die alte Steiermark*, Graz, 2003.

Otto Friedlaender, *Letzter Glanz der Märchenstadt*, Wien 1985.

Walter Fritz, *Kino in Österreich 1896–1930*, Wien 1981.

Fürstin Nora Fugger, *Im Glanz der Kaiserzeit*, Wien 1932.

Edda Fuhrich und Gisela Prossnitz (Hrsg.) *Max Reinhardt, ein Theater, das den Menschen wieder Freude gibt*, München–Wien 1987.

Franz Hadamowsky (Hrsg.), *Hugo Thimig erzählt, Briefe und Tagebuchnotizen*, Graz–Köln 1962.

Ernst Haeusserman, *Das Wiener Burgtheater*, Wien–München–Zürich 1975.

Johannes Hawlik, *Der Bürgerkaiser, Karl Lueger und seine Zeit*, Wien 1985.

Waltraud Heindl, Marina Tichy, Marcella Stern, *Durch Erkenntnis zu Freiheit und Glück – Frauen an der Universität Wien*, Wien 1990.

Fred Hennings, *Das barocke Wien, I. und II. Teil*, Wien–München 1965.

Fred Hennings, *Das josephinische Wien*, Wien–München 1966.

Fred Hennings, *So lange er lebt, Aus dem Wien der Jahrhundertwende*, Wien 1968.

Rudolf Holzer, *Die Wiener Vorstadtbühnen, Alexander Girardi und das Theater an der Wien*, Wien 1951.

Peter Jay, *Das Streben nach Wohlstand, Die Wirtschaftsgeschichte des Menschen*, Berlin 2000.

Eugen Ketterl, *Der alte Kaiser wie nur Einer ihn sah*, Wien 1929.

Karl Kraus, *Die Fackel*, München 1968–76.

Otto Krammer, *Wiener Volkstypen*, Wien 1983.

Erna Lesky, *Meilensteine der Wiener Medizin, Große Ärzte Österreichs in drei Jahrhunderten*, Wien–München–Bern 1981.

Edward Lucie-Smith, *Die großen Künstler des 20. Jahrhunderts*, Wien 1999.

Ekhard Mahovsky, *Die Furche von Slawikowitz und andere Anekdoten um Kaiser Joseph II.*, Wien–München 1980.

Georg Markus, *Katharina Schratt, die heimliche Frau des Kaisers*, Wien-München 1982.

Georg Markus, *Karl Farkas Buch, Schau'n Sie sich das an, Ein Leben für die Heiterkeit*, Wien–München 1983.

Georg Markus, *Der Fall Redl*, Wien–München 1984.

Georg Markus, *Der Kaiser. Franz Joseph I. in Bildern und Dokumenten*, Wien–München 1985.

Georg Markus, *Sigmund Freud*, München 1989.

Georg Markus, *Kriminalfall Mayerling*, Wien–München 1993.

Georg Markus, *Die ganz Großen, Meine Erinnerungen an die Lieblinge des Publikums*, Wien–München 2000.

Georg Markus, *Die Enkel der Tante Jolesch*, Wien–München 2001.

Georg Markus, *Meine Reisen in die Vergangenheit*, Wien–München, 2002.

Gottfried Mraz, *Franz Grillparzer, Finanzbeamter und Archivdirektor*, Wien 1991.

Gerhard H. Oberzill, *Ins Kaffeehaus! Geschichte einer Wiener Institution*, Wien–München 1983.

Gustav Peichl, *Gebaute Geschichte, Gedanken zur Wiener Architektur 1905–1995* in: *Der Schilling, ein Spiegel der Zeiten*, herausgegeben von Adolf Wala, Wien 1994.

Ernst Pichler, *Beethoven, Mythos und Wirklichkeit*, Wien–München 1993.

Emil Pirchan, *Therese Krones, Die Theaterkönigin Altwiens*, Wien 1942.

Liselotte Popelka, *Der Bauherr* in: *Das Winterpalais des Prinzen Eugen*, Wien 1979.

Marcel Prawy, *Die Wiener Oper, Geschichte und Geschichten*, Wien–München–Zürich 1969.

Heinz Rieder, *Kaiser Franz Joseph Anekdoten*, Graz–Wien–Köln 1979.

Friedrich Saathen (Hrsg.), *Anna Nahowski und Kaiser Franz Joseph*, Wien–Köln-Graz 1986.

Bruno Schimetschek, *Der österreichische Beamte*, Wien 1984.

Georg Schreiber, *Die Hofburg und ihre Bewohner*, Wien 1993.

Otto Schwarz, *Hinter den Fassaden der Ringstraße, Geschichte, Menschen, Geheimnisse*, Wien 2007.

Renate Seydel (Hrsg.), *Ich Romy, Tagebuch eines Lebens*, München 1988.

Bartel F. Sinhuber, *Alles Walzer, Die Wiener Seele in Geschichten und Anekdoten*, Wien 1997.

Brigitte Sinhuber-Erbacher (Hrsg.), *Qualtingers beste Satiren*, München–Wien 1973.

Ferdinand G. Smekal, *Österreichs Nobelpreisträger*, Wien 1968.

Gerhard Tötschinger, *Otto von Habsburg, Ein Kampf um Österreich 1938–1945*, Wien–München 2001.

Friedrich Torberg, *Die Tante Jolesch oder Der Untergang des Abendlandes in Anekdoten*, München–Wien 1975.

Hans Veigl, *Wiener Kaffeehausführer*, Wien 1989

Karl Vocelka, *Österreichische Geschichte*, München 2005.

Gerhard Vogl, *Ich bin im Bild, Darsteller und Selbstdarsteller in Anekdoten und Karikaturen*, Wien 1994.

Renate Wagner, *Würde, Glanz und Freude. Vom festlichen Treiben in den Zeiten*, Graz–Wien–Köln 1981.

Friedrich Weissensteiner, *Reformer, Republikaner und Rebellen, das andere Haus Habsburg-Lothringen*, Wien 1987.

Rudolf Weys, *Cabaret und Kabarett in Wien*, Wien–München 1970.

Martina Winkelhofer, *Viribus unitis, Der Kaiser und sein Hof, Ein neues Franz-Joseph-Bild*, Wien–München 2008.

Leopold Wölfling, *Habsburger unter sich, freimütige Aufzeichnungen eines ehemaligen Erzherzogs*, 1921.

Stefan Zweig, *Die Welt von Gestern, Erinnerungen eines Europäers*, Frankfurt am Main 1970.

PERSONENREGISTER

Fischer von Erlach,
Johann Bernhard 161,
163, 165, 167
Fischer-Karwin, Heinz
12, 257, 259f.
Fleischl, Ernst von 103
Flossmann, Martin 290
Forst, Willi 208, 210
Förster, Ludwig von
171f.
Fox, William 206
Frank, Josef 183
Franz Ferdinand,
Erzherzog 29f., 32,
155f., 180
Franz I. (vormals Franz
II.), Kaiser 23ff., 70f.,
112, 130, 142f., 145,
149, 170, 188, 275
Franz Joseph, Kaiser
27ff., 46, 49f., 60f., 79,
87, 90, 92, 100, 107,
115f., 133ff., 150ff.,
154ff., 163, 170, 173,
176, 178, 180f., 190,
192ff., 230f., 249, 275,
280
Franz von Modena-
Este, Erzherzog 143
Franz Stephan von
Lothringen, Kaiser
17, 139f.
Freud, Sigmund 11,
31, 47, 102ff., 109,
148, 221
Freund, Gerhard 258,
265ff.
Fried, Erich 83
Friedell, Egon 80, 93,
221, 282, 286ff.
Friedländer, Otto 219
Friedrich der Große
18
Friedrich II., Herzog
20f.
Friedrich von Staufen
20

Friedrich Wilhelm von
Sachsen 164
Frohner, Adolf 183
Fuchs, Ernst 183, 224
Fuchs-Mollard,
Karoline, Gräfin 190
Fürstenberg, Familie 84
Fürstenberg, Friedrich
Egon von, Erzbischof
278
Fugger, Familie 15, 247
Fugger, Jakob 15
Fuhrich, Dagmar 68f.
Fux, Joseph 17

Gable, Clark 207
Gabrielli, Sängerin 139
Galgótzy, Anton 194f.
Ganz, Bruno 126
Garbo, Greta 204
Garland, Judy 207
Gassicourt, Cadet di 142
Gauermann, Friedrich
178
Gautsch von Fran-
kenthurn, Paul 107
Gelinek, Abbé 39
Girardi, Alexander 11,
105, 120, 125f., 215
Glaise von Horstenau,
Edmund 93, 156
Gleich, Louise 56, 75
Glöckel, Otto 182
Gluck, Christoph
Willibald 164
Goebbels, Joseph 208
Goethe, Johann
Wolfgang von 39,
113, 191f., 282
Gonzaga, Familie 89
Grey, Valerie 280
Griepenkerl, Christian
179
Grill, Maria, 81
Grillparzer, Franz 10,
44, 55, 70f., 73, 76, 91,
113, 130f., 189

Grillparzer, Karl 10, 54f.
Grob, Therese 43
Gropius, Walter 47
Gruber, Karl 228, 233
Grünbaum, Fritz 12,
283ff., 287f.
Grünn, Ludwig von 142
Gubitzer, Adolf 123
Gufler, Max 67f.
Guicciardi, Julie, Gräfin
41

Haas, Waltraut 211
Habsburg, Otto von 10,
77f.
Hackel, Karlheinz 126
Haller, Hanns 133
Hammerschlag, Peter
286, 288
Hansen, Theophil 172,
175, 180, 184
Harell, Marte 208
Harms, Edith 179
Harrach, Familie 161
Hartmann, Otto 122f.
Hasenauer, Karl von 115
Hass, Hans 11, 263f.
Hatheyer, Heidemarie
286
Haugwitz, Friedrich
Wilhelm, Graf 128f.
Hauptmann, Gerhart 47f.
Hausner, Rudolf 183
Hawelka, Josefine 10,
224f.
Hawelka, Leopold 10,
224f.
Haydn, Joseph 38, 42f.,
51, 91, 112, 164
Hayn, Johann 272
Heesters, Johannes 261
Heinrich II. Jasomirgott,
Markgraf 20
Heller, Therese 101
Heltau, Michael 126
Henckel von Donners-
marck, Familie 10

2.-